LES MARGES DU CODE

LA BELLE OLYMPE

LE PUY, TYP. M.-P. MARCHESSOU.

LES MARGES DU CODE

LA
BELLE OLYMPE

PAR

CHARLES MONSELET

PARIS
E. DENTU, ÉDITEUR
LIBRAIRE DE LA SOCIÉTÉ DES GENS DE LETTRES
PALAIS-ROYAL, 17 ET 19, GALERIE D'ORLÉANS

1873

LES

MARGES DU CODE

LA BELLE OLYMPE

PROLOGUE

CHAPITRE PREMIER.

OU LE LECTEUR, SANS AUCUNS FRAIS DE VOYAGE, SE TROUVE IMMÉDIATEMENT TRANSPORTÉ EN AMÉRIQUE.

— Un madère excellent, M. Jerrold !

— Un glorieux madère en effet, M. Breckinridge !

— Quel madère !

— Des rayons de soleil dérobés par un Prométhée vigneron ! ajouta M. Daniel Brown.

Ces propos admiratifs s'échangeaient entre sept ou huit Américains dans un petit salon attenant à une salle à manger.

Le colonel Thomas Granter donnait ce jour-là un grand dîner chez lui, et l'on préludait à ce dîner par les apéritifs d'usage.

— Vous faites l'éloge de mon madère ? dit-il de l'autre bout du salon où il était occupé à transmettre quelques ordres à ses domestiques.

Et retournant à ses convives :

— Ma foi ! messieurs, reprit-il, je le crois d'autant plus digne de vos suffrages que je lui ai fait faire le tour du monde avant de me permettre de vous le présenter.

Cette saillie détermina un redoublement d'enthousiasme pour le madère du colonel.

Le colonel Thomas Granter était un des plus riches habitants de la ville de H..., située dans la Caroline du Nord. Que n'ai-je le crayon de Cruikshank ou la plume de Thackeray pour le représenter convenablement, dans la majesté et dans la familiarité qui lui étaient propres ! A première vue, on croyait avoir devant soi un gros brasseur ; on ne voyait d'abord que quelque chose d'énorme et de très-rouge, qui était sa tête, par laquelle on était immédiatement saisi et exclusivement ébloui. Cet éblouissement ne se dissipait que pour laisser apercevoir deux yeux ronds, deux yeux bleus, deux yeux écarquillés, qui semblaient crier au feu. Le nez, par son importance, avait l'air d'un haut fonctionnaire accouru un des premiers sur le théâtre de l'incendie. La bouche était ordinaire, mais les dents étaient d'une fabrication supérieure, longues à effrayer le petit chaperon rouge.

Rouges, rouges encore, les favoris de M. Thomas Granter, posés en sentinelles aux deux côtés de ses joues apoplectiques.

Triomphe du rouge!

Lorsqu'on était parvenu à s'arracher à cette irradiation, on remarquait, en levant les yeux, une maigre collection de cheveux blancs qui jouaient à la dignité sur le sommet de ce bloc écarlate. Soigneusement triés, préparés et disposés, ces cheveux étaient tellement rares qu'on était tenté de supposer que chacun d'eux avait un nom, comme chacun d'eux avait une place assignée.

Tout cela reposait sur un col de taureau. Le ventre, quoiqu'il fût comprimé à triple sangle, accusait des rondeurs à la Hoggarth. Mais cette exagération de relief et de couleur était rachetée par l'élégance scrupuleuse du costume et par la distinction native des manières. Ce corps trapu se mouvait avec aisance; cette tête exorbitante et sanguinolente avait, sur sa cravate de batiste, des attitudes d'ambassadeur. A quelque heure diurne ou nocturne que ce fût, on était toujours sûr de trouver M. Thomas Granter héroïquement boutonné dans son frac bleu. Personne au monde — excepté son valet de chambre — ne pouvait se vanter de l'avoir surpris en négligé. Aussi était-ce une croyance généralement répandue que le digne colonel était né dans cet habit bleu et qu'il devait mourir dans cet habit bleu.

Triomphe du bleu!

Le colonel Thomas Granter pouvait donc passer et passait pour le gentleman le plus accompli de la ville de H...

L'affabilité de son langage, son enjouement perpétuel s'expliquaient par la qualité dominante de son caractère: la bonté. Il était bon de naissance, bon comme le bon pain, comme le bon rosbeef, comme le bon madère. Il faisait le bien sans efforts, à l'instar d'une machine irréprobablement organisée. En outre, M. Thomas Granter était membre de plus de vingt associations philanthropiques, dont quelques-unes le comptaient pour président.

Il avait été veuf de bonne heure, ce qui avait contribué au développement de sa bonté, et ce qui n'avait pas nui non plus à la persistance de son enjouement.

Le colonel aimait à recevoir, et il recevait fastueusement.

Dans un pays où l'on mange aussi mal qu'en Amérique, il mettait une certaine ostentation à avoir la meilleure table qui fût à plusieurs milles à la ronde.

Nul plus que lui ne prenait au sérieux ces réunions gastronomiques et n'y apportait une recherche plus ardente.

On pouvait donc prévoir que le dîner de ce jour-là continuerait brillamment la tradition des dîners précédents. Les convives étaient animés de cette conviction ; tout, dans leur physionomie, dans leur sourire, semblait murmurer :

— L'affaire sera chaude !

Quand j'ai dit que tous les convives du colonel Thomas Granter étaient Américains, je me suis trompé.

Il y avait un Français.

Un homme de quarante ans environ, grand, de belle mine, l'œil intelligent.

On l'appelait M. Marville.

Il paraissait n'être connu, du moins intimement, que de l'amphitryon.

M. Marville était cependant établi depuis plusieurs années dans la contrée, mais il habitait constamment sur ses fermes situées à une assez grande distance.

De là ses relations restreintes.

M. Marville parlait d'ailleurs très-purement la langue anglaise.

A son entrée dans le petit salon, il avait été l'objet des attentions du colonel Thomas Granter.

— Donnez-moi des nouvelles de Mme Marville, de la belle Mme Marville ! lui avait dit avec empressement le digne gentleman.

— Ma femme se porte à ravir, selon son habitude, et elle m'a chargé de mille compliments pour vous... ainsi que ma fille.

— Mlle Caroline ! s'écria le colonel ; la charmante Mlle Caroline ! elle aussi, elle a pensé à moi !

— Nous parlons souvent de vous, colonel, et cela ne doit pas vous surprendre. N'avez-vous pas été notre premier protecteur à notre arrivée dans cet Etat, où nous ne connaissions personne ? Ne nous avez-vous pas appuyés de votre influence et guidés de vos conseils dans l'acquisition de nos propriétés ? Et vous ne voudriez pas que votre nom revînt à chaque instant dans nos conversations de famille !

Et les mains de M. Marville allèrent chercher celles de M. Thomas Granter pour les presser chaleureusement.

— Laissons cela, laissons cela, dit le colonel presque confus ; à mon âge on est trop heureux d'être utile à quelques personnes d'élite pour ne pas se regarder comme leur obligé.

Puis, afin de détourner la conversation :

— A propos, dit-il, je vous ai ménagé une surprise aujourd'hui.

— Une surprise..... à moi ? répéta M. Marville.

— Oui, vous ne serez pas le seul Français de ce dîner.

— Comment cela?

— J'attends un de vos compatriotes.

— Ah! fit M. Marville.

Il n'y avait rien dans ce : ah! qui témoignât d'une bien vive satisfaction.

Même un observateur aurait pu saisir une nuance d'inquiétude sur le front de M. Marville.

— Comment appelez-vous ce Français? demanda-t-il à M. Thomas Granter.

— Bressorant.

— Bressorant... murmura M. Marville en paraissant chercher dans sa mémoire; c'est la première fois que j'entends ce nom-là. Est-ce un de vos amis?

— Je ne le connais pas. Il m'est recommandé par la maison Currer et Ce, de New-York.

— Alors, c'est un négociant?

— Non.

— Un magistrat peut-être? continua M. Marville.

— Pas davantage.

— Bon! C'est un artiste! Comment ne l'ai-je pas deviné tout de suite? Les Etats-Unis sont infestés de ces gens-là. Ce monsieur... Bressorant.... va taper sur votre piano pendant toute la soirée. Je le vois déjà avec son air inspiré et son gilet à transparent.

Au ton et à l'air dont ces mots étaient accompagnés, il était visible que M. Marville ne se souciait que médiocrement de se trouver en présence de ses compatriotes.

— Rassurez-vous, dit en riant le colonel; M. Bressorant n'est pas un pianiste; c'est, paraît-il, un homme du monde qui voyage pour son agrément.

— Un homme du monde... cela est bien vague! grommela encore M. Marville comme en se parlant à lui-même.

— Oh! oh! dit plaisamment M. Thomas Granter, vous êtes bien difficile aujourd'hui... Au reste, laissez ou prenez mon Français, cela m'est absolument indifférent. Le plus beau colonel du monde ne peut donner que ce qu'il a. Vous voyez que je connais les proverbes de votre nation, eh! eh! eh!

Il se mit à rire de façon à faire éclater l'habit bleu.

Après quoi, comme un acteur qui craint de gâter son effet, il s'éloigna.

*
* *

Resté seul, M. Marville se jeta sur un canapé, tout entier à ses préoccupations.

Il y était depuis cinq minutes, lorsqu'il s'entendit appeler par ces paroles :

— Bonjour, mon cher voisin de campagne.

C'était un jeune homme tout long et tout blond, qui venait de soupirer ces mots plutôt que de les prononcer.

M. Marville parut surpris de le voir.

— Bonjour, monsieur Young, répondit-il en lui tendant la main.

Puis il ajouta aussitôt :

— Comment se fait-il?...

— Que je sois ici aujourd'hui, après vous avoir annoncé mon départ de la Caroline la dernière fois que je suis venu à votre ferme, monsieur Marville? N'est-ce pas là l'interrogation qui est sur vos lèvres?

— J'en conviens, et j'avoue que je vous croyais parti.

— Je devrais l'être en effet, soupira plus mélancoliquement le jeune Américain ; je devrais l'être depuis un mois, depuis deux mois... — Mais que voulez-vous? on ne quitte pas brusquement, du jour au lendemain, le pays où l'on a toujours vécu. On se crée des retards, on se forge des motifs pour prolonger son séjour de quelques semaines. Telle est un peu ma situation ; je me croyais plus fort, en vérité. Pardonnez-moi donc de me trouver encore ici à l'heure qu'il est, mon cher voisin de campagne.

— Vous voulez plaisanter, monsieur Young! s'écria M. Marville, ou vous vous êtes mépris sur le sens de ma question.

— Cela est bien possible, dit M. Young en souriant tristement ; cela vient de la confusion que j'éprouve à me savoir en rupture de programme. Mais soyez assuré que je n'en persiste pas moins dans mon projet de départ.

— Qui est-ce qui vous force à ce départ, dont tout le monde s'étonne ainsi que moi?

— Ah! vous vous en étonnez... vous aussi, monsieur Marville?

— Certainement.

Les deux hommes échangèrent un regard qui n'était pas exempt d'un mutuel embarras.

— Rien ne me force à ce départ, rien, ni personne, reprit M. Young ; j'ai toujours été le maître de mes actions ; je suis seul sur la terre ; c'est volontairement que je m'exile. Je veux voir, je veux connaître.

Et affectant la gaieté :

— N'est-il pas humiliant, à mon âge, de penser que ce madère a fait plus de chemin que moi?

M. Marville ne se trompa point à ce changement de ton.

— Soit, dit-il; obéissez à votre instinct, monsieur Young, courez le monde; mes sympathies vous suivront partout. Je perds en vous un excellent voisin.

— Importun quelquefois ; j'étais souvent chez vous.

— Ma femme et ma fille vous regretteront plus d'une fois.

— Ah! prononça M. Young dont le visage s'empourpra tout à coup.

— Elles me le disaient ce matin encore, ajouta M. Marville en l'observant.

— Quoi, Mme Marville?

— Oui, Mme Marville..... et Caroline aussi.

— Que de bonté! balbutia M. Young.

— Mais qu'avez-vous? On dirait que vous ne vous sentez pas à votre aise.

— Ce n'est rien... Un étourdissement... Le voilà dissipé.

M. Marville lui jeta un regard de travers.

Après un moment de silence, il reprit :

— Vous avez une santé délicate, monsieur Young?

— Les médecins le prétendent, répondit le jeune homme.

— Vous êtes de complexion frêle?

— Je suis forcé d'en convenir.

— Il vous arrive quelquefois de vous évanouir, comme à présent, pour un rien, pour un nom prononcé par hasard?

— Je ne comprends pas...

— Allons, dit froidement Marville, je finirai par croire que vous avez raison de vouloir voyager.

*
* *

— Monsieur Bressorant !

Ce nom, jeté dans le petit salon, produisit le plus heureux effet parmi les convives, dont les regards commençaient depuis quelques instants à se tourner avec inquiétude vers la pendule.

On vit entrer un homme d'une apparence fort simple, chauve, presqu'un vieillard.

Le colonel Thomas Granter ne lui laissa pas le temps de s'excuser et l'accabla de ses prévenances.

Dès qu'il fut possible à M. Bressorant d'ouvrir la bouche, il en profita pour dire à demi-voix à M. Thomas Granter :

— J'ai pris la liberté, en ma qualité d'étranger, d'amener avec moi mon domestique...

Disant ainsi, il désigna un individu demeuré dans l'antichambre.

— Vous avez bien fait, vous avez sagement agi, interrompit M. Thomas Granter; soyez sûr qu'il sera parfaitement soigné à l'office. Je vais donner des ordres en conséquence.

Ensuite, le colonel présenta M. Bressorant à la compagnie — et réciproquement.

Arrivé devant M. Marville, il se complut dans une pause pleine d'éloquence, — et dans une pose pleine de satisfaction.

Faisant cambrer l'habit bleu, il s'exprima ainsi :

— Monsieur Bressorant, voici M. Marville, un de vos compatriotes... Je vous le gardais pour le bouquet, comme on dit chez votre nation... Messieurs, vous ne pouvez manquer de faire connaissance à table : je vous ai placés l'un à côté de l'autre.

Les deux Français s'inclinèrent en même temps.

Il était assez naturel qu'ils se regardassent. Ils se regardèrent donc.

Le regard de M. Bressorant fut rapide, perçant, profond.

Celui de M. Marville fut plus prolongé, plus incertain, — avec cette nuance de contrariété que nous avons déjà signalée.

Sur ces entrefaites, les portes de la salle à manger, attenante au petit salon, s'ouvrirent à deux battants.

Le colonel était servi.

Il est convenu que les premières étapes d'un festin doivent être marquées par un demi-silence, — indice d'un appétit dans toute sa fraîcheur et dans tout son égoïsme.

Les potages et les hors-d'œuvre passèrent donc sans éveiller d'autres interruptions que des approbations à peu près monosyllabiques.

M. Marville ne paraissait pas fort empressé de lier conversation avec son voisin. Cependant, comme un silence plus obstiné eût été de mauvais goût et eût donné lieu à des interprétations, il entama l'entretien par les banalités ordinaires.

— Y a-t-il longtemps, monsieur, que vous avez quitté la France?

— Treize mois et vingt-sept jours, répondit M. Bressorant.

— Diable! voilà un homme précis, pensa M. Marville.

Il continua tout haut :

— Et depuis ce temps-là vous voyagez en Amérique?

— Oui, monsieur.

— Avec plaisir?

— Avec acharnement.

— C'est confesser une vive sympathie pour la terre de Washington, fit M. Marville sans s'arrêter à la singularité de cette réponse.

— La terre de Washington! dit M. Bressorant; je ne peux pas la souffrir.

Cette fois M. Marville ne put réprimer un mouvement de surprise.

— Vous ne la visitez peut-être pas dans de bonnes conditions, dit-il.

— Comment l'entendez-vous?

— Vous y aurez apporté des préoccupations d'intérêt ou de sentiment.

— Des préoccupations?.. une seule, dit M. Bressorant avec un accent étrange.

— C'est quelquefois assez pour empoisonner tout un voyage.

— Dites pour le supprimer absolument. Sais-je seulement aujourd'hui le nom des plaines que j'ai traversées, des lacs que j'ai franchis, des villes que j'ai explorées? Peu m'importait le paysage. Je n'avais qu'un but, et je ne songeais qu'à l'atteindre.

— Un but? pensa M. Marville; ce doit être un inventeur.

— Grâce au ciel, ce but est atteint aujourd'hui, reprit M. Bressorant; et bientôt je pourrai quitter les Etats-Unis.

— Vous ne comptez donc pas séjourner ici?

— Pas du tout.

— En vérité?

— Dans quatre ou cinq jours, je l'espère, rien ne me retiendra plus dans la ville de H...

Ces mots eurent le don d'éclaircir en partie le front de M. Marville; du moment que ce Français n'annonçait pas l'intention de résider dans le pays, ses méfiances n'avaient plus de prétexte.

Restait un autre soupçon, vague, indéterminé, au-devant duquel il se décida à aller.

— Plus je vous regarde, dit-il à M. Bressorant, plus je crois vous avoir vu autre part.

Un sourire indéfinissable passa sur le visage de M. Bressorant.

— Votre voix non plus ne m'est pas étrangère, continua M. Marville; il me semble l'avoir déjà entendue.

— Où cela?

— A Paris.

— A Paris! répéta M. Bressorant; je n'y ai point habité, mais mes affaires m'y ont plusieurs fois conduit.

— Vous êtes donc dans les affaires?

— J'y ai été.

— Industriel?

— Modeste manufacturier.

— C'est singulier, murmura M. Marville, comme en se parlant à lui-même; ce nom de Bressorant m'est cependant complétement inconnu.

— Autant qu'à moi le nom de Marville.

Deux éclairs sont moins prompts que les deux regards que ces hommes se lancèrent en ce moment.

Ils se turent.

M. Marville sentit renaître ses perplexités. Ce nouveau venu le troublait; il lui trouvait je ne sais quoi d'ironique et de funeste.

Toutefois, il s'agissait de faire bonne contenance; M. Marville reprit:

— Allons, c'est à Paris que je vous aurai vu, je n'en doute plus.

— Vous pouvez m'avoir vu, c'est possible; mais me reconnaître, c'est autre chose. L'adversité m'a terriblement grimé, je vous assure.

— L'adversité?

— Je ne suis plus le même homme depuis quatre ans.

— Depuis quatre ans! dit M. Marville qui dressa la tête à cette date.

— Comment pourriez-vous me reconnaître? poursuivit M. Bressorant; j'étais droit et fort, je suis devenu sec et voûté.

— N'importe, je persiste...

— Mes cheveux étaient abondants et noirs; ils sont tombés tous.

— Pourtant la voix... le regard...

— La voix s'est brisée à force de maudire; le regard s'est éteint à force de pleurer.

M. Marville tressaillit.

— Enfin quel âge me donnez-vous? dit M. Bressorant.

— Mais...

— Ne craignez pas de traduire franchement votre impression.

— Eh bien!... soixante ans à peu près.

— Je n'en ai pas cinquante.

— C'est invraisemblable! s'écria M. Marville.

— Comme beaucoup de vérités.

— Voilà la glace rompue entre mes deux Français, dit tout bas le colonel Thomas Granter à M. Young qui était à sa droite.

— Pas encore, répondit celui-ci, qui, placé en face d'eux, n'avait cessé de les observer depuis le commencement du repas.

— C'est qu'ils ne boivent pas assez.

Et de sa voix la plus retentissante, M. Thomas Granter, s'adressant à l'un de ses domestiques :

— Dick! A quoi songez vous, je vous le demande ? Vous ne versez pas à mes hôtes; vous les négligez, cela est visible. Daignez m'excuser, monsieur Bressorant, et vous aussi, monsieur Marville. — Dick! versez à ces messieurs du léoville, du léoville de 1848! Ils le reconnaîtront sans peine. — Messieurs, je ne vous suppose pas assez démoralisés pour causer politique à l'heure qu'il est; vous aurez bien la patience d'attendre jusqu'au punch! S'il en était autrement, je vous avertis que je porterais immédiatement un toast à la France.

Cette menace produisit instantanément son effet, en ce sens que les deux Français se hâtèrent de tendre leurs verres au domestique porteur du léoville.

— Bravo! s'écria le colonel.

Il ajouta :

— Le toast à la France n'aura lieu que plus tard.... car ne croyez pas que j'y renonce, honorables Messieurs. Ce serait vous faire injure. Ce toast sera porté comme de droit, ainsi que beaucoup d'autres qu'il est inutile d'annoncer maintenant.

MM. Marville et Bressorant s'inclinèrent.

— Ah! c'est que vous ne me connaissez pas encore comme orateur! continua M. Thomas Granter enchanté de son petit succès d'intimidation. C'est un de mes côtés pourtant. Demandez à M. Daniel Brown ou à M. Jerrold. — J'étais l'homme des élections dans mon jeune temps; j'excellais à haranguer les foules. Eh! eh! n'a pas ce talent qui veut. J'ai encore gardé quelque chose de mes poumons de trente ans. Cela m'est nécessaire : je suis souvent exposé à prendre la parole dans les vingt-trois sociétés philanthropiques et ouvrières dont je fais partie. — Vous comprenez : il faut savoir à l'occasion tonner contre un abus ou fulminer contre un préjugé. Personne ne tonne mieux que moi, c'est ma spécialité. — M. Bressorant, vous verrez tout à l'heure mon portrait en pied dans mon cabinet, exécuté précisément au moment où je prends la parole dans une question d'assistance publique. C'est l'ouvrage d'une dame de Cincinnati, un ouvrage des plus remarquables, à dire d'expert. On vient de très-loin pour voir la bordure. Je suis représenté la main dans mon habit, dans mon habit bleu. Je vous recommanderai d'examiner avec soin les boutons de l'habit... et puis aussi les orages amoncelés sous ma paupière. — Messieurs, messieurs, si vous ne proclamez pas mon léoville un vin supérieur, je me déclare l'homme le plus malheureux des Etats-Unis!

Le dîner entrait dans sa période animée et pittoresque.

Le bruissement devenait bruit.

Le speech du colonel fut le signal d'une conversation générale qui servit à couvrir la conversation particulière reprise entre M. Marville et M. Bressorant.

Etait-ce l'action du vin? Etait-ce frivolité de caractère ou de jugement? Mais, au second service, M. Marville s'était habitué à son voisin de table, dont le ton sentencieux l'avait d'abord assombri. Il avait fini par ne voir en lui qu'un original.

De son côté, M. Bressorant s'était peu à peu départi de sa raideur première. Ses réponses étaient moins énigmatiques, sa parole était moins âpre.

Etait-ce une tactique nouvelle?

— Ainsi vous repartez pour tout de bon dans quatre ou cinq jours? redemanda M. Marville avec une insistance significative.

— Pour tout de bon, répondit M. Bressorant; à moins que...

Il s'interrompit.

— A moins que?... répéta M. Marville.

— A moins qu'il ne m'arrive ici quelque accident.

— Oh! cela n'est pas probable.

— Cela est possible.

— Non, non, et je vous tiens pour déjà parti.

— Comme vous y allez! fit M. Bressorant en essayant de sourire.

— Ah! vous êtes heureux, vous! s'écria M. Marville, vous êtes bien heureux, vous allez revoir la France.

— Ne comptez-vous donc pas la revoir?

— Jamais.

— Est-ce un pressentiment? interrogea M. Bressorant, en attachant sur lui son regard scrutateur.

— C'est un serment, dit M. Marville.

Sa figure avait pris une expression pénible.

Il demanda au léoville une diversion à ses idées, et l'ayant obtenue, il interpella de nouveau M. Bressorant en ces termes :

— Tenez, j'aurais voulu, avant votre départ, vous faire revenir de votre opinion sur l'Amérique.

— Bah! une fois rentré, je relirai Cooper et Edgar Poë.

— Il y a des choses que les livres et les gravures ne font pas voir. J'étais comme vous à mon arrivée; eh bien! je suis revenu de mes préventions; vous en reviendriez vous aussi.

— Je ne dis pas non, mais le temps me manque.

— Ce pays-ci, par exemple, continua M. Marville, vous ne soupçonnez pas la millième partie de ses magnificences. Quel dommage que vous ne puissiez vous y avancer davantage! Aimez-vous la chasse, monsieur Bressorant?

— Ce fut une de mes passions.

— C'est ici le paradis des chasseurs... Je n'exagère rien...gibiers de toutes sortes, exquis, d'une saveur particulière. Il y aurait pour vous une excursion charmante à faire, une partie à organiser, toute remplie d'attraits.

— N'ajoutez pas à mon regret, dit M. Bressorant; il est trop tard.

— Peut-être.

— Oh! oh!

— Voyons; j'ai un plan, dit M. Marville qui s'animait; c'est bien dans cinq jours que vous repartez, n'est-ce pas?

— Vous me l'avez déjà demandé trois fois.

— Or, il ne vous faut pas plus de trente-six heures pour cette excursion... à la condition d'avoir un compagnon au fait des localités. Je m'offre à être ce compagnon.

— Vous! s'écria M. Bressorant avec un tressaillement involontaire.

— Moi, si vous le voulez bien.

— C'est plus que je n'osais espérer.

— Je serai content de vous faire les honneurs de ma modeste ferme. Etes-vous marcheur, monsieur Bressorant?

— J'irais jusqu'au bout du monde en votre compagnie, monsieur Marville.

— D'ailleurs, nous aurons des chevaux, de robustes chevaux.

— Parfait!

— Donc, ma proposition vous agrée?

— Elle me ravit!

— Il ne nous reste plus alors qu'à fixer le jour de notre rendez-vous.

— Le plus tôt sera le mieux.

— Voulez-vous après-demain? dit M. Marville.

— Pourquoi pas demain?

— Ah! pourquoi!... Parce que demain nous aurons besoin sans doute d'un peu de repos, au train dont le colonel paraît vouloir nous mener. Vous ne connaissez pas M. Thomas Granter : vous apprendrez à le connaître tout à l'heure. Il ne nous ménagera pas, allez, quelque résistance que nous tentions de lui opposer.

— Mais c'est donc un homme effrayant?

— Il se croirait offensé si l'on ne répondait pas à ses *défis*. C'est pourquoi je vous propose, pour plus de sûreté, de renvoyer notre rendez-vous à après-demain.

— Après-demain, soit, dit M. Bressorant.

— Vous êtes sans doute descendu dans un hôtel?

— Hôtel Franklin.

— Soyez prêt à la pointe du jour, je me ferai un honneur d'aller vous y prendre.

— Je serai prêt.

CHAPITRE II.

GASTRONOMIE ET ÉLOQUENCE MÊLÉES.

M. Marville avait l'expérience des dîners de M. Thomas Granter.

Il les avait toujours vu commencer, il ne les avait jamais vu finir.

En ce moment, on n'atteignait pas encore au crescendo, mais on s'y dirigeait avec vaillance.

Toutes les figures s'épanouissaient comme autant de grosses fleurs. Toutes les langues se déliaient.

C'était l'heure où toutes les questions étaient abordées avec intrépidité : question sociale, question financière, question agricole, question militaire. On montait à l'assaut de tous les problèmes, on culbutait toutes les difficultés, on tranchait tous les nœuds gordiens.

Quelle foi dans les discours! Quelle persuasion dans les discoureurs! A les entendre, ils se seraient fait tuer pour leurs opinions, ils se seraient fait hacher pour leurs principes. On les voyait déjà cherchant dans l'air leur auréole.

Plusieurs avaient leur verre à la main en causant; ils le levaient à la hauteur de leurs yeux, ils le faisaient chatoyer à la lumière, ils le reposaient sur la nappe sans s'en dessaisir, ils y puisaient leurs arguments.

D'autres s'accompagnaient de leur fourchette, qu'ils piquaient avec une sensualité machinale dans quelque pâté de foie gras, et qu'ils brandissaient ensuite — avec une truffe au bout — sur le crâne de leur interlocuteur.

Il y avait des fantasques, occupés d'une lubie, cramponnés à un paradoxe, balancés à une chimère, épluchant comme des singes des mots vides de sens.

Le plus complet échantillon de ces fantasques était M. Breckinridge, qui, selon une locution familière, avait *entrepris* M. Young depuis quelques instants.

— Est-ce que vous êtes bien sûr de vous appeler Young? lui demandait-il.

— Très-sûr, répondait complaisamment le jeune Américain.

— O présomption humaine! Comme si l'on était sûr de quelque chose en ce bas monde! — Descendez-vous de l'auteur des *Nuits?*

— Il ne se passe pas de jour qu'on ne me fasse cette question.

— A quoi vous répondez?

— Oui ou non, selon les questionneurs.

— Admirable système! s'écria M. Breckinridge; dans ce cas, répondez-moi non. Je vous somme de me répondre non. Voyez-vous, jeune homme, vous avez tort de vous appeler Young; c'est un nom à épouvanter tout le monde. Young était un écrivain de cimetière, un bel-esprit de charnier, qui passait sa vie avec des hiboux et des chauves-souris, et qui avait pour pupitre une tête de mort. Vous m'objecterez qu'il a écrit de fort belles invocations à la lune. Ce n'est pas une raison. Laissons les tombeaux où ils sont, et abandonnons à la pluie le soin d'arroser les cyprès et les urnes. Ce que je vous dis là, mon cher ami, est dans votre intérêt. Un pareil nom vous nuira considérablement dans le commerce des dames. Vous savez aussi bien que moi que le nom influe sur l'individu; j'ai écrit à ce sujet un mémoire de cent quatorze pages d'impression. Eh bien! je vous le dis entre nous, je ne le dirais pas à d'autres, vous commencez à ressembler à votre illustre et assommant aïeul...

— Pardon, ce n'est pas mon...

— Vous devenez insensiblement blême comme lui, vous sentez le sépulcre comme lui, vous avez des airs d'asphodèle. Lorsque vous rentrez chez vous le soir, des feux-follets doivent vous escorter jusqu'à votre porte. Vous tombez dans l'hypocondrie enfin. Est-ce de votre âge? répondez de bonne foi. Ne devriez-vous pas au contraire chanter tout le jour, gambader et courir après les papillons? Infortuné jeune homme, vous êtes engagé dans une voie fatale, et tout cela par la faute de votre nom! Arrêtez-vous, il en est temps encore. Cessez de vous appeler Young, je vous en conjure à mains jointes, tenez, ce n'est pas une métaphore.

— Mais, cher monsieur, je n'ai pas d'autre nom.

— N'est-ce que cela? je vous prêterai le mien quand vous aurez à sortir. Vous vous appellerez M. Breckinridge. Comme cela sonne bien, M. Breckinridge! Il semble qu'on entende s'entrechoquer des éperons. Vivent les noms heureux! Avec celui-là vous passerez triomphant sous tous les balcons. Comme un talisman, il vous ouvrira toutes les portes et tous les cœurs; il vous donnera l'aplomb, l'assurance, le contentement de vous-même. Entre nous, mon jeune ami, vous avez passablement besoin de ce talisman pour vous réhabiliter auprès du beau sexe.

— Que voulez-vous dire? demanda vivement M. Young, qui jusqu'alors avait écouté ce bavardage d'une oreille complaisante mais distraite.

— Croyez-vous que je n'aie pas entendu parler de vos mécomptes auprès de certaine belle dame? Cela tient à votre nom, parbleu! On est presque certain d'une défaite quand on s'appelle Young.

— Une défaite... des mécomptes... A quelle dame faites-vous allusion? dit le jeune homme en sentant croître sa colère.

— Feignez donc l'ignorance! dit M. Breckinridge; ce n'est un secret pour personne ici.

— Parlez clairement, monsieur; je le veux, je vous l'ordonne!

— Plus bas donc! dit M. Breckinridge en clignant malicieusement de l'œil; vous allez attirer l'attention de M. Marville...

M. Young pâlit.

La fureur le rendit muet d'abord.

Il se contenta de serrer violemment le bras de M. Breckinridge.

— Holà! qu'est-ce qui vous prend? s'écria celui-ci.

— Vous allez rétracter sur-le-champ cette infâme calomnie! dit M. Young.

— Je rétracte tout ce que vous voudrez. Lâchez mon bras! Vit-on jamais tant de brutalité! — Ingrate jeunesse! Si l'on me reprend jamais à donner des conseils aux damoiseaux!...

On se rendra facilement compte du bruit qui régnait dans la salle *à manger* lorsqu'on apprendra que cette scène mouvementée avait passé presque inaperçue des convives.

M. Young demeura longtemps les dents serrées, réfléchissant à ce que venait de lui dire cet imbécile.

Ainsi donc, ses assiduités auprès de Mme Marville avaient été interprétées d'une façon injurieuse. Il avait compromis sans le vouloir la plus honnête femme du monde.

Pendant les obsessions de M. Breckinridge, son regard s'était momentanément détourné des deux Français, objets de son examen.

Il le reporta sur eux dès qu'il fut rendu à lui-même, et il s'étonna du changement qui s'était opéré tout à coup dans leurs manières.

Il ne comprit rien à l'espèce d'intimité qui venait de s'établir entre eux.

A première vue, M. Young n'avait pu se défendre d'une aversion instinctive pour M. Bressorant. Il l'avait observé pendant le dîner. Il avait surpris en lui des airs extraordinaires, une contraction fébrile des mâchoires, une certaine façon attentive de regarder M. Marville, qui était loin d'accuser de la sympathie.

Il s'en était étonné et alarmé; il avait pressenti un danger pour M. Marville.

Mais comment arriver à lui communiquer ses appréhensions? A quel titre? De quelle façon serait-il reçu? Il avait encore sur le cœur ses derniers sarcasmes et son ironique « invitation aux voyages. »

Pourtant il aurait donné beaucoup pour surprendre quelques bribes de sa conversation avec ce nouveau venu, et, mû par une agitation incroyable, il se promit d'intervenir, à la première occasion, entre M. Marville et M. Bressorant.

*
* *

Une explosion!

Un coup de tonnerre!

M. Thomas Granter s'est levé.

Il s'est levé sur sa chaise. La chaise a tremblé, le plancher a tremblé, le plafond a tremblé.

Les lustres ont oscillé.

— Qu'est-ce? demandent tous les convives, interrompus dans leur béatitude.

Le colonel Thomas Granter a crispé ses doigts sur les boutons étincelants de son habit bleu.

— Misérable! s'est-il écrié en s'adressant à l'un de ses domestiques de service; enlevez tous les verres! enlevez-les. Ce vin de Lafitte a goût de bouchon...

La rumeur se répand, grondante :

— Goût de bouchon!... Heuh!... hou...

Les verres sont repoussés aussitôt.

— Emportez vite! s'écrie le colonel; plus vite! plus

vite! Voulez-vous, assassin, voir mon déshonneur se prolonger d'une minute!

— Remettez-vous, colonel.

— Me remettre!

— Contenez-vous.

— Me contenir!... O désolation! ô humiliation sans égale! A quoi me sert d'entretenir à grands frais les sommeliers les plus réputés? Déplorable colonel que je suis! Honte sur ma table! Honte sur mes caves!... Goût de bouchon!

Une pitié profonde s'empare des assistants.

— C'est un petit accident qui peut arriver partout, murmure quelqu'un.

— Excepté chez moi, monsieur Jerrold! Excepté chez moi, entendez-vous!

— Ma foi, je ne m'en étais pas aperçu, dit bonnement un autre.

— Ironie! s'écrie le colonel; voilà que mes hôtes cherchent à m'épargner! De la compassion! Il ne manquait plus que cela à mon désastre. Que vais-je devenir? Où me cacher? La maison du colonel Thomas Granter est désormais assimilée à une gargote.

— Vous allez trop loin, mon estimable ami.

— La douleur vous égare, monsieur Granter.

— Monsieur Granter, revenez à vous.

— Non, répliqua le colonel, non! On ne se relève pas d'un coup semblable. Je veux arracher mes cheveux.

La moitié de la table s'est levée spontanément.

On entend des cris d'effroi, des rumeurs étouffées, comme dans les foules.

— Vos cheveux ne sont pas en cause, colonel. Laissez-les à la place qu'ils occupent si bien et si dignement.

Le colonel s'attendrit.

— Vous l'exigez?

— Nous vous en supplions. Grâce pour eux!

— Grâce! Grâce!

— O mes chers hôtes, c'est dans de pareilles catastrophes qu'on sent plus vivement tout le prix de l'amitié!

Il y avait déjà quelque temps qu'on ne savait plus ce qu'on mangeait.

Et pourtant l'on mangeait toujours!

C'était un imposant défilé de viandes de toutes espèces, un cortége infini de volailles parées, de cordons d'ortolans, de turbans de grives, d'écureuils gris, de buissons d'écrevisses, de cailles à la moelle.

Il y avait déjà quelque temps qu'on ne savait plus ce qu'on buvait.

Et pourtant l'on buvait toujours!

Les vins se succédaient pourpres ou clairs, blancs, roses, orangés, paille, pelure d'oïgnon, les uns légers et les autres robustes, ceux-ci riants et ceux-là graves.

Pendant ce temps-là le bruit des conversations était parvenu à son plus haut degré d'intensité.

Le colonel Thomas Granter jugea le moment opportun pour darder son toast. Il fit signe à l'un de ses gens, qui lui apporta une sonnette d'argent sur un plateau de vermeil.

Au son impérieux qu'elle rendit entre ses mains, toutes les têtes se tournèrent vers lui.

Les conversations s'arrêtèrent comme par enchantement.

On sut ce que cela voulait dire, et chacun se prépare à écouter.

Le colonel était debout, la tête haute et fière, le corps droit, comme pour une grande revue. Il avait pris la pose de son portrait en pied et introduit une de ses mains dans son habit bleu. Il lançait des rayons.

Cette belle prestance éveilla un murmure flatteur.

Le colonel Thomas Granter, ayant promené son regard sur son auditoire, ouvrit la bouche; et de cette bouche sortit le discours que nous transcrivons ici dans son entier.

On nous saura gré d'avoir noté scrupuleusement les interruptions, les exclamations et les propos de tout genre qui ponctuèrent ce morceau d'éloquence exotique.

« Messieurs, chers messieurs!

« Je prends l'excessive liberté, la liberté considérable, de boire à votre santé, à votre santé collective! *(Triple hurrah.)* La santé de ces deux honorables étrangers viendra ensuite. *(Vive approbation.)* Pour le moment, je vous confonds tous dans ce premier toast. Chers messieurs et amis, merci de l'empressement et de la bonne grâce avec lesquels vous avez voulu accepter mon invitation. *(C'était bien le moins! — Laissez parler!)* Vous m'avez donné là un nouveau témoignage d'estime dont je m'enorgueillirai jusqu'à la fin de mes jours. Que vous êtes bons, messieurs! que vous êtes bienveillants! Votre rare indulgence pour l'amphitryon s'est étendue jusqu'à son modeste dîner. *(Protestation unanime. — Allons donc! Le dîner est superbe! glorieux! splendide!)* Je ne m'abuse pas, messieurs, sur le sentiment qui vous dicte ces généreuses rumeurs; mais je ne me fais pas illusion non plus sur l'indignité de ma réception. *(Vous vous moquez! — C'est trop de modestie! — Nous n'avons jamais aussi admirablement dîné!)* Non, messieurs, je ne me trompe pas sur le noble caractère de votre protestation, mais je crois pouvoir dès à présent donner une faible satisfaction à vos justes griefs en vous annonçant que je flanque à la porte mon cuisinier et mon sommelier. *(Exclamation générale. — C'est injuste! — Oh!)* Permettez-moi d'être seul juge dans une question aussi capitale que celle-ci, dans une question qui touche d'aussi près à ma réputation et à ma dignité. *(Interruption. — Ils ne sont pas coupables! — Non! non! — Pas de renvoi!)* Permettez, messieurs... Veuillez m'écouter. *(Ecoutons!)* Ce n'est pas de moi seulement qu'il s'agit dans cette circonstance, ce n'est pas seulement ma chétive personnalité qui est en jeu. *(Oh! Oh! chétive!)* Il importe surtout qu'en présence de ces deux honorables étrangers, MM. Bressorant et Marville, le pavillon américain ne soit point abaissé. *(Tonnerre d'applaudissements. — Mais il ne l'a jamais été! — Rumeurs diverses.)* J'entends dire à gauche que notre pavillon n'a point été abaissé... soit, mais il a été compromis, et cela est assez pour motiver le renvoi de mon cuisinier et de mon... *(Nouvelle interruption. — Ils sont innocents! — Pardonnez-leur!)* Messieurs, laissez-moi m'expliquer, je vous en prie... Un peu de silence, messieurs; j'en ai besoin pour ressaisir le fil de mes idées. Le cas est plus grave que vous ne semblez le croire... N'attendez de moi aucun acte de faiblesse. *(Sensation.)* Eh bien, voulez-vous que je vous le dise :

mon dîner ne valait pas le diable!! *(Tempête, vociférations. — C'est faux! — Vous vous calomniez!)* Non, messieurs, il ne le valait pas! non! mille fois non! Je m'y connais aussi bien que vous, que diantre! *(Eh! eh! — Cela n'est pas prouvé! — Nous nous y connaissons, nous aussi!)* Il aurait fallu à la dinde sauvage quelques tours de broche de plus... Les timbales de macaroni étaient tièdes au lieu d'être brûlantes. *(C'est vrai!)* Vous l'entendez : M. Daniel Brown en convient, je ne le lui fais pas dire. Or, ce sont plus que des fautes, cela. Excusez-moi si cela vous plaît, vous en avez le droit, mais n'excusez pas mes serviteurs. Je pourrais relever encore d'autres fautes d'orthographe dans ce pitoyable dîner; je m'en dispense, afin de n'avoir pas trop à rougir. Je sais aussi que la saison ne se prête pas à toutes les combinaisons culinaires, à tous les amalgames désirables. *(Marques d'impatience.)* Bref, c'est une revanche à prendre, et que je prendrai prochainement, très-prochainement! » *(Hurrahs prolongés.)*

Le colonel Thomas Granter n'était pas au bout de son rouleau.

Le temps de reprendre haleine, et il repartit pour un nouveau toast :

« Messieurs, chers compatriotes!

« J'ai l'honneur de boire à notre belle Amérique! *(Tout le monde se lève.)* A notre magnifique patrie! *(Trépignements d'enthousiasme.)* A cette vierge! *(Oh!)* Oui, à cette vierge! *(Silence.)* L'unique vierge parmi les nations actuelles... J'en demande pardon à M. Bressorant et à M. Marville; ils me démentiront, s'ils le veulent, lorsqu'ils prendront la parole tout à l'heure, comme je l'espère, comme nous l'espérons! *(Oui! oui!)* Je bois à l'Amérique, cette fille des mers! *(Pas de calembours! — A bas l'interruption!)* Monsieur Breckinridge, je ne m'attendais pas de votre part à une plaisanterie d'un goût aussi indécent... *(A l'ordre, Monsieur Breckinridge! à l'ordre!)* Je bois à cette fille des mers, à cette reine des Océans, dont le sceptre industriel et moralisateur finira par s'étendre sur tout l'univers! »

Ce second toast de M. Thomas Granter n'eut pas moins de succès que le premier; il fut littéralement écrasé de bravos frénétiques.

Ces deux toasts étaient tirés, il fallut les boire, avant de passer à un troisième.

Inutile de dire que le champagne avait fait une apparition torrentielle.

Les coupes furent tendues bien des fois, et bien des fois elles se groupèrent en faisceau sonore et lumineux, car il y eut encore bien des toasts.

Loin de nous l'intention de les reproduire tous! Il nous suffira d'énumérer les principaux.

Par le colonel Granter (toujours lui) : A MM. Bressorant et Marville!

Par M. Jerrold : A l'entente cordiale!

Par M. Daniel Brown : Aux membres du Congrès!

Par M. Marville, tant en son nom qu'au nom de M. Bressorant : Aux traditions hospitalières des Etats-Unis!

Par M. Breckinridge : A l'influence des noms sur le caractère des individus! (Toast empreint de rancunes particulières et promptement étouffé sous l'indifférence générale.)

Par M. Young : Aux femmes!

Par un banquier : Aux belles-lettres!

Par un médecin : Aux idées religieuses!

Par un savant : Au capital!

Et successivement :

Aux grandes voies de communication! A la presse honnête et courageuse! Aux sociétés de tempérance! A l'amour filial! Aux huiles indigènes! Au perfectionnement des trompes de chasse! A feue Mme Granter!

Ce dernier, accueilli avec stupeur, devait nécessairement clore la série des toasts.

On passa dans le grand salon pour prendre le café.

Mais cette évolution ne s'accomplit pas sans de certains trébuchements de la part de plusieurs convives. Quelle que grande que fût la porte de communication, elle offrit cependant de sérieux obstacles à quatre ou cinq d'entre eux, dont le rayon visuel semblait singulièrement dérangé. Il y en eut qui s'y prirent à plusieurs fois sans résultat et qui s'y obstinèrent avec une énergie digne d'un meilleur sort.

Enfin on se tassa comme on put.

Dire que le café fut suivi du punch, et que le punch fut suivi du thé, et que le thé ramena le champagne et les liqueurs, c'est faire l'historique de tous les grands dîners de garçons, de tous les dîners à outrance.

Vint la période où la parole ne suffisant plus, elle fut remplacée par le chant. On chanta à pleins poumons, d'abord chacun à son tour; mais cela parut fade, et l'on chanta tous à la fois. On chanta toutes sortes de morceaux différents : ballades nationales, complaintes langoureuses, airs de bravoure.

On alla jusqu'à danser. M. Breckinridge se fit particulièrement remarquer dans la gigue, où il était de première force.

— Que vous avais-je annoncé? dit M. Marville à M. Bressorant.

M. Marville lui-même avait fini par céder à l'entraînement. Il riait, il allait et venait; il faisait raison au colonel Thomas Granter. Cette gaieté légèrement portée, cette ébriété française, toute cette verve dépensée brillamment, faisaient dire de lui : « A coup sûr, voilà un homme heureux. »

On n'aurait pas pu en dire autant de M. Bressorant, quelque désir qu'on en aurait eu.

Il n'y avait que lui qui eût conservé son sang-froid et sa physionomie impénétrable.

Ce n'était pas qu'il se fût ménagé plus qu'un autre pendant le repas, et qu'il refusât, à l'heure qu'il était, de tenir tête aux Américains.

Mais les boissons qu'il engloutissait gravement semblaient perdre de leur chaleur en tombant dans son estomac.

L'ivresse ne pouvait mordre sur lui.

M. Young, à travers les vapeurs bachiques auxquelles il n'avait pas échappé par suite de la faiblesse de sa constitution, le blond M. Young le considérait avec un vague effroi.

A deux ou trois reprises, M. Bressorant avait surpris ce regard continuellement fixé sur lui; et il avait fini par demander à M. Marville ce que c'était que ce jeune homme.

— C'est M. Young, propriétaire des environs, qui habite à quelque distance de chez moi.

— On le dirait souffrant.

— Un peu... genre Millevoye.

Et Bressorant ne s'en était pas occupé davantage.

Deux heures du matin allaient sonner à la pendule.

On se disposait à souper avec les débris réédifiés du dîner.

Ce fut ce moment que M. Bressorant choisit pour opérer sa retraite.

Auparavant il s'approcha de M. Marville et lui rappela le rendez-vous arrêté entre eux pour le lendemain.

— Soyez tranquille, lui dit M. Marville, je serai chez vous, hôtel Franklin, à première heure.

Ces paroles furent saisies au passage par M. Young.

Faute d'un moine, l'abbaye ne chôme pas. Faute du moine Bressorant, l'abbaye Thomas Granter ne s'en porta pas plus mal. On continua à festoyer et à inventer mille folies. Mais ces folies ne se rattachant plus par aucun lien à notre action, nous renonçons à nous en faire plus longtemps l'historien.

Lecteur, tâchez d'en prendre votre parti : vous ne reverrez plus le colonel Thomas Granter.

CHAPITRE III.

QUELQUES PAGES DE LA VIE D'UN DOMESTIQUE.

Dans l'antichambre, M. Bressorant avait trouvé son domestique profondément endormi sur une banquette.

— Allons, Lubin, lui avait-il dit en lui frappant sur l'épaule, réveille-toi, nous partons.

— Hein! qu'est-ce que c'est?... Il faut lui mettre les menottes...

— Tu as donc toujours des rêves judiciaires, mon pauvre Lubin ?

— Excusez-moi, monsieur, je dormais si bien !

— Par le bruit qui se fait là dedans!... Il faut que tu sois rudement organisé.

— J'ai appris à dormir partout dans mon enfance, répondit Lubin.

— Donne-moi mon par-dessus et rentrons à l'hôtel. Dépêche-toi... j'ai besoin d'air...

— En effet, vous paraissez agité.

— Viens! viens!

Bressorant entraîna son domestique.

Tous deux s'engagèrent à travers les rues désertes et silencieuses de la ville de H...

Après les premiers pas, Bressorant posa brusquement sa main sur le poignet de Lubin.

— Je l'ai trouvé! lui dit-il d'une voix tremblante d'émotion.

— Bah!

— Je l'ai trouvé... Il était là!

— Enfin! ce n'est pas malheureux, depuis le temps que vous le cherchez... que nous le cherchons! En avons-nous fait de ces *milles* et de ces *cents!*

— Il s'appelle Marville maintenant.

— Vous l'avez reconnu?

— Tout de suite.

— Et lui?

— Lui m'a examiné longtemps sans me reconnaître. Comment ai-je pu me contenir en sa présence? je n'en sais rien vraiment.

— Il vous a parlé?

— Oui. Oh! qu'il m'a fallu de forces pour ne pas me trahir! Vingt fois j'ai cru que mes tempes allaient éclater.

Bressorant s'arrêta pour respirer à ce ressouvenir.

Lubin était soucieux.

— Donc, nous voilà au bout de nos courses, dit Lubin.

— Mais non au bout de mon dessein, dit Bressorant.

— Que comptez-vous faire?

— Tu le sais bien.

— Vous avez toujours les mêmes idées de vengeance?

— Dis, de justice.

— Comment les mettrez-vous à exécution ?

— Le hasard m'aidera, répondit Bressorant; il a déjà commencé à m'aider : Marville viendra se livrer lui-même.

— Quand?

— Demain. Nous devons chasser ensemble toute la journée.

— C'est au mieux.

— Tu nous accompagnes, Lubin.

— Parbleu!

— Tu ne le quitteras pas de vue un instant.

— Cela va sans dire.

— Aie soin d'emporter tout ce qu'il nous faut, Lubin.

— Oui, les cordes, les menottes...

— Que les revolvers soient en état, ajouta Bressorant.

— Je les visite chaque matin, répondit le domestique.

— Et surtout, ne va pas faiblir au moment décisif!

— N'ayez aucune inquiétude; vous savez que je vous suis dévoué corps et âme.

— C'est vrai; tu es un homme d'audace et d'énergie.

Lubin ne répliqua pas.

On était arrivé à l'hôtel Franklin.

*
* *

Lubin poussa un grand soupir lorsqu'il se trouva seul dans la chambre contiguë à celle de son maître.

Il resta pendant quelque temps en rêverie devant la bougie qui brûlait sur un guéridon.

Qu'est-ce que c'était que Lubin?

Au physique, c'était un colosse, un géant, un visage rébarbatif, des poings à assommer un bœuf, des pieds à ébranler le sol quand il marchait, une voix tonitruante.

Au moral, c'était le plus doux des hommes, le plus timide, le plus sincère, le plus affectueux.

La nature avait commis une antithèse en le créant.

Elle lui avait dit : — Tu feras peur!

Et il s'était mis à faire peur, involontairement, en dépit de son nom pastoral de Lubin.

Il était né dans les bas-fonds du peuple, d'un père et d'une mère auxquels il devint immédiatement odieux.

Comment auraient-ils pu l'aimer? il coûtait trop à nourrir!

Tout petit il paraissait déjà redoutable, et les enfants refusaient de jouer avec lui. Pourtant il n'avait jamais levé la main sur un d'eux; il ignorait ce que c'est que faire du mal; cela lui semblait trop facile pour qu'il l'essayât.

On ne lui apprit rien, et il n'apprit rien par lui-même; car si c'était un bon cœur, c'était une intelligence médiocre.

Il avait essayé d'un grand nombre de métiers, sans s'arrêter à aucun. Sa taille gigantesque et son aspect menaçant lui nuisaient partout.

La livrée l'avait tenté d'abord. Sa première admiration avait été pour les beaux laquais en bas blancs du faubourg Saint-Germain, bien portants et bien importants. Il se disait que ces drôles devaient mener une existence aussi dorée que leur casaque.

Les illusions de Lubin ne furent pas de longue durée : il fit deux ou trois maisons.

Lafleur herculéen! Frontin farouche!

On se moquait de lui à le voir portant dans ses bras le bichon d'une vieille patricienne ou promenant aux Tuileries un marmot empanaché à la Henri IV.

Ajoutez à cela que Lubin avait la main maladroite, si maladroite que, dans une maison vide, il aurait été capable de se casser les reins plutôt que de ne rien casser du tout.

La dernière douairière qui le mit à la porte lui laissa par commisération son habit de chasseur sur le dos, — un bel habit vert, avec des épaulettes, — et un chapeau de général, ruisselant de plumes.

Dans cet accoutrement, on put voir le doux et formidable Lubin errer, pendant tout un mois de mai, sous les fraîches pousses du Palais-Royal.

A cette date déjà ancienne se rattache une aventure plaisante dont il fut le héros.

Vous rappelez-vous le temps où le camp des comédiens de province se tenait sous ces bons petits arbres, dans une allée avoisinant la Rotonde ? C'était au mois de mai, époque où se font les engagements.

Les comédiens — en permission de moustaches et de favoris — arrivaient là chaque jour régulièrement un peu avant midi ; ils s'asseyaient ou se promenaient. Les femmes apportaient leur ouvrage; vue au grand jour, leur physionomie accusait l'emploi du fard et du blanc de perle.

Souvent, des amis avec lesquels je me promenais dans cette allée,—fameuse par toute la France, il y a quinze ans, — m'ont serré vivement le bras : ils avaient reconnu tout à coup une Dugazon de Saint-Quentin ou une première chanteuse de Toulouse, l'idole de leur jeune âge...

Lubin avait si bien la mine d'un comédien qui fait prendre l'air à sa garde-robe, qu'un agent dramatique, en quête de sujets, s'en vint donner étourdiment contre lui, en lui offrant d'entrer sur-le-champ dans une troupe d'arrondissement qui desservait deux ou trois villes de Bretagne.

Lubin n'avait pas mangé depuis deux jours. Il accepta, répondant affirmativement à tout ce qu'on lui demandait. Quelques heures après, il touchait un mois d'avance, et il partait le soir même pour Lorient, en compagnie des *manteaux*, des *tabliers*, des *utilités*, recrutés comme lui dans l'allée du Palais-Royal.

Pendant le voyage il eut fort bonne contenance; même les premiers jours de son installation à Lorient, cela alla assez bien.

— Voilà un superbe Lablache! pensait-on.

— Ce doit être le *traître* de la troupe; il fera merveille dans *Lazare le Pâtre* et dans *Marie-Jeanne*.

Lubin était, au jeu de billard, d'une seconde force d'amateur; il fit la partie du régisseur, chargé de parler au public.

Mais l'époque des débuts étant survenue, ce fut un mauvais moment pour Lubin.

Ses costumes n'arrivaient pas; il avait fait manquer la répétition, quoiqu'il l'eût laissée afficher la veille au tableau; il était souffrant, enrhumé.

Bref, au moment de faire son entrée en scène dans le.

personnage de l'Anglais de *Fra Diavolo ou l'Hôtellerie de Terracine*, il fut trouvé blotti dans les combles du théâtre, pâle et tremblant.

Et toujours en habit de chasseur vert!

On envoya quérir la garde, et Lubin expia par quelques mois de prison son goût improvisé pour l'art dramatique.

Un matin, son cerveau étroit fut traversé par un rayon de lumière.

Lubin se dit qu'il avait toujours été à l'encontre de sa destinée, et que sa destinée ayant voulu qu'il fût terrible, il avait eu grand tort de n'être pas terrible tout de suite.

Heureusement il était temps encore.

La vogue était alors aux luttes, aux exercices du gymnase, aux duels athlétiques. Paris était couvert sur toutes ses murailles d'affiches belliqueuses annonçant, en lettres d'un pied de haut, les défis portés par Léonard l'Invincible à Cyprien l'Indomptable, ou les revanches accordées au Sanglier-des-Vosges par le Rempart-de-Perpignan.

Lubin résolut de se faire lutteur.

Il alla trouver l'illustre Rossignol-Rollin, directeur d'une arène baptisée par lui le « Temple du muscle. »

Rossignol fut charmé de Lubin.

Il s'extasia sur la vigueur de son biceps et sur le développement magistral de son estomac.

Il lui fit faire quelques mouvements et lui trouva une assiette de premier ordre.

— Les jambes manquent peut-être de ton, murmura Rossignol ; il faudra les exercer. Mais il y a de l'étoffe, et je veux faire quelque chose de vous. Le physique est heureux...

Ironie du sort! Rossignol trouvait heureux le *physique* de Lubin, — ce physique qui lui avait causé tant de disgrâces jusqu'à présent. Ses traits ramassés, ses sourcils au charbon, ses lèvres épaisses, devenaient des grâces aux yeux de Rossignol.

Mise à sa place et dans sa véritable lumière, la laideur de Lubin avait une valeur.

Il n'en fut pas plus fier pour cela.

— Voulez-vous lutter pour votre début, avec Faouet ou avec *moussu Creste?* lui demanda Rossignol.

— Cela m'est égal, répondit-il modestement.

— Eh bien! je vous ferai essayer par le *Mâchicoulis de Bourg-Saint-Andéol*. Il vous ménagera. A propos, il vous faut un nom, cela est indispensable.

— Mais j'en ai un.

— Oh! je m'entends, dit Rossignol; un nom ronflant, empoignant, étincelant.

— Je m'appelle Lubin.

— Eh! eh! Lubin, ce n'est pas mal. On peut garder Lubin; il y a de la verdure dans ce nom-là. Mais il importe d'y ajouter un surnom. Lubin tout court, ce serait un cerf-volant sans queue. Je me charge de cet appendice, mais j'ai besoin pour cela de quelques jours de méditations sérieuses. Revenez me voir dimanche.

Lubin revint au jour indiqué.

Rossignol-Rollin avait trouvé la queue du cerf-volant, et l'affiche des Arènes annonçait « les prochains débuts de M. Lubin, dit le *Galant mastodonte*. »

J'ai vu, il y a quelques années, à la vitrine d'un magasin de la rue Laffitte, un tableau de Daumier, un de ces rares tableaux à l'huile qu'on arrache au grand caricaturiste, dont le faire sauvage et tacheté de sang rappelle souvent Eugène Delacroix. Ce tableau représentait un *lutteur* seul.

Je le vois encore, je le verrai longtemps, car c'est tout simplement un chef-d'œuvre.

Ce lutteur, — masse bestiale, les épaules surhaussées, les bras pendants, les pieds noirs affermis, — se détache sur l'épais rideau entr'ouvert d'une coulisse, attendant son tour pour lutter. Aucun enthousiasme en lui. S'il jette un regard dans l'arène, ce n'est pas pour s'intéresser à ce qui s'y passe ; c'est pour savoir le moment où il lui faudra entrer. Par cette ouverture du rideau où son œil sans passion s'aventure, le spectateur effaré voit deux athlètes s'étreignant avec furie, dans une lumière jaune, sous les yeux dilatés d'une foule confuse...

Je le répète, cela est saisissant et merveilleusement peint. Une grande ligne noire suit et arrête les contours du lutteur, tandis que vingt éclaboussures de chair et de feu accusent l'anatomie de ce sauvage en caleçon.

Personne ne m'ôtera de l'idée que Daumier avait vu Lubin, le soir de son début aux arènes de Rossignol-Rollin.

Tel il était en effet.

Indifférent et sublime !

Les choses se passèrent mieux qu'au théâtre de Lorient, et Lubin eut plus de succès dans la lutte que dans l'opéra-comique.

Pendant une semaine, les journaux ne parlèrent que du *Galant mastodonte*.

Lubin put croire qu'il avait enfin trouvé sa voie. Il se sentait dans son élément; il dépensait légalement ses forces et justifiait ainsi de sa stature exceptionnelle devant la société.

Le *Mâchicoulis de Bourg-Saint-Andéol* n'eut pas longtemps besoin de le ménager; dès la seconde lutte, le *Galant mastodonte* le coucha héroïquement sur les deux épaules.

Il en coucha encore bien d'autres : Lacroix, Etienne et le *Rempart-de-Perpignan* lui-même.

Il en coucha trop, — si bien que Rossignol-Rollin le pria de s'arrêter.

Lubin avait un tort fort grave dans une profession aussi périlleuse : il se passionnait trop vite et *s'emballait* immédiatement, quel que fût le sujet qu'on lui livrait.

Il croyait enfin « que cela était arrivé. »

Bientôt une conspiration se forma autour de lui. Ses camarades menacèrent de lui faire un mauvais parti, s'il n'apportait pas dorénavant dans ses relations avec eux un esprit d'entente et de convention plus caractérisé.

Lubin promit tout ce qu'on voulut, et pendant quelques séances on put le voir maintenir, dans un sage équilibre, la puissance de ses facultés. Alcide avait remisé sa massue.

Mais une occasion se présenta, fatale, irrésistible.

On le mit face à face avec l'*Ours-du-Jura*.

Ce fut un tort de la part de Rossignol-Rollin.

Mais il fallait une recette à Rossignol-Rollin; il la lui fallait à tout prix. Je ne dirai pas pourquoi.

L'*Ours-du-Jura* était un nouveau, lui aussi. C'était

un jeune présomptueux : il sortait de la boucherie. Grisé par des triomphes intimes, il avait été poussé par ses amis à affronter le tremplin des arènes.

Il avait, ce soir-là, invité son père et sa fiancée, et commandé un souper au restaurant voisin.

Lubin, à peine prévenu, traita l'*Ours-du-Jura* comme il était accoutumé à traiter récemment ses confrères, c'est-à-dire avec une indolence de bon goût ; mais, constatant une résistance sérieuse et certaines allures en dehors des traditions du *tapis,* il prit goût à l'engagement.

L'*Ours-du-Jura* y allait bon jeu bon argent.

Le *Galant mastodonte* ne voulut pas demeurer en reste de franchise.

Il sentait la chair fraîche.

Acceptant les premières étreintes de son adversaire, il bomba sa robuste poitrine et lui marcha sur les pieds comme pour lui faire lâcher prise.

Le procédé n'était peut-être pas très-orthodoxe, et Rossignol-Rollin en fronça le sourcil.

L'*Ours-du-Jura* recula sans désemparer. Deux grosses mains velues et chauves le pressaient aux flancs, remontaient, le massaient, de façon à lui faire perdre la respiration.

Il était plus petit que le *Galant mastodonte,* plus nerveux, plus adroit ; il savait se dérober et fondre pour ainsi dire.

Saisi tout à coup aux aisselles et soulevé de terre, il vit le danger et se prêta docilement à cette manœuvre, qu'il exagéra même, afin de retomber plus lestement.

A son tour, Lubin fut empoigné de côté par un rapide revers de bras ; étourdi, il chancela.

La salle avait frémi pour lui.

Furieux, il reprit position, et se mit à secouer l'*Ours-du-Jura* comme l'ouragan secoue un chêne.

Son plan était de le fatiguer, de l'essouffler, de le surprendre.

Il n'épargna rien pour cela, il l'enlaça, il s'identifia avec lui, il lui communiqua son haleine.

Mais le boucher était jeune; le boucher résistait, le boucher sentait sur lui les yeux anxieux de son père et de sa fiancée.

C'était un beau spectacle.

La sueur mettait des grappes de perles à leurs tempes. Çà et là sur leurs corps, de larges marbrures, des empreintes couleur de pourpre. On entendait les craquements de leurs os et les halètements de leurs poitrines; — on les entendait d'autant mieux que le public s'était fait muet.

Rossignol-Rollin, émerveillé, ne put tenir la bride à son enthousiasme; il battit des mains en s'écriant :

— Bravo! bravo! Vous êtes les dignes fils des Romains et des Spartiates!

Et s'adressant aux spectateurs habitués à ses harangues originales :

— Pardonnez-moi, leur dit-il avec attendrissement, ce sont deux de mes créations...

A la fin, l'impatience gagna Lubin.

Il s'indigna de voir la victoire si longtemps indécise, et il chercha à en terminer d'un seul coup. Les applaudissements de Rossignol-Rollin le grisèrent. Il oublia toutes les recommandations, il oublia sa promesse, il oublia tout; il redevint terrible.

Et voici ce qui se passa.

Il ouvrit tout à coup ses longs bras gonflés de câbles en guise de veines; il les ouvrit comme pour leur rendre leur souplesse et leur élasticité, — et, soudain il les referma sur l'*Ours-du-Jura*, mais si impétueusement, que celui-ci en demeura immobile, et que sa figure bleuit.

Cet embrassement se prolongea tellement, que plusieurs spectateurs s'en alarmèrent et crièrent :

— Assez! assez!

Mais le *Galant mastodonte* n'écoutait rien; il continuait à maîtriser sa proie, dont les jambes fléchissaient visiblement.

A ce moment, un rauque mugissement sortit des entrailles de Lubin, — quelque chose d'indescriptible, d'effrayant, et qui trahissait une violente douleur.

Puis, immédiatement, on vit le cercle de ses bras se resserrer avec rage autour de son adversaire.

L'étau broyait la chair.

Toute la salle se leva.

Rossignol-Rollin, effaré, courut vers les deux combattants pour les séparer.

— Ah! l'enragé! dit-il en se cramponnant après Lubin; il ne se corrigera jamais!

Alors seulement, rendu vaguement à lui-même, Lubin lâcha l'*Ours-du-Jura* qui tomba et roula lourdement sur le sable de l'arène comme une masse inerte, comme une chose insensible, comme un mort.

Il était mort, en effet, étouffé à la façon de l'Antée de la fable.

En même temps, les assistants glacés d'épouvante aperçurent un long flot de sang qui coulait de la gorge de Lubin.

Dans ses dernières convulsions, l'*Ours-du-Jura* l'avait mordu furieusement, en désespéré, à pleines dents.

C'était ce qui avait causé le cri de Lubin, — et c'était aussi sans doute ce qui avait décidé de la mort du boucher.

Cette morsure horrible, cette entaille profonde, absolvait en partie le *Galant mastodonte,* — qui était resté stupide, pantelant, ensanglanté, ignorant et inconscient du meurtre qu'il venait de commettre.

*
* *

Il dut comparaître devant la cour d'assises.

C'est de cette époque et de cette circonstance que datent ses rapports avec le personnage que nous avons fait connaître sous le nom de Bressorant.

M. Bressorant, — que nous continuerons pendant quelque temps d'appeler de ce nom, bien que ce ne soit pas le sien, — était alors chef du jury.

C'était un homme considéré, opulent, marié, d'une bonté et d'une intelligence supérieures.

Il s'intéressa à Lubin, dont les mésaventures sans trêve le touchèrent, et il aida puissamment à le faire acquitter.

La reconnaissance du pauvre diable fut infinie ; mais une fois libre il se trouva un peu moins avancé qu'auparavant. L'état de lutteur lui était désormais interdit ; quelle troupe aurait voulu de lui avec un antécédent aussi terrifiant ?

M. Bressorant vint plusieurs fois à son secours, puis il le perdit de vue pendant quelques années.

Il était écrit cependant, — comme aurait dit *Jacques-le-Fataliste,* — que ces deux hommes devaient se retrouver.

Un soir, M. Bressorant se promenait sur le quai de l'Ecluse, à Bougival, où il possédait une maison.

Il était seul, il était triste.

Le quai de l'Ecluse est un des endroits les plus solitaires et les plus ravissants qui soient au monde, surtout aux heures nocturnes. Plus qu'ailleurs, la Seine, encaissée entre de grandes masses d'arbres, y est reposée, unie, luisante, mais dangereuse et profonde.

M. Bressorant entendit le bruit d'un corps tombant dans l'eau.

Une glace qui se brise en mille éclats ne jette pas plus d'étincelles que n'en jeta la Seine alors éclairée par la lune.

M. Bressorant n'était pas de ceux qui disent :

> ... Ce n'est rien
> Ce n'est que quelqu'un qui se noie.

Il descendit rapidement sur la berge et détacha une barque qui se trouvait là. Il n'eut pas longtemps à ramer pour arriver à la place où la chute avait eu lieu et que lui indiquait l'eau encore troublée.

Il fut assez habile pour repêcher et pour ramener sur la rive un grand corps qui se débattait instinctivement, mais silencieusement.

Après l'avoir assis sur l'herbe, M. Bressorant le regarda.

— Tiens! *le lutteur !* dit-il.

C'était bien Lubin, en effet, Lubin qui, plus indigent que jamais, avait essayé de recourir au suicide.

Lorsqu'il reprit ses sens, il ne reconnut pas d'abord son sauveur.

Ce ne fut qu'au bout d'un quart d'heure, et lorsque celui-ci l'eut installé au coin d'un grand feu, dans sa maison, que Lubin tout à fait ranimé s'écria :

— Ah ! mon Dieu ! Monsieur Bressorant !

— Eh ! oui, mon pauvre lutteur.

— Excusez-moi de ne pas vous avoir remis plus tôt.

— Tu es tout excusé, je t'assure.

— Comme vous êtes changé! dit Lubin, qui ne savait pas cacher une vérité.

— C'est que bien des événements se sont passés depuis que tu m'as vu, répondit Bressorant en s'efforçant de sourire ; j'ai voulu lutter à mon tour, et j'ai été tombé.

— Vous, monsieur Bressorant! s'écria Lubin avec étonnement.

— C'est une image.

— Vous qui paraissiez si heureux autrefois, et qui aviez tant de motifs de l'être !

— Mon bonheur s'est écroulé... ou plutôt il a été renversé... renversé brutalement.

Ces mots avaient été prononcés d'une voix sourde et pleine de colère.

— Mais parlons de toi, reprit M. Bressorant, de toi, mon pauvre lutteur. Tu voulais donc mourir ?

— Dam ! puisque je ne peux pas vivre.

— Et c'est précisément devant ma porte que tu viens choisir le lieu de ton suicide?

— Oh ! monsieur Bressorant, je vous jure que j'ignorais....

— Je le pense bien... Mais pourquoi cette préférence pour l'eau ?

— C'est que l'eaune coûte rien, répondit Lubin ; tandis que je n'avais pas de quoi acheter un pistolet, ni un rasoir, ni un boisseau de charbon.

— C'est une raison, cela. Avoue pourtant que tu t'y es bien mal pris.

— C'était la première fois.

— Du moment qu'on est décidé à aller au fond de l'eau.... et à y rester.... on s'attache une pierre au cou. C'est élémentaire.

— Il est encore temps, monsieur Bressorant, répondit Lubin avec résignation.

— Non.... Il y a de ces choses qui ne se recommencent pas.

— Il faut cependant que je meure ou que je vive, fit-il observer avec beaucoup de sens.

— Eh ! tu vivras.

— Je ne demande pas mieux ; mais comment?

— Je te garde à mon service, dit Bressorant.

— Vrai! s'écria Lubin joyeux.

— Je ne peux pas t'avoir sauvé pour te rendre à la misère. Ce serait absurde.

— Hélas! je ne vous ferai guère honneur, dit Lubin avec un retour sur sa triste mine.

— Peu m'importe, dit Bressorant qui réfléchissait depuis quelque temps. Ecoute, tu es peut-être l'homme qu'il me faut.

— S'il était possible !

— J'ai besoin de quelqu'un qui m'accompagne dans un long voyage. Il y a du danger à courir, à braver même. Veux-tu être ce compagnon ?

— Vous le demandez ! dit Lubin.

— Tu quitteras ta patrie sans regret ?

— Ma patrie ! murmura-t-il avec un accent d'amère ironie ; appelez-vous ma patrie la tombe humide où j'allais me coucher ?

— Songes-y bien, dit M. Bressorant ; c'est d'un voyage au delà des mers qu'il s'agit.

— Quand partons-nous ? dit Lubin.

— Ainsi, tu es prêt à me suivre partout ?

— Jusqu'au bout du monde.

— Et à m'obéir en tout ?

— Sans hésitation et sans réflexion.

— Je t'expliquerai d'ici à quelques jours ce que j'attends de toi, ajouta Bressorant d'un air embarrassé.

— A quoi bon ? répliqua Lubin ; je ne veux rien savoir et vous ne me devez aucune explication. Ne m'avez-vous pas deux fois sauvé la vie ? Je n'ai pas l'ambition de pouvoir jamais m'acquitter envers vous. Je ne désire que vous être bon à quelque chose. Là où vous me direz d'aller, j'irai ; ce que vous me commanderez de faire, je le ferai..... quelle que soit la besogne à laquelle il vous plaira de m'employer.

— Si c'était cependant une œuvre sombre et pénible ? dit Bressorant en observant l'effet de ses paroles.

Lubin répondit :

— Je sais que vous avez le sentiment du juste et de l'honnête ; ma consience est tranquille avec vous. Le reste ne me regarde pas.

— Oui, j'ai le sentiment du juste, tu dis vrai ! s'écria vivement Bressorant ; et c'est là ce qui me soutiendra dans mon entreprise !

Puis son front s'assombrit, et il reprit plus lentement :

— Pourtant il se peut que ta force corporelle me soit nécessaire.

— Eh bien! dit Lubin, j'essayerai de retrouver mes poings de lutteur pour écarter les obstacles autour de vous.

Trois mois après cet entretien, M. Bressorant et Lubin s'embarquaient au Havre pour New-York.

CHAPITRE IV.

LA FERME ISABELLE.

Ces préliminaires étaient à peu près indispensables pour rendre plus saisissants les faits qui vont suivre.

J'aurais pu les abréger, sans doute. On peut tout abréger. Mais au début d'un récit doit-on craindre de prodiguer les détails et de familiariser amplement le lecteur avec les personnages?

Nous voici à l'hôtel Franklin.

M. Bressorant attend M. Marville avec impatience. Vingt fois il est allé écarter le rideau, et vingt fois il a interrogé de ses regards avides les deux extrémités de la rue.

— Pourvu qu'il n'aille pas se dégager en m'envoyant une lettre d'excuses! murmura-t-il; ce serait tout un autre plan à combiner...

Mais non : à l'heure dite, une voiture de campagne, vigoureusement attelée, avait fait résonner le pavé de la rue et s'était arrêtée devant l'hôtel.

M. Marville en était descendu.

Un air de contentement se peignait sur son visage ; il était vêtu d'étoffe claire ; une rose émaillait la boutonnière de son paletot.

— Regarde, le voilà, c'est lui ! dit M. Bressorant en entraînant Lubin vers la croisée.

— Il a une bonne figure, ne put s'empêcher de penser le domestique.

— En route ! dit M. Marville en apparaissant sur le seuil où Bressorant l'avait devancé.

— En route, soit, répondit celui-ci.

Il ajouta :

— Vous permettez que j'emmène avec nous mon domestique ; c'est une habitude française.... une manie, si vous voulez.

— Comment donc ! à votre aise ! répliqua M. Marville ; il y a place pour quatre dans la voiture.

Lubin se tenait dans une attitude respectueuse, avec des manteaux sur le bras et des coffrets aux mains, — un attirail de voyage.

— Eh ! qu'est-ce que c'est que tout cela ? demanda M. Marville en souriant.

— Rien que de fort utile, dit Bressorant ; à force de voyager, j'ai fini par me modeler sur les Anglais et par leur emprunter leurs coutumes de prévoyance.. Il y a de tout dans ces nécessaires.

— Vous n'aurez besoin de rien tant que vous serez avec moi, mon cher monsieur.

— Qui sait ? dit Bressorant.

La journée s'annonçait magnifiquement. Le soleil, — qui est pour les Américains le changeur d'en haut, — versait l'or à poignées sur la nature entière.

On traversait un pays enchanteur et dont les horizons variaient de minute en minute ; les bois succédaient aux prairies, les collines succédaient aux bois. Ici c'était un étang dont la placidité lumineuse était faite pour inspirer Longfellow, le Lamartine transatlantique. Plus loin, c'étaient d'immenses damiers de cultures aux couleurs diverses, s'étendant à perte de vue. Tout accusait une abondance, une fertilité, qui ne nuisaient point à la poésie. La présence de l'industrie était plutôt soupçonnée qu'apparente : les usines se cachaient discrètement derrière les chênes ; les hauts tuyaux cherchaient à se confondre avec les hauts peupliers.

Chemin faisant, tandis que la voiture roulait allègrement, M. Marville donnait à M. Bressorant toutes sortes de renseignements sur les domaines qu'on apercevait, sur les troupeaux qu'on rencontrait, sur les productions du sol. Sa causerie était attachante et facile ; il connaissait à fond ce dont il parlait, et avait dû faire une longue étude de ce pays qu'il avait raison de vanter.

Bressorant semblait l'écouter avec attention, mais sa pensée était ailleurs.

Chose étrange ! C'était Lubin qui s'intéressait le plus à la conversation de M. Marville. L'oreille tendue, l'œil fixé sur lui, il ne perdait aucun des détails dans lesquels celui-ci entrait complaisamment.

On était dans les plus beaux jours de l'année. La terre et le ciel respiraient un calme, une pureté, une sérénité bienfaisante et pénétrante. Pas un nuage. Les herbes embaumaient ; les papillons se poursuivaient dans la vapeur matinale. De temps en temps un vent léger s'élevait, délicat et caressant comme un coup d'éventail. C'était bien le Zéphire antique, l'âme des fleurs et des feuillages.

Depuis quelques instants, M. Marville s'était tu, pour admirer plus entièrement ce tableau et pour s'imprégner de cette atmosphère enivrante.

— N'est-ce pas qu'on est heureux de vivre? dit-il à M. Bressorant.

Mais cette exclamation n'éveilla point d'écho chez ce dernier.

M. Marville n'en tira aucune conjecture et put prendre son silence pour le silence de l'admiration.

Le trajet ne fut marqué que par un incident de peu d'importance.

On s'était arrêté au bas d'une côte pour laisser souffler les chevaux.

Au-dessus de cette côte, à une distance de deux cents mètres environ, le ciel se levait droit et éblouissant.

Tout à coup, sur cette crête, on vit se dresser un cavalier immobile.

Dans cette silhouette effilée, brune sur fond flambant, M. Marville n'eut pas de peine à reconnaître le jeune M. Young.

— Que diable vient-il faire par ici? se demanda-t-il à lui-même ; est-ce qu'il m'espionnerait ?

Il est supposable que, de son côté, M. Young reconnut les voyageurs.

Il parut hésiter à venir vers eux; puis, piquant des deux, il disparut.

— A la bonne heure! murmura M. Marville.

*
* *

La voiture se remit en route.

On arriva vers dix heures à la ferme de M. Marville, qui occupait une étendue de terrain assez considérable.

Elle s'annonçait par de jolies constructions en pierre blanche où la brique mettait son sourire rouge. Ordre, propreté, intelligence, ces trois qualités américaines y apparaissaient dans tout leur lustre.

— Rien de tout cela n'existait il y a trois ans, dit M. Marville; le sol à cet endroit était plat comme la main. J'ai tout fondé, tout bâti. J'ai amené des ruisseaux et planté des arbres. Je peux donc dire avec un certain orgueil : ceci est mon œuvre.

— Et je vous fais mes compliments sur votre œuvre, répliqua M. Bressorant.

La maison d'habitation, agréablement située et environnée de fleurs de tous les pays, se recommandait par un style élégant où le goût français se trahissait sous le comfort indigène.

Au moment où l'on s'y dirigeait par une allée circulaire sablée, deux femmes, arrivées au bruit de la voiture, se tenaient debout sur le perron, vêtues de robes de mousseline blanche et coiffées de grands chapeaux de paille qui les défendaient contre l'ardeur du jour.

Ayant mis pied à terre ainsi que ses compagnons, M. Marville dit à M. Bressorant :

— Ma femme et ma fille... la meilleure partie de mon bonheur.

M. Bressorant salua, et personne n'entendit le soupir qui sortit de sa poitrine.

La mère et la fille étaient accourues présenter leurs fronts aux tendres baisers de M. Marville, qui leur dit :

— Je vous ramène un peu de notre France dans la personne de M. Bressorant.

— Oh! nous t'en remercions, mon ami! prononça Mme Marville avec un accent parti du cœur.

— Et vous, monsieur, continua Mme Marville, soyez le bien venu. Il ne se passe pas de jour que nous n'adressions un souvenir et un regret à la terre natale.

— Eh! la France a bien ses inconvénients, murmura M. Marville.

— N'en dis pas de mal, mon ami.

— Dieu m'en garde! Mais libre à moi de lui préférer l'Amérique.

— Je suis certaine que M. Bressorant n'est pas de ton avis.

— Moi, madame? Je n'ai plus de patrie, dit celui-ci.

— Eh bien! monsieur, nous vous en improviserons une à la ferme Isabelle, reprit Mme Marville sans s'arrêter à l'étrangeté de cette réponse.

— La ferme Isabelle? interrogea M. Bressorant.

— Oui, dit M. Marville; vous êtes ici à la ferme Isabelle... et vous en avez la patronne sous les yeux, ajouta-t-il en désignant sa femme.

— Une de ses idées, dit-elle en souriant.

— Je m'en félicite.

— Sachez, monsieur, que mon mari est le plus superstitieux des hommes : il croit à une foule de choses, entre autres à l'influence des noms.

— C'est vrai; ainsi vous ne devineriez jamais pourquoi je me suis établi dans la Caroline, plutôt que dans un autre État... Tout uniquement parce que ma fille s'appelle Caroline. Je pensais que cela me porterait bonheur. Eh bien ! me suis-je trompé?

A son tour, Caroline sourit doucement à son père.

Rien n'était plus charmant à voir que ces deux femmes, qui avaient chacune leur beauté, mais qui avaient toutes deux la même grâce.

Mme Marville était grande et blonde, grande avec souplesse et blonde sans fadeur. On ne lui aurait jamais donné, — à moins d'être le plus impertinent des romanciers,— les trente-cinq ans auxquels elle avait cependant des droits authentiques. Mais qu'est-ce que trente-cinq ans pour une Française! En quoi cela avait-il altéré l'éclat de ses yeux, la noblesse de son front, les roses de sa bouche, toute cette fraîcheur de peau et toute cette transparence de teint ? Qu'est-ce que son extrait de naissance avait à voir avec sa chevelure féerique et comme baignée de lumière, avec ses épaules splendides, avec ses bras qui ne semblaient demander qu'à aller s'ajuster à la Vénus de Milo? C'était une beauté toute d'ensemble et d'harmonie, qui s'imposait naturellement à la façon des chefs-d'œuvre. Il n'y avait pas en elle un trait qui frappât et retînt plus particulièrement que tel autre; on était subjugué à la fois par la figure, par la taille et par la démarche, ou par la simple attitude.

Cette aisance légère, cette suavité de mouvements, pour ainsi dire, mettaient en évidence des mains pétries dans la chair des lys, des mains patriciennes que Van-Dyck aurait voulu peindre, — et un petit pied pour lequel semblait avoir été inventée l'épithète de furtif. A ce concours de séductions, ajoutez une voix d'un timbre admirablement musical, quelque chose comme la voix de Mme Arnould-Plessy, qui n'est, prétend-on, qu'un écho affaibli de la voix de Mlle Mars. — Que dirai-je encore ? Toute la personne de Mme Marville exhalait un parfum de tendresse et d'élégance rares ; on sentait un cœur dans cette belle statue qui aurait mérité le surnom de *Blanche-et-Bonne*. Telle elle était, à cet âge redoutable de trente-cinq ans, qui s'était transformé pour elle en véritable apothéose.

Après cela, c'eût été trop exiger que de lui demander quelque chose de plus. Aussi le ciel jaloux lui avait-il mesuré parcimonieusement la volonté et l'énergie, ces dons sans lesquels les intelligences les plus favorisées sont condamnées à demeurer incomplètes. Mme Marville était la créature passive par excellence : elle n'avait jamais pensé et agi que par son époux, comme elle n'avait jamais vécu que pour lui.

Tout au contraire, sa fille Caroline paraissait tenir de son père, physiquement et moralement. Elle avait de lui la vivacité, la soudaineté, le coup d'œil mobile, la lèvre impatiente, la soif de l'existence se traduisant par mille indices. Ses dix-sept ans bondissaient en dépit de la ceinture de pensionnaire qu'elle gardait encore, et des nattes enrubannées flottant sur son dos, qui retardaient — sans intention de la part de sa mère — la transition de la petite fille à la jeune fille.

Toutes les deux, Isabelle et Caroline, ne vivaient que pour un seul être au monde : Marville.

Ce jour-là, sans s'être communiqué leur pensée, elles s'étaient rencontrées dans un même sentiment d'antipathie pour M. Bressorant.

Elles surent cependant imposer momentanément silence à ce sentiment encore indéfini, et s'acquitter envers lui des devoirs de l'hospitalité.

Est-il quelque chose de plus gracieux que ces empressements d'une maîtresse de maison, cette agitation inquiète, ces désirs épiés, ces demandes qui n'attendent pas la réponse? Mme Marville, comme la plupart des Françaises, excellait dans cet art de l'accueil. Mais quoi qu'elle fît ce jour-là, quelques prévenances qu'elle déployât, tout semblait échouer sur M. Bressorant.

Il demeurait grave et froid.

— Quelle singulière idée a eue mon mari d'amener chez nous ce monsieur! pensait-elle.

Une légère collation avait été préparée ; M. Bressorant y toucha à peine.

A un certain moment Mme Marville lui adressa cette question :

— Etes-vous marié, monsieur?

— Je l'ai été.

— Etes-vous père, au moins ?

— Je l'ai été.

Un silence se fit; tout le monde comprit qu'il y avait là une douleur et un secret.

Mais Mme Marville fut frappée du ton laconique et presque farouche de cette réponse; il lui en resta une impression qui ne devait plus s'effacer.

La conversation s'en ressentit.

On se hâta de quitter la table pour visiter la ferme et ses dépendances.

Les deux femmes voulurent absolument être de cette partie, moins pour faire honneur au nouveau venu que pour ne pas quitter, celle-ci son mari et celle-là son père.

Sous le prétexte de le consulter à propos d'un détail de ménage, Mme Marville le prit à l'écart et lui dit rapidement :

— Mon ami, j'ai peur...

— Peur de quoi? Tu es toute tremblante, en effet.

— J'ai peur de cet homme.

— De M. Bressorant?

— Oui, dit-elle.

— Tu es folle!

— Cet homme n'est pas comme les autres, et j'éprouve devant lui ce que je n'ai jamais éprouvé devant personne.

— Enfantillage! murmura-t-il.

— Pourquoi l'avoir conduit ici? C'est le premier Français qui pénètre à la ferme. Pourquoi as-tu oublié ta prudence habituelle?

— Je l'ai étudié; M. Bressorant, malgré son extérieur un peu contraint, est un excellent homme. Il suffit, pour en être convaincu, de causer quelque temps avec lui.

— Il ne cause pas.

— Je t'assure que si.

— N'importe, reprit Mme Marville; je ne sais pourquoi sa présence au milieu de nous semble être le présage de quelque malheur.

— Allons donc! dit Marville en haussant les épaules.

— Méfie-toi de lui.

— A cause de quoi?

— Tu n'as pas pu remarquer comme moi avec quelle sombre expression il te regarde souvent?

— Ma foi, non.

— Crois-moi, méfie-toi de lui! dit encore Mme Marville.

Ils rejoignirent M. Bressorant.

*
* *

Il ne fallut pas moins d'une heure pour explorer toutes les dépendances de la ferme Isabelle.

En véritable propriétaire, M. Marville ne fit grâce d'aucun détail à son hôte. Tout fut passé en revue : étables, granges, écuries, parcs, basses-cours, boulangeries, celliers.

— Tu vas ennuyer monsieur, disait de temps en temps Mme Marville.

— Mais non, madame, répondait M. Bressorant, cela est fort instructif, je vous le jure. Continuez, monsieur Marville.

Lorsqu'il n'y eut plus rien à voir et qu'on se retrouva au point de départ, c'est-à-dire dans la maison d'habitation, M. Bressorant résuma ses impressions par ces paroles lentement prononcées :

— Oui, tous les éléments du bonheur sont réunis ici... le travail couronné par le succès... l'activité récompensée... les joies de la famille... les fêtes de la nature... rien ne manque au tableau... rien.

M. Marville était assis sur un canapé entre sa femme et sa fille, ses mains dans les leurs.

Sa figure s'épanouissait.

— Oui, mon cher monsieur, vous dites vrai ; vous avez devant vous l'homme le plus heureux qui soit sous le ciel.

— Prends garde, mon ami, dit Mme Marville ; tu as tort de parler si haut de ton bonheur ; c'est tenter la destinée.

— Pourquoi donc? reprit M. Bressorant; laissez, madame, laissez M. Marville se glorifier d'une fortune si vaillamment et si honorablement acquise.

— Que dit-il? pensa Mme Marville, de plus en plus inquiète.

— Est-ce qu'il ne mérite pas toutes les félicités qui l'accablent? Est-ce qu'elles ne sont pas le fruit de toute une vie de probité et de courage?

La voix de M. Bressorant était devenue stridente en prononçant ces dernières paroles.

C'était à se demander s'il raillait ou s'il parlait sérieusement.

Marville lui-même en parut troublé, mais il se remit promptement.

— Allons, dit-il, traitez-moi de fanfaron de prospérité; je le veux bien; peut-être faites-vous sagement l'un et l'autre de me rappeler à la modestie et à la vérité..... car enfin j'oubliais qu'il manque quelque chose à mon bonheur.

— Quoi donc? interrogea M. Bressorant.

— La présence de mon fils aîné.

— Ah! vous avez un fils?

— Notre Paul, répondit M. Marville, notre Paul, un grand garçon que nous avons laissé à Paris pour y achever ses études.

— Dans un collége?

— A l'institution Ourry, au Marais.

Sans s'expliquer pourquoi, Mme Marville fut fâchée de voir son mari livrer ce renseignement.

Il continua :

— Voilà quatre ans que nous ne l'avons embrassé.

Quatre ans! Comme il doit être grand et fort aujourd'hui!

— Et savant! dit la mère.

— Et sans doute aussi bien triste d'être séparé de nous, ajouta la sœur.

— Nous avons décidé qu'il reviendrait au printemps prochain, dit Marville; il me sera d'un grand secours à la ferme.

Mme Marville reprit:

— Ces détails de famille doivent vous fatiguer, monsieur Bressorant...

— Vous vous trompez, madame, j'aurais désiré connaître ce fils.

— Ma femme a raison, toujours raison! s'écria Marville; l'égoïsme me fait oublier les convenances. Soyez indulgent, mon cher hôte. Je vais hâter notre départ pour la chasse.

Il sonna.

— Les chevaux sont-ils prêts, John? demanda-t-il au serviteur qui se montra.

— Ils attendent depuis un quart d'heure.

— Les chiens?

— Les chiens aussi.

— Et les fusils?

— Je les ai remis entre les mains du domestique de monsieur, répondit John en désignant M. Bressorant.

— Ah! ah! ce garçon que vous appelez Lubin, dit Marville en riant; savez-vous qu'il n'est pas précisément joli, joli?

— Il est fort comme quatre hommes.

Mme Marville avait écouté ces propos avec anxiété.

— Tu ne m'as pas prévenue de cette partie de chasse? dit-elle à son mari.

— Crois-tu? C'est bien possible.

— Non, tu ne m'en as pas soufflé un mot.

— Distraction pure! J'ai promis à M. Bressorant une hécatombe de perdrix grises et de dindes sauvages.

— En effet, dit M. Bressorant.

— La journée est bien avancée, objecta Mme Marville.

— A son milieu tout au plus.

— Vous aurez une chaleur étouffante, murmura-t-elle.

— Nous allons en forêt... Et il est indispensable que M. Bressorant rapporte en Europe une idée de ces dédales sublimes avant que la cognée y ait fait sa trouée inévitable.

Battue de ce côté, Mme Marville essaya de se tourner vers M. Bressorant.

— Vous tenez donc beaucoup à cette chasse? lui demanda-t-elle.

— Beaucoup, madame, répondit-il avec son flegme ordinaire.

— Parbleu! fit Marville; M. Bressorant n'est venu ici que pour cela!

— Oh! dit-elle en se récriant; M. Bressorant est au moins trop poli pour en convenir.

— Il est vrai, madame.... je n'ai fait passer ce plaisir qu'en second.... après celui de vous avoir vue, vous et mademoiselle votre fille.

— Vous l'entendez, dit Marville.

— Mais la vérité est que je me promets des jouissances particulières de cette excursion.

— Mon Dieu! s'écria Mme Marville, quel charme peut-on trouver à tuer d'innocents animaux!

C'était le dernier argument.

Il ne rencontra que des sourires.

— Eh bien! permettez-nous de vous suivre en voiture.

— Oh! oui, père, laisse-nous aller avec toi! dit Caroline, qui partageait les inquiétudes de sa mère.

— Impossible, répondit Marville; les halliers sont trop sinueux, trop épais; vous vous perdriez mille fois.

— Sans compter les dangers que pourraient courir ces dames, dit M. Bressorant; une balle pourrait si facilement s'égarer!

— Ah! une balle peut..... répéta Isabelle terrifiée.

— Certainement, cela s'est vu, dit Marville; d'ailleurs, nous avons besoin de nos allures franches.

— Voilà la première chose què tu me refuses, mon ami, dit-elle avec un accent de reproche.

— C'est que c'est la première chose déraisonnable que tu me demandes..... Rassure-toi, du reste; nous serons de retour avant la fin du jour.

— Bien sûr?

Les deux hommes s'étaient dirigés vers la porte.

Mme Marville ne pouvait se résoudre à quitter la main de son mari.

— En vérité, ma chère, je ne t'ai jamais vue comme cela, lui disait celui-ci.

— Que veux-tu? je n'y comprends rien moi-même, mais on ne raisonne point avec ses pressentiments.

— Quels pressentiments, madame? demanda froidement M. Bressorant.

Isabelle frissonna de la tête aux pieds et ne répondit pas.

— Allons, venez, mon cher! s'écria M. Marville.

Sur le perron, il dit aux deux femmes avec une certaine impatience :

— Je ne veux pas que vous alliez plus loin.

— Embrasse-nous, du moins.

— De tout cœur!

On entendait piaffer les chevaux maintenus par Lubin.

Mme Marville n'avait pas encore regardé ce valet; elle frémit à sa vue. Tout se réunissait pour augmenter ses inquiétudes.

Les trois hommes montèrent en selle.

Restée sur le perron avec sa fille, Mme Marville les regarda s'éloigner, le cœur serré.

Puis, lorsqu'ils eurent disparu au détour de l'allée, elle se jeta dans les bras de sa fille en fondant en sanglots.

CHAPITRE V.

LE DRAME.

Pendant quelque temps, MM. Marville et Bressorant galopèrent en silence à côté l'un de l'autre.

Lubin les suivait à distance.

Le premier pensait aux frayeurs d'Isabelle ; ses avertissements lui revenaient à l'esprit.

— Les femmes sont inconcevables, murmurait-il entre ses dents.

— Les femmes ont le don de la seconde vue, pensait M. Bressorant.

On quitta peu à peu les sentiers frayés.

Peu à peu on se trouva sur la limite des terres défrichées. Les habitations se firent rares. Enfin on atteignit à la forêt, immense et magnifique cathédrale de feuillages ; profondeurs changeantes, tantôt sombres jusqu'à l'épouvante, tantôt lumineuses jusqu'à l'incendie ; calme plein de solennité et de mystère ; fraîcheur qui semblait s'introduire et couler dans le sang en ondes salutaires.

Les premiers coups de feu tirés furent sans importance et n'eurent d'autres résultats que d'éveiller des échos formidables.

Nos chasseurs se firent d'abord la main sur quelques écureuils gris qui abondaient dans la forêt.

Lubin ne prenait point de part à ces exploits.

A plusieurs reprises, il avait regardé derrière lui ; à plusieurs reprises, il s'était arrêté et avait prêté attentivement l'oreille.

Ce manége finit par intriguer M. Bressorant, qui ralentit le pas de son cheval, de manière à se laisser rejoindre par son domestique.

— Qu'est-ce qu'il y a? lui demanda-t-il à voix basse.

— Je crois que nous sommes suivis, répondit Lubin.

— Qu'est-ce qui te le fait croire ?

— Un bruit lointain de galop que j'entends par intervalle, depuis notre départ.

— Diable! dit M. Bressorant.

— Ce sont les coups de feu qui guident notre espion. Il faudrait les interrompre pendant quelque temps.

— C'est juste.

M. Bressorant revint vers Marville.

— Si vous m'en croyez, lui dit-il, nous ferons une halte dans cet endroit qui est vraiment délicieux.

— Déjà lassé ?

— Pas précisément; mais un moment de repos nous donnera des forces nouvelles.

— Cela se chante dans le *Chalet*, dit M. Marville qui n'avait pas complétement dépouillé le parisien.

— Alors, mettons pied à terre.

— Volontiers.

Lubin s'avança vers eux et se mit en devoir d'attacher les chevaux.

Quiconque aurait pu lire sur la physionomie de cet homme, hyérogliphe lugubre, aurait été frappé de la tristesse qui y était empreinte depuis quelques minutes.

Sa respiration était pénible; il chancelait en marchant.

Il se disait probablement que quelque chose de terrible s'apprêtait.

Cependant les deux chasseurs semblaient ne se préoccuper aucunement de Lubin.

Ils causaient amicalement, assis tous deux sur un tronc d'arbre pareil à un énorme serpent enroulé dans les herbes.

Au bout de dix minutes, M. Bressorant, sous un prétexte quelconque, alla vers Lubin.

L'entretien suivant s'établit à voix basse :

— Entends-tu quelque bruit encore?

— Non. Le galop a cessé. Le cavalier aura changé de direction.

— Eh bien! dit Bressorant avec un accent significatif, il est temps.....

— Ah! fit Lubin.

Il demeura immobile, le regard fixé en terre.

— Nous ne trouverons jamais un lieu et une heure plus favorables, reprit Bressorant.

— C'est vrai.

— Tu sais ce que tu as à faire?

— Oui, murmura sourdement Lubin.

— Allons !

Lubin fit un effort et dit :

— Vous êtes bien décidé ?

— Certes ! Mais pourquoi me fais-tu cette question ? dit M. Bressorant d'un air étonné.

— Oh ! pour rien.

M. Bressorant fronça le sourcil.

— Est-ce que tu reculerais ?

— Non. J'ai promis.

— Si tu as peur, va-t'en. J'agirai seul.

— Peur ? dit Lubin ; ce n'est pas peur que j'ai.

— Alors obéis.

Lubin jeta à la dérobée un regard d'indicible pitié sur M. Marville.

Et puis, voici ce que vit la forêt.

M. Marville s'était assis sur le gazon, comme il a été dit.

Tout à coup il se sentit renverser en arrière. Avant d'avoir pu faire un mouvement ou pousser un cri, il avait autour du cou les grosses mains de Lubin et sur la poitrine le genou de M. Bressorant.

Couché sur le dos, il essaya de se débattre.

— Heu !... articula-t-il pendant que les deux hommes lui garrottaient fortement les jambes et les bras.

— Ne criez pas, monsieur, lui dit Lubin ; ne criez pas, croyez-moi.

— Eh ! laisse-le crier ! fit Bressorant.

— Lâches !..... misérables !.... vocifera Marville dès qu'il le put.

Bressorant à Lubin :

— Serre toujours! serre bien!

— Assassins!.....

— Il n'y a pas d'assassins ici, grommela l'ex-lutteur en s'arrêtant.

— Que me voulez-vous donc?

— Tu vas le savoir bientôt, dit Bressorant.

— Oh! hurla Marville en sentant le souffle de celui-ci sur sa bouche.

— Monsieur, restez tranquille, disait Lubin.

— Mais vos cordes m'entrent dans les chairs!

Et il se tordait.

— Attendez, murmura Lubin, je vais les desserrer un peu.

— Es-tu fou, Lubin? s'écria M. Bressorant plein de rage; serre plus fort, au contraire! Plus fort!

— Monsieur Bressorant, ce n'est pas ce qui a été convenu... Vous ne m'avez pas dit de le tuer.

— Qui te parle de tuer, stupide laquais! Je veux qu'il ne puisse faire aucun mouvement.

— Dans ce cas, vous pouvez être satisfait. Le voici pieds et poings liés, tel que vous m'avez commandé de vous le livrer. Vous ne m'avez pas ordonné autre chose, je pense.

Après ces paroles, Lubin se releva, et jetant sur M. Marville ce dernier regard de l'ouvrier qui s'assure que son *ouvrage* a été bien exécuté :

— Je vous réponds qu'il ne bougera pas.

— C'est bien. Assieds-le maintenant. Appuie sa tête contre un arbre. Là.

Pendant qu'on le soulevait :

— O ma femme! que ne t'ai-je écoutée! disait Marville.

— Il parle de sa femme, murmura Lubin.

— Eh bien! qu'est-ce que cela te fait? répliqua durement Bressorant; t'aviserais-tu d'avoir des scrupules, par hasard? Va, va, tu n'en auras plus tout à l'heure lorsque tu sauras ce que c'est que cet homme.

Les yeux de Marville se tournèrent vers Bressorant avec une expression qu'on ne saurait rendre.

Celui-ci ricana; et s'adressant à Marville :

— Dis donc toi-même à ce valet que sa conscience n'a rien à lui reprocher; dis-lui donc toi-même que tu n'es qu'un infâme et qu'un criminel, car il est capable de te plaindre.

— O mon Dieu! fit Marville dont un tremblement secoua toutes les cordes.

— Dis-lui cela, et tu ne diras que la vérité... Entends-tu, Elie Régnault!

Ce nom avait été plutôt craché que prononcé.

— Je suis perdu! dit Marville d'une voix étouffée.

— Elie Régnault, le banqueroutier! Elie Régnault, le voleur! Elie Régnault, l'escroc!

En ce moment M. Bressorant était effrayant. Sa figure était transformée. Ses yeux flamboyaient.

— Je suis perdu! répéta Marville en fermant les paupières pour ne point le voir.

M. Bressorant s'était penché sur lui.

— Je te tiens enfin, dit-il.

— Comment savez-vous?.... balbutia Marville.

— Il demande comment je sais!... Ah ça! tu ne me reconnais donc pas?

— Non... non...

— Regarde-moi bien... de plus près... encore...

Il avait mis son visage à deux lignes de celui de Marville.

— Non... je ne me souviens pas, dit Marville égaré.

— Eh bien! je vais t'aider. Je suis celle de tes victimes et de tes dupes que tu as ruinée le plus complétement, le plus impudemment, le plus cruellement.

Un cri s'échappa de la poitrine de Marville :

— Ah!... Dulac! fit-il.

— Allons donc! Il n'y a que les gens heureux pour avoir si peu de mémoire.

— Dulac!

— Oui, Dulac, dont tu as brisé l'existence et anéanti le bonheur à tout jamais; Dulac que tu as fait seul sur la terre, sans affection, sans ambition, sans espérance; Dulac, qui avait une femme aussi, lui, et dont la femme est morte en apprenant la perte de sa fortune; Dulac, qui avait un enfant au berceau, et dont l'enfant est mort sur le sein désséché d'une étrangère. Eh! certainement, je suis Dulac. Tiens, Lubin, tu semblais plaindre cet homme il y a un instant. Imbécile! cet homme est un larron, et un larron de la pire espèce : un banqueroutier frauduleux. Il a consommé sciemment, patiemment, longuement, la ruine de plus de cent familles. Il a réduit à l'indigence des veuves, des mères, des orphelins; il a fourré sa main de fripon dans leurs maigres poches; puis, il s'est enfui lâchement, de nuit, en emportant ses paquets et laissant la clef sur la porte. Son caissier s'est noyé de désespoir. Lui, pas si bête! il s'est sauvé jusqu'à Londres, et de là il a passé en Amérique, où monsieur s'est mis à vivre tout doucement en bon bourgeois, en vertueux père de famille, du produit de tous ses vols.

Misérable! Tu l'as vu, Lubin; comme il rayonnait! comme il s'applaudissait! Il allait jusqu'à remercier la Providence. Tu peux plaindre cet homme à présent, Lubin, si tu veux; tu le connais.

— Mon Dieu! mon Dieu! mon Dieu! dit Marville.

— Et penser, reprit Bressorant, que cet homme a pu compter sur l'impunité et sur l'oubli! que ce gredin a pu croire que cela durerait toujours ainsi, que Dieu le laisserait triomphant jusqu'à la fin, que le sourire de sa fille et les baisers de sa femme suffiraient à le protéger, à l'absoudre peut-être! Cela dépasse toute idée! — Sa femme! sa fille! Moi qui ai tant pleuré sur les miennes! Moi qui suis devenu presque fou de douleur! Moi qu'on a pu voir pendant plusieurs années hagard, errant, méconnaissable, les yeux brûlés de larmes, m'entretenant tout bas avec mes chers morts! — Ah! je ne sais pas comment il se fait que je ne sois point allé les rejoindre. Ce que je sais, c'est qu'un beau jour je me suis réveillé avec une haine formidable. La haine avait pris toute la place dans mon cœur. Ce jour-là, j'ai juré de te retrouver, Elie Régnault, dussé-je fouiller le monde entier dans tous ses recoins!

Marville ou Elie Régnault s'agitait vainement sous ses liens.

— Dulac! Dulac! au nom du ciel, écoutez-moi!

— Qu'est-ce que tu peux avoir à me dire, imposteur et bandit?

— J'ai à vous dire que vous avez été abusé sur mon compte, que les choses ne se sont point passées comme vous l'avez cru. J'ai été trompé moi-même.

— Ah! ah! s'écria Dulac, c'est au mieux. Dis tout de

suite que tu n'es pas Elie Régnault, et que je ne suis pas Dulac. Ce sera plus vite fini. Affirme que tu n'as pas fait faillite...

— Hélas!

— Et que tu ne m'as pas ruiné. Nie que tu n'es pas la cause de la mort de ma femme et de la mort de mon enfant. Nie-le!

— Laissez-moi me justifier, je vous en conjure, murmura Régnault.

— Te justifier! Il a dit : se justifier! Vous l'entendez, puissance divine!

— Alors, tuez-moi tout de suite, puisque vous ne voulez pas m'écouter.

Lubin intervint.

Acte d'audace inouïe!

Il apostropha ainsi Elie Régnault :

— On vous a déjà dit, monsieur, que vous n'aviez pas affaire à des assassins. Je ne serais pas ici. On veut s'expliquer avec vous, voilà tout. Vous avez des torts, cela est évident. Moi, je prête aide à M. Dulac, parce qu'il m'a sauvé deux fois la vie. C'est une raison.

Et se tournant vers Dulac :

— Monsieur, laissez-le parler ; c'est bien le moins. Cet homme ne peut remuer. Il a le droit de se défendre avec la parole. Ecoutez-le.

Dulac regarda son domestique avec stupéfaction.

— Eh bien! parle, dit-il à Elie Régnault.

— Oui, je parlerai, mais promettez-moi de ne pas m'interrompre. Pourtant, ce n'est pas facile de parler, garrotté comme je suis. N'importe, j'essaierai. Oui, Dulac, je mérite vos reproches et ceux de beaucoup d'autres; je courbe la tête sous vos accusations. J'ai fait banqueroute, il est trop vrai; mais ne prononcez pas l'horrible mot de préméditation; ne le prononcez pas, je vous en conjure! Tout, excepté cela. Il y a eu de la fatalité dans mon affaire. Le caissier dont vous parlez, et qui s'est suicidé, a été le principal auteur de ma catastrophe. C'est lui et mon teneur de livres qui ont tout fait; mon teneur de livres, qui a menti sur mes registres, qui...

Dulac haussa les épaules avec impatience.

— Laissez-moi dire, vous me l'avez permis, dit Elie Regnault, suppliant. Oui, mon teneur de livres... Je sais ce que vous allez m'objecter, qu'il fallait tout voir et tout vérifier par moi-même, chaque jour, chaque soir. Oh! comme vous avez raison! Mais j'étais en pleine veine de succès, je croyais réaliser des bénéfices considérables. J'avais toute confiance en eux, c'était un tort. Ces employés jouaient à la Bourse avec mes capitaux; on a cru que c'était moi. Ils ont perdu, et creusé le gouffre où se sont engloutis les fonds de mes clients. Voilà la vérité pure; tout le reste n'est que fable et que calomnie atroce. Vous ne paraissez pas en être convaincu. Raisonnez donc un peu. Pourquoi ne pas admettre que les événements se sont passés ainsi plutôt qu'autrement? Le monde met toujours les choses au pire. Quant à de l'argent que j'aurais gardé ou que je me serais approprié, cela n'est pas vrai, je vous le jure. Dulac! cela n'est pas vrai! On dit toujours cela des banquiers tombés; on veut qu'ils emportent des millions. Je n'ai emporté qu'une partie de la dot de ma femme, rien de plus; je vous le jure sur ce que vous voudrez, sur mon salut éternel... sur ceux que vous aimiez et qui ne sont plus. Ah!

— Profanation! Ne touchez pas à ces cendres, je vous le défends!......Est-ce tout?

— Un instant encore. Je suis parti, voilà ma faute, voilà mon crime; je le sens bien. J'aurais dû suivre mon caissier dans la Seine; cela avait été ma première idée. Moi aussi j'ai été fou; je ne savais ni ce que je voyais, ni ce que j'entendais dans les premiers moments; j'étais hébété; on était obligé de me secouer par le bras pour me faire répondre. Songez donc : avoir vécu jusqu'alors d'une vie irréprochable, être sorti d'un sang honnête, porter un nom respecté; et puis, du jour au lendemain, plus rien! Se sentir couvert du mépris général, se voir exclus de la société. C'est affreux. Ah! mes douleurs peuvent s'égaler aux vôtres, allez! N'importe, j'aurais dû mourir. C'était une satisfaction à donner au monde. Ma femme m'en a empêché; les femmes, vous savez, se jettent toujours à travers nos résolutions. Elle m'a forcé à vivre pour elle et pour mes enfants, pour ma Caroline et pour mon Paul... Paul, ce fils dont je vous ai parlé, et qui est resté à Paris. Oh! si j'avais été coupable, jamais je n'aurais osé lever les yeux sur eux; mais je n'étais qu'infortuné. J'ai accepté leurs consolations; j'ai compris qu'ils avaient besoin de moi comme j'avais besoin d'eux. J'ai compris surtout qu'ils attendaient leur réhabilitation et la mienne. Oui! oui! ma réhabilitation; vous avez beau hocher la tête! Dès que cette lueur s'est faite dans mon esprit, j'ai retrouvé des forces. Insensiblement le calme est rentré dans mon cerveau et dans mon cœur. J'ai vu la possibilité de m'acquitter. Il s'agissait de recommencer mon existence, d'embrasser une autre carrière, de devenir un homme nouveau. Cela m'exalta. Je dus changer de nom et de patrie, et mettre l'Océan entre ma honte et moi. Le reste vous est connu. Je suis arrivé dans cet Etat; M. Thomas Granter m'y a accueilli avec bonté, et m'a protégé. On m'a cédé des terrains que j'ai fait valoir en travaillant sans relâche; la chance a secondé mes efforts, et aujourd'hui... aujourd'hui, Dulac, je peux vous dire : « Bientôt je m'acquitterai, j'en ai la certitude! »

Dulac l'avait écouté d'un air sombre.

— Tu t'acquitteras, Régnault, dis-tu?

— Oh! oui.

— Tu rendras tout?

— Tout.

— Mais qui me rendra, à moi, mon bonheur détruit?

Elie Régnault soupira sans répondre.

— Non, non, vois-tu, reprit Dulac, cela ne peut pas se passer de la sorte; cela serait trop commode et d'un trop facile exemple. Ton roman est bien imaginé et bien arrangé, mais je m'en tiens à la réalité. Je reste avec la loi qui t'a déclaré voleur.

— Dulac, vous êtes implacable.

— Implacable, tu l'as dit.

— Mais la loi encourage la réhabilitation.

— Eh! que me fait à moi ta réhabilitation! il est trop tard.

— Non, reprit Elie Régnault, il n'est jamais trop tard pour reprendre son rang parmi les honnêtes gens.

— Est-ce que tu crois que je vais te laisser être heureux ! Niais que tu es ! Tu n'as donc pas vu tout ce que le spectacle de ton intérieur m'a fait endurer de tortures ? Ta joie insultait à mon chagrin : ta femme et ta fille vivantes insultaient à ma femme et à ma fille mortes. Ma haine s'est fortifiée et a grandi depuis ce matin ; elle ne s'arrête plus à toi maintenant, elle s'étend jusqu'à ceux qui t'entourent. Je ne permets pas le bonheur à l'infamie.

— Allons, dit Elie Régnault, je vois bien que vous ne pouvez pas me pardonner.

Il ajouta :

— Dieu pardonne cependant !

— Qui a dit cela ?

Elie Régnault continua en se parlant à lui-même :

— Je n'ai pas écouté Isabelle ; elle me l'avait dit ; j'ai tenté la destinée. C'est égal, il est cruel d'être arrêté au milieu de mon œuvre de réhabilitation. J'aurai été deux fois victime de la fatalité. — Dulac, que comptez-vous faire de moi ?

Dulac répondit :

— Je pourrais, je devrais te tuer comme un chien ; mais cela me répugne, et, comme dit cet homme, — en montrant Lubin, — je ne suis pas un assassin. Nous nous battrons au pistolet.

— Quand ? demanda Régnault.

— Sur l'heure.

— Où ?

— A cette place.

Elie Régnault murmura :

— Un duel avec vous ?...

— Cela te répugne, je le conçois. Un créancier ne se

bat pas d'habitude avec son débiteur. Je suis bon prince, tu le vois.

Ce Dulac était effrayant quand il raillait.

— Donne-moi les pistolets, dit-il à Lubin.

Lubin sembla ne pas avoir entendu.

Il continuait à regarder avec une profonde commisération l'homme qu'il avait si étroitement garrotté.

Le discours d'Elie Régnault l'avait remué.

Dulac surprit cette émotion, et il dit brusquement au valet :

— Çà, qui plains-tu, lui ou moi?

— Ma foi, monsieur, je ne sais pas, répondit Lubin dans la naïveté de son âme.

— Je t'ai demandé les pistolets.

— Les voilà, monsieur, dit-il en apportant une boîte.

— De vrais joujoux de salon, fit Dulac en les examinant et en les montrant à Régnault.

Püis d'un ton bref :

— Allons, c'est décidé, n'est-ce pas? A outrance et à mort!

Elie Régnault se tut. Il réfléchissait.

Son silence fut pris par Dulac pour un acquiescement.

— Délie cet homme, dit-il à Lubin.

Lubin s'empressa d'obéir avec joie. Il coupa les cordes avec son couteau pour aller plus vite.

Elie Régnault poussa un soupir de soulagement lorsqu'il se sentit libre de ses mouvements.

En un clin d'œil il fut sur pied.

— Surtout, n'essaie pas de t'enfuir, lui dit Dulac, ou je tire sur toi!

Elie Régnault ne daigna pas répondre.

Dulac continua :

— Nous nous battons à quinze pas, et nous tirons ensemble à un signal convenu. C'est un duel à la française, loyal et expéditif. Tu aurais préféré peut-être un de ces duels à l'américaine où les adversaires s'épient et se poursuivent entre les arbres; cela aurait mieux été dans tes goûts. J'en suis fâché. — Lubin, compte les pas.

Lubin se mit en mesure d'obéir.

Alors seulement Elie Régnault dit à Dulac :

— Avez-vous bien songé aux conséquences de ce combat?

— Les conséquences? répondit Dulac; un lit de feuilles pour un de nous deux.

— Mais la justice est curieuse aux Etats-Unis et se connaît en fosses fraîchement creusées.

— Chacun de nous va écrire sur une feuille de carnet qu'il meurt dans une rencontre loyale.

— Il n'y a pas de rencontre loyale à moins de deux témoins, répliqua Régnault; or, nous n'en avons qu'un.

— C'est vrai; on ne pense pas à tout, dit Dulac en continuant de railler; il faudra cependant que nous nous contentions de Lubin.

Elie Régnault hocha la tête.

— Et si la chance vous est funeste?... demanda-t-il.

— De quoi t'inquiètes-tu? dit Dulac.

— Je ne voudrais pas charger ma conscience d'un nouveau remords.

— Si je succombe, tout sera dit, répliqua Dulac; c'est que Dieu dont tu parlais tout à l'heure se sera prononcé pour toi. Cela serait monstrueux, mais cela est possible.

Dans ce cas, ne t'embarrasse pas d'un remords. L'existence telle que je te la dois m'est un fardeau. En me l'enlevant, tu me débarrasses. Il ne reste plus personne au monde pour me pleurer ; tu as trop bien su faire le vide autour de moi. Tu continueras donc à vivre heureux et maudit ; ton avenir est tout tracé.

Il se tourna vers Lubin.

— ..... Et quinze! dit le lutteur qui avait fini de compter les pas.

— C'est bien, fit Dulac.

Il regarda Régnault qui ne bougeait pas et semblait absorbé dans une pensée.

— As-tu encore d'autres objections à me faire? lui demanda-t-il ironiquement.

— Oui; une dernière, dit Elie Régnault.

— Hâte-toi.

— Dulac, je ne chercherai pas à vous attendrir davantage; je vous ai dit tout ce que j'avais à vous dire. Je sens votre haine sur moi, qui pèse comme une main sur une épaule. Je la sens, et je fais mieux : je la comprends, si inexorable qu'elle soit. Mon intention n'est donc pas de m'y soustraire. Ce duel aura lieu, il est fatal. Je vous appartiens comme la proie appartient au tigre.

— Alors que me veux-tu?

— Je vous prie de remettre ce duel à demain.

Dulac se mit à rire.

— A demain! s'écria-t-il; à demain! et pourquoi à demain?

L'ex-banquier répondit :

— C'est que je n'ai pas fait mon testament, et que je voudrais le faire.

— Ah! ah! son testament!

— Un jour de plus ou de moins, peu vous importe, reprit Elie Régnault; vous m'accompagnerez, vous et votre domestique. Il n'y a pas de subterfuges là-dessous. J'ai des indications à laisser par écrit à ma femme. On a toujours quelques arrangements à prendre en présence de la mort.

— Est-ce que j'ai fait mon testament, moi? dit Dulac avec un haussement d'épaules.

— Ce n'est pas la même chose, répondit Régnault avec douceur. Moi, je créerai des embarras sans nombre à ma famille. Etrangère et seule dans ce pays, comment pourrait-elle s'y diriger? C'est une situation que je n'ose envisager sans frémir. Remettez ce duel à demain. Ce délai n'est pas long. Demain, vous me trouverez résigné, tranquille, à cette place, si vous voulez, puisqu'elle paraît vous convenir. Je ne me défendrai même pas; je me sens condamné. Mais j'ai besoin de faire mon testament. Au nom du ciel, monsieur Dulac, accordez-moi cette grâce suprême! Je vous en aurai une reconnaissance profonde.

— Tu es fou!

— Je vous en prie, dit Elie Régnault.

— Crois-tu donc que j'aie du temps à perdre? Non, non. Je te tiens et je ne te lâche pas. Je me suis donné assez de peine pour arriver à ce but.

— Je vous en prie, les larmes aux yeux, comme un homme n'en a jamais supplié un autre!

— Non.

— Dulac!

Dulac dit :

— Assez! Les quinze pas sont comptés. Va prendre ta place.

Elie Régnault hésita; puis, relevant tout à coup la tête :

— Et bien! dit-il, puisqu'il en est ainsi, je refuse de me battre.

— Tu refuses! hurla Dulac.

— Certainement. Au duel sans testament je préfère l'assassinat.

— Tu refuses!

— Faites de moi ce qu'il vous plaira.

— Défends-toi! cria Dulac en lui jetant un pistolet et en s'armant d'un autre.

— Inutile! répondit Régnault, je veux qu'on sache que j'ai été assassiné.

— Démon, ne m'en défie point!

Elie Régnault répondit :

— J'attends.

— Ramasse ce pistolet! ramasse-le!

Elie Régnault repoussa le pistolet du bout de son pied.

— Eh bien! dit Dulac hors de lui, c'est toi qui m'y force.....

Il le visa; la détente allait partir, lorsque la main de Lubin s'abattit sur son bras.

— Laissez cet homme, dit Lubin.

Cette action simplement accomplie parut tellement excessive à Dulac qu'elle lui ôta toute parole et tout mouvement.

La foudre éclatant à ses pieds l'aurait sans doute moins surpris.

— Monsieur Dulac, laissez cet homme, répéta Lubin ;

on n'expédie pas ainsi les gens au fond d'un bois. Vous ne m'avez pas fait venir avec vous pour assister à de pareilles choses. Je n'y aurais pas consenti, malgré les obligations que je vous ai.

— Je rêve... bégaya Dulac.

— Non, vous ne rêvez pas, dit Lubin.

— C'est toi... toi, qui...

Il écumait.

— Oui, c'est bien moi qui vous parle et qui veux vous empêcher de commettre une action condamnable.

— Qui veux...... Tu veux, dis-tu?...

— Calmez-vous, fit Lubin ; je ne sais pas m'exprimer, je n'ai pas reçu d'éducation. Un lutteur, dam ! Mais j'en sais assez pour comprendre que vous allez trop loin et que vous dépassez toutes les bornes. Encore une fois, cela n'était pas convenu entre nous. Vous m'avez rendu deux de ces services dont on se souvient éternellement : la première fois, vous m'avez sauvé de la loi ; la seconde fois, vous m'avez sauvé de moi-même. Vous êtes donc pour moi une double Providence. Mais jamais la Providence n'aurait exigé de moi ce que vous en exigez aujourd'hui, c'est-à-dire de me rendre témoin et complice d'un crime. Un crime, oui ! Ce n'est pas ma faute si les raisons de monsieur — il montrait Elie Régnault — m'ont touché. Vous prétendez qu'il est la cause de tous vos malheurs ; je vous crois, j'en suis convaincu. Mais cela n'empêche pas que ce qu'il vous demande ne soit raisonnable, ne soit humain. Accordez-le-lui. Je n'ai fait qu'entrevoir sa femme et sa fille ; elles sont bien belles, elles sont bien bonnes ; l'une d'elles m'a pris à part et m'a recommandé de veiller à ce que son père ne se fatiguât pas trop. La chère demoiselle ! elle m'a serré les mains en me disant cela. Ce serait horrible, en effet, si du jour au lendemain ces deux pauvres femmes allaient se trouver isolées et sans protection. Monsieur Dulac, vous avez beaucoup souffert ; vous souffrez encore beaucoup, et de souffrances sans remède ; mais c'est justement à cause de cela que vous devez mieux vous faire une idée des souffrances des autres. Je ne vous conseille pas de lui pardonner, oh non ! Seulement donnez-lui le temps de faire son testament. Je vous propose d'être son gardien, et je vous garantis qu'il ne s'échappera pas plus que s'il était encore lié par moi.

Jamais l'ancien lutteur n'en avait tant dit.

Aussi était-il rouge et suait-il à grosses gouttes.

— Merci, mon ami, lui dit Elie Régnault.

Pour Dulac, il avait eu une peine extrême à se contenir pendant cette naïve harangue. Le revirement subit de son valet le confondait et l'exaspérait.

— As-tu fini? lui cria-t-il.

— Oui, monsieur.

— Alors, range-toi, idiot ! Il faut que ma justice suive son cours.

— Monsieur... monsieur... implorait Lubin.

— Oses-tu t'opposer à mes projets? demanda Dulac; j'aurais dû m'y attendre. Je ne me suis méfié de toi que dans ces derniers jours.

— Hélas! dit Lubin avec un soupir, que ne m'avez-vous laissé au fond de l'eau.

— Tes divagations n'ont rien à faire ici, drôle !

Et, frappant du pied, Dulac recommença à s'adresser à Régnault.

— Finissons-en !

Mais Régnault demeurait toujours immobile et triste.

— Je croyais, répondit-il, que vous aviez entendu ce que cet homme et moi nous vous avions dit.

— C'en est trop ! dit Dulac, et je saurai bien...

Avant que personne pût se douter de ce qu'il allait faire, Dulac bondit sur Elie Régnault et lui cracha à la figure.

— Oh ! fit Régnault fou de rage.

— Te battras-tu maintenant?

— Oui !

Régnault sauta sur le pistolet qui était resté par terre.

Rien ne semblait plus devoir s'opposer au duel de ces hommes, lorsqu'un galop de cheval se fit entendre très-distinctement.

— On vient de ce côté ! dit Lubin.

— Que nous importe ? prononcèrent les deux hommes à la fois.

Le galop se rapprocha.

— Par ici ! par ici ! cria Lubin.

— Te tairas-tu ! dit Dulac.

Loin d'obéir, Lubin redoubla ses cris d'appel.

Bientôt un cavalier parut sous les arbres, haletant, effaré.

C'était M. Young.

Il comprit d'un coup d'œil ce qui se passait en cet endroit.

— Je ne me trompais donc pas ! murmura-t-il.

Et descendant de cheval :

— Dieu soit loué ! j'arrive à temps.

— Voilà le second témoin que tu réclamais, dit Dulac à Elie Régnault.

Nous avons indiqué l'espèce d'éloignement que ce dernier avait pour M. Young.

Néanmoins, dans cette circonstance, il regarda son apparition comme un bienfait.

M. Young s'était rapidement avancé vers les adversaires.

— Vous êtes peut-être surpris de me voir, messieurs? leur dit-il.

— Non, répondit Dulac.

— Non, dit Elie Régnault, ne nous suivez-vous pas depuis ce matin?

— Je ne fais aucune difficulté de l'avouer, dit le jeune Américain ; j'ai même perdu votre trace pendant quelques instants.

— Et pourquoi nous suiviez-vous, s'il vous plaît, monsieur? demanda Dulac avec hauteur.

— Je pourrais ne pas vous répondre, monsieur, ou vous répondre que cela ne vous regarde pas. Mais je ne vois aucun inconvénient à déclarer que c'était par intérêt pour M. Marville.

Dulac reprit :

— En quoi l'intérêt de monsieur.... Marville.... était-il d'être suivi?

— Est-ce une réponse franche que vous voulez? dit Young.

— Assurément.

— Eh bien! depuis le jour où je vous ai vu pour la première fois, je me suis toujours douté que vous aviez l'intention d'attirer M. Marville dans un guet-apens.

Dulac pâlit.

— Monsieur l'Américain, répliqua-t-il, voilà une parole qui pourrait vous coûter cher.

— Je suis en fonds, monsieur.

— Y a-t-il quelque chose ici qui annonce un guet-apens ?

— Eh! mais, dit M. Young qui avait eu le temps de tout observer; ces cordes dispersées à terre... et coupées... ce couteau oublié dans l'herbe...

Dulac se mordit les lèvres.

— Ne sont-ce pas là des preuves convaincantes? reprit le jeune homme.

Et, poussé par une inspiration, il courut à Elie Régnault et lui retroussa la manche de son habit.

— Tenez ces meurtrissures aux poignets... Ces marques de ligatures... Est-ce que cela ne ressemble pas furieusement à un guet-apens, monsieur le Français ?

Dulac renonça à répondre.

— J'en étais sûr ! dit M. Young. — Mais à quoi pensez-vous de garder le silence ? continua-t-il en s'adressant à Elie Régnault. Vous n'avez plus rien à craindre de personne, à présent que me voilà.

Elie Régnault le regarda d'un regard désespéré et muet.

— Oh ! vous m'épouvantez, monsieur Marville !

Dulac fit entendre son ricanement habituel et dit :

— Il n'y a plus de Marville ici. Cet homme ne s'appelle pas et ne s'est jamais appelé Marville. Son nom est...

Elie Régnault lui coupa vivement la parole :

— Pas un mot de plus, monsieur ! lui dit-il ; pas un mot de plus, je vous le demande en grâce ! Ce serait une lâcheté inutile, puisque, maintenant, je veux ce duel autant que vous et plus que vous.

Et, au même instant, se tournant vers Young :

— Mon cher monsieur, lui dit-il, je vous prie instamment de vouloir me servir de témoin.

Ce fut au tour de M. Young à ne pas répondre.

Il regarda fixement Elie Régnault; puis passant la main sur son front :

— Il y a en ceci quelque chose d'inexplicable! murmura-t-il.

— Eh bien, monsieur Young? dit Régnault.

— Vous ne parlez pas sérieusement, dit à la fin le jeune homme; un témoin? Vous servir de témoin? Est-ce que vous pouvez vous battre? Est-ce que vous devez vous battre? Y a-t-il du bon sens à cela?

— Là n'est pas la question, monsieur Young; je me bats, il me faut un témoin.

— La chose est toute simple, ajouta Dulac.

— Toute simple! exclama Young, toute simple!

Il fit un pas vers Elie Régnault et l'apostropha ainsi :

— Mais, malheureux, votre femme, votre fille!...

Régnault leva les yeux avec une expression qui trahissait mille douleurs.

Young continua :

— Que diront-elles et que penseront-elles lorsqu'elles apprendront...

— Cessez de me désoler! balbutia Régnault.

— Et que leur répondrai-je?

Le banquier couvrit sa figure de ses deux mains.

— Ah! vous voyez bien! s'écria Young, vous voyez bien que vous ne vous battez pas de votre plein gré!

Alors, élevant la voix avec force :

— Au nom de toutes les lois humaines, au nom de toutes les lois sociales, au nom de ce pays dont je suis le représentant, je déclare ce duel impossible !

— Vous vous trompez, monsieur, dit Dulac, ce duel est inévitable... N'est-ce pas, monsieur ? fit-il en s'adressant à Elie Régnault.

— Inévitable, répondit celui-ci.

— Mais pourquoi? pourquoi? apprenez-moi pourquoi? s'écria Young dont le regard allait de l'un à l'autre.

— Demandez-le à monsieur, dit froidement Dulac.

— Eh bien, monsieur Marville? interrogea Young.

Marville ou Régnault fit un effort sur lui-même et dit :

— Vous voulez savoir pourquoi ce duel est inévitable?.. Parce que j'ai été offensé par monsieur de la façon la plus sanglante..... parce que j'ai encore sur la joue la trace de l'affront qu'il vient d'y imprimer !

L'Américain frémit et lança sur Dulac un regard indigné.

Celui-ci le reçut d'un air impassible.

— A présent que vous savez tout, monsieur Young, reprit Elie Régnault, acceptez-vous d'être mon témoin?

— Je ne sais pas tout, dit Young ; je sais l'outrage, mais j'en ignore le motif.

La figure du banquier s'obscurcit.

— Le motif? murmura-t-il ; vous voulez connaître le motif?...

— Certainement. Un témoin est un juge et non pas un spectateur aveugle. Il a sa part de responsabilité.

— Oui... oui...

— Parlez donc.

— Que je parle ?... dit Régnault avec égarement.

— De qui est partie la provocation ? A quand remonte-t-elle ? Qui est-ce qui a porté M. Bressorant à vous faire une offense d'une nature aussi grave ?

Ainsi pressé, Elie Régnault les regarda tous deux avec angoisse.

— Répondez, dit M. Young.

— Je veux... je dois me taire, fit Régnault d'une voix sourde.

— Cela est inadmissible. Le duel a ses lois auxquelles tout homme d'honneur, combattant ou témoin, doit se conformer rigoureusement.

— Mais que voulez-vous donc que je vous dise ? s'écria Régnault se tordant les mains.

— La vérité.

— Jamais !

Pendant ce dialogue, Dulac examinait Régnault, ou plutôt le guettait, avec une expression extraordinaire de cruauté.

Il semblait savourer ses tortures et se délecter à ses sanglots.

Tout autre que lui cependant aurait été attendri par cette souffrance déchirante et bâillonnée.

Cependant, comme M. Young renouvelait ses instances auprès d'Elie Régnault, voici ce qu'imagina Dulac.

Il feignit d'être impatienté par ce débat, et, prenant la parole :

— Tenez, dit-il à M. Young, je vois décidément qu'il vaut mieux tout vous apprendre.

Béant de terreur, Elie Régnault étendit les bras vers Dulac.

Mais Dulac ne parut pas s'apercevoir de ce mouvement. Il continua :

— Oui, vous avez l'air d'un honnête jeune homme, et je ne veux pas plus longtemps passer à vos yeux pour un odieux personnage. Cela est intolérable, à la fin. Il faut que vous sachiez tout.

Elie Régnault poussa un grand cri.

— Dulac, oh ! Dulac ! ne faites pas cela ! Dulac, cela serait horrible !

— Ecoutez donc, mon cher, il est nécessaire qu'on sache quelle est la victime, de vous ou de moi.

— Par pitié !

— Monsieur Young, connaissez-vous bien cet homme ? continua Dulac.

— Mais...

A voix basse et entrecoupée, et tout près de son oreille. Régnault est là qui supplie Dulac :

— S'il vous reste encore un peu de cœur, au nom du ciel... gardez-moi le secret... Je mourrai content... je vous dirai merci...

Dulac l'écarte du bras :

— *Cet homme, dont le véritable nom est Elie Régnault...*

— Non ! non !

— Cet homme, dont la réputation de loyauté est si parfaitement établie en Amérique...

Régnault tomba sur ses genoux.

Il y avait quelque chose de trop pénible dans ce spectacle pour que M. Young pût en supporter la vue.

Emporté par un généreux mouvement, il se précipita vers Elie Régnault, en lui disant :

— Relevez-vous, monsieur, je suis votre témoin sans conditions. Relevez-vous, et ne vous humiliez pas plus longtemps. — Quant à vous, monsieur, dit-il à Dulac, je vous dispense de vos révélations. Je reconnais que vous aviez raison d'abord : cela ne me regarde pas. Il suffit que M. Marville soit en danger pour que je me range de son côté.

— Ainsi vous ne tenez plus à être édifié? dit Dulac.

— Monsieur, dit le jeune Américain, il se peut que vous soyez un parfait homme d'honneur, mais, à coup sûr, vous êtes un homme mauvais.

— Je ne l'étais pas, je le suis devenu, répondit Dulac.

— A présent que me voici témoin de M. Marville, souffrez que je m'enquière des conditions du duel.

— C'est trop juste, dit Dulac; nous nous battons au pistolet et à quinze pas.

— A quinze pas!... C'est vous sans doute, monsieur, qui avez dicté ces conditions?

— Elles ont été convenues et adoptées entre nous deux.

Comme si la parole de Dulac ne lui suffisait pas, Young se tourna vers Elie Régnault, qui lui répondit par un signe de tête affirmatif.

— Voyons les pistolets, dit-il ensuite.

Les pistolets étaient restés à terre ; Lubin les ramassa et les présenta à Young.

— D'où viennent ces armes? demanda-t-il.

— C'est moi qui les ai apportées, répondit Dulac.

— Elles vous appartiennent?

— Oui.

— Et depuis quand l'usage est-il de se battre avec des

pistolets appartenant à l'un des adversaires, par conséquent connus de lui et peut-être essayés par lui?

— Monsieur! dit Dulac.

— Eh! monsieur, répliqua Young, je parle au nom de la loyauté, qui a ses règles générales et immuables au-dessus de toutes les considérations de personnes. Sans moi, sans mon arrivée, vous alliez vous battre avec un seul témoin et avec des pistolets qui vous ont déjà servi; je ne vois que cela.

— Je n'ai jamais touché à ces pistolets, je vous le jure! s'écria Dulac.

— Et je crois à la parole de M. Dulac, ajouta Elie Régnault.

— N'importe, dit Young, mon devoir de témoin est de m'opposer à ce que ces armes soient employées.

Un sourire contracta les lèvres de Dulac, qui dit :

— A merveille! Vous vous entendez parfaitement. Il faut que je sois un sot pour ne pas m'en être plus tôt aperçu.

— Je suis à l'abri de vos soupçons, dit Young.

— Attendez! dit subitement Elie Régnault.

— Que va-t-il faire? se demanda Young avec inquiétude.

— J'ai un moyen à vous proposer...... Et vous allez voir si je m'entends avec quelqu'un!

— Je vous écoute, fit Dulac.

— Un de ces pistolets va être déchargé; puis tous les deux seront replacés sous un mouchoir, et nous les tirerons au sort. Acceptez-vous?

— J'accepte tout ce que vous voudrez, répondit Dulac.

— Quoi ! s'écria Young; vous voulez vous battre avec un seul pistolet chargé?

— Oui, dit Régnault.

— Oui, dit Dulac.

— Malheureux! murmura l'Américain à Elie Régnault, moi qui voulais vous sauver....

— Je ne veux plus être sauvé, dit l'ancien banquier.

— Sommes-nous d'accord cette fois? demanda Dulac.

— Je suis à vos ordres, fit Régnault.

— Alors, agissons. — Lubin, ôte la charge de l'un des deux pistolets.

Pendant que Lubin procédait à cette opération, M. Young s'approcha de Dulac.

— Permettez, lui dit-il, que je m'entretienne quelques minutes en particulier avec M. Marville.

— C'est votre droit.

Young emmena Elie Régnault à quelque distance.

— Je vous comprends, dit celui-ci.

— Hélas! les moments sont comptés, dit M. Young, et puisque rien ne peut empêcher cet atroce duel....

— Rien....

— Vous devez avoir quelques instructions à me donner.

— Oui, dit Régnault, des instructions... mes dernières instructions.

— Qu'en savez-vous? et pourquoi le hasard ne vous favoriserait-il pas plutôt que votre adversaire?

— Ah! pourquoi?... dit Régnault avec un geste de mystérieuse désespérance. Enfin, je vous remercie de m'avoir assisté jusqu'au bout. Je n'ai pas besoin de vous recommander ma femme et ma fille; j'ai cru m'apercevoir, à de certains indices, que vous aviez pour elles... ou tout au moins pour l'une d'elles... des sentiments dont ma jalousie paternelle a pu retarder l'aveu.

Le jeune homme avait pâli et rougi tour à tour au début de cette phrase.

— Ma jalousie n'a plus que faire à l'heure qu'il est, reprit Régnault ; remplacez-moi donc auprès de ma fille.

— Auprès de?... murmura Young avec une nuance d'étonnement.

— De ma Caroline chérie, oui ; elle ne saurait trouver un plus digne et plus ferme appui que vous, que vous dont j'ai méconnu jusqu'à présent les qualités.

— Je veillerai sur toutes les deux, dit solennellement Young.

— J'ai un fils encore, dit Elie Régnault.

— Je le sais.

— Si le vent des voyages vous pousse vers la France, voyez-le.

— Je le verrai, je vous le promets, dit Young.

— Faites en sorte qu'il ne maudisse pas trop ma vie lorsqu'il apprendra ma mort.

— Soyez tranquille.

— Et surtout qu'il ne médite aucune idée de vengeance contre M. Dulac.

— Votre ennemi pourtant.

— Non, mon adversaire.

— Est-ce tout? demanda Young.

— C'est tout, répondit Elie Régnault. A présent, votre main...

Les deux hommes échangèrent une suprême étreinte.

Après quoi, ils dirent ensemble à Dulac, qui se promenait les bras croisés :

— Nous sommes prêts.

On compta de nouveau les pas.

Puis, les pistolets couverts d'un mouchoir furent présentés aux combattants.

Elie Régnault, en sa qualité d'offensé, prit le sien le premier.

Il alla rapidement se mettre à sa place ; Dulac en fit autant de son côté.

— Vous tirerez ensemble, leur dit l'Américain, au troisième coup que je frapperai avec les mains.

Silence terrible.

Au premier coup frappé avec les mains, les pistolets s'abaissèrent.

Au second coup, ils cherchèrent leur direction.

Au troisième......

Le pistolet de M. Dulac partit seul.

On vit Elie Régnault renverser sa tête en arrière, porter la main à sa poitrine, ouvrir la bouche comme pour proférer quelques paroles, tourbillonner et tomber en avant.

Les deux témoins se précipitèrent vers lui.

Ils essayèrent de le replacer sur son séant et de lui relever la tête. Mais il n'était plus temps ; la balle l'avait atteint au cœur.

Dulac était demeuré immobile, le regard fixe, atterré.

— C'est étrange ! murmura-t-il enfin, je n'aurais pas cru que ce dût être lui...

*
* *

Lubin, lorsqu'il fut assuré que tous les secours étaient inutiles, Lubin alla droit à M. Dulac.

— Eh bien! monsieur, lui dit-il, êtes-vous content à présent?

Dulac le regarda sans répondre, comme quelqu'un qui sort d'un profond sommeil.

— Vous devez être satisfait, continua Lubin, votre but est atteint..... Tout est fini.

— Oui, tout est fini..... répéta machinalement Dulac.

— Alors, recevez mes adieux.

— Tu t'en vas, Lubin?

— Oui, monsieur, mon rôle est terminé, à moi aussi.

— Tu quittes mon service?

— Je le dois.

— Et pourquoi? demanda M. Dulac, étonné.

— Pourquoi?..... parce qu'il y a ce mort entre nous deux.

— Ah! oui..... oui....., dit Dulac en tressaillant et sans oser regarder; adieu donc, Lubin.

— Adieu, monsieur.

Et Dulac resta seul, muet, pensif, les yeux abîmés en terre.

Il venait d'être condamné aux remords à perpétuité.

LES

MARGES DU CODE

LA BELLE OLYMPE

CHAPITRE Ier.

MAISON D'ÉDUCATION POUR LES JEUNES GENS.

Pour peu que le lecteur soit désireux de suivre les destinées de la famille Régnault-Marville, il voudra bien revenir avec nous en France, de la même façon qu'il a bien voulu nous accompagner en Amérique.

Nous le conduirons à Paris dans le quartier du Marais, ce bon vieux Marais dont le nom est synonyme de tranquillité et de sécurité. Sécurité achetée non par la confiance, mais au prix de grosses portes et de grosses chaînes, d'épais verrous et de fenêtres hérissées de fer. O bon vieux temps, je te reconnais à ces signes!

Là, dans une des courtes rues, herbues et désertes, qui avoisinent la place Royale, on lisait, il y a quelques années, cette inscription au fronton d'une grande maison qui avait été autrefois un hôtel : « Institution Ourry. » La maison existe toujours; l'institution n'existe plus, ce qui nous met à notre aise pour en parler.

Dans les entre-deux des fenêtres du rez-de-chaussée, sur deux plaques imitant le marbre noir, s'étalait un luxe d'indications complémentaires.

Sur la première plaque : « Soixante années d'exis-
« tence. — Grand jardin de récréation. — Hygiène
« raisonnée : gymnastique et hydrothérapie. — Arts d'a-
« grément. — Langues étrangères. »

Sur la seconde plaque il y avait : « Instruction supérieure et secondaire. — Nouvelle méthode d'enseignement. — Cours des lycées. — Études classiques et commerciales. »

Que ne se chargeait-on pas d'apprendre dans la pension Ourry !

Nous dirons tout à l'heure ce qu'on n'y apprenait pas.

Dans ses soixante années d'existence, l'institution Ourry n'avait passé que par deux mains : celles d'Ourry père et celles d'Ourry fils.

Ourry père avait été un homme simple de cœur et d'esprit, sévère et laborieux à l'excès. L'établissement fondé par lui et dirigé avec une discipline exemplaire avait réussi au delà de ses espérances. Il l'avait légué en pleine voie de prospérité à son fils, qui n'eut absolument qu'à suivre les errements paternels pour voir cette prospérité s'accroître et atteindre en peu d'années à son apogée.

Cela faisait d'autant mieux l'affaire d'Ourry fils ou Ourry II, que ses goûts et ses relations le portaient vers une carrière bien différente.

Il était né auteur dramatique.

On n'en sera pas étonné lorsqu'on aura appris qu'à la pension de son père il avait été élevé à côté d'Anicet Bourgeois, de Brisebarre, de Roger de Beauvoir, de Marc-Michel et de plusieurs autres écrivains qui devaient plus tard marquer au théâtre.

Ourry fils s'était essayé avec eux, et ses essais ayant été favorablement accueillis du public, il continua de collaborer avec ses camarades de classe lorsqu'ils furent devenus les fournisseurs des principales scènes parisiennes.

Sa dignité de chef d'institution ne lui permettant pas de mettre son nom au bas de vaudevilles et de drames — dont les tendances auraient pu lui aliéner la confiance des familles, — il avait, dès le principe, adopté un pseudonyme qui eut bientôt cours sur le marché dramatique.

Il signait : Naudin.

A partir de cette époque, sa vie fut divisée en deux parts égales et complétement distinctes, — car, quelques succès qui vinssent le tenter, il avait trop de bon sens pour renoncer à la direction de sa pension du Marais.

Le matin, et pendant toute la journée, il était le grave M. Ourry, cravaté de blanc dès l'aurore, et majestueusement enveloppé dans une de ces robes de chambre à ramages qu'on ne fabrique que pour les dentistes et les maîtres de pension. Il parcourait les classes, admonestait les élèves, recevait les parents.

Le soir, il était le sémillant Naudin ; la robe de chambre était remplacée par la redingote légère, la cravate blanche par le nœud de couleur et de fantaisie. Il hantait les coulisses des théâtres et finissait invariablement la soirée dans quelque restaurant à la mode, où il était certain de rencontrer la plupart de ses collaborateurs rassemblés autour de quelques flacons de champagne.

A ces soupers, on s'égayait innocemment sur son compte. En tant qu'instituteur, on vantait ses scénarios; en tant que dramaturge, on citait les prix et les accessits remportés par ses élèves au concours général.

Ce n'est qu'à Paris seulement qu'il est possible de rencontrer de ces existences en partie double comme celle d'Ourry-Naudin.

Se figure-t-on le scandale qu'elles exciteraient dans une ville de province? Pourrait-on jamais y admettre qu'un seul individu pût avoir deux noms et exercer deux insdustries ? Comprendrait-on qu'il pût à la fois instruire des enfants et amuser des hommes?

Tel était pourtant le cas du directeur de l'institution Ourry. Et cela semblait si naturel, à Paris, que j'ai souvent entendu des pères de famille échanger des paroles comme celles-ci :

— Vous devriez placer votre fils dans la pension Ourry; le mien y est, et s'y trouve fort bien. Le directeur est un homme fort capable...

— Ah!

— Oui ; il paraît qu'il a fait une pièce avec Scribe.

— Vraiment!

Comme pour justifier de ses doubles aptitudes, M. Ourry avait une de ces têtes qui s'adaptent aussi bien sur un buste d'homme sérieux que sur un torse d'homme badin. Le front était large, mais le nez était retroussé. C'était le front évidemment qui concevait les harangues « aux jeunes élèves; » c'était le nez qui faisait les couplets. Ses cheveux se bouclaient et s'étageaient en toupet, comme chez tous les élégants du commencement du règne de Louis-Philippe. Il ressemblait à Ancelot, qui ressemblait à Ladvocat, qui ressemblait à Casimir Delavigne.

C'était d'ailleurs un parfait honnête homme, digne de l'estime générale. L'enseignement ne lui avait donné aucun pédantisme; le théâtre ne lui avait communiqué aucun mauvais ton. La moralité de M. Naudin n'avait d'égale que l'honorabilité de M. Ourry.

Malgré les précautions dont le chef d'institution croyait devoir s'envelopper afin de dérober l'auteur dramatique à ses élèves, quelques-uns de ceux-ci n'en connaissaient pas moins son secret.

*
* *

C'était chez M. Ourry, — dont nous avons tenu à crayonner la figure originale et scrupuleusement historique,— que le banquier Elie Régnault, avant son départ pour l'Amérique, avait installé son fils Paul.

Sans être tout à fait de ses contemporains, Régnault était lié avec M. Ourry, qu'il avait connu dans des banquets philanthropiques et dans des salons enduits de littérature, au temps de sa splendeur financière.

Le baron Taylor, — ce trait d'union vivant entre le capital et la bienfaisance, — les avait présentés l'un à l'autre.

Il en était résulté une intimité réciproque et des rapports assez fréquents.

Régnault savait qu'il pouvait se fier à M. Ourry et compter sur sa discrétion.

Aussi n'hésita-il pas au moment de sa catastrophe.

Au point du jour, il était dans le cabinet du maître de pension, appelé et levé à la hâte. Régnault, pâle, agité, tenait par la main son Paul, âgé de quatorze ans, aussi tremblant, aussi défait que lui, et chez qui cette matinée devait laisser un souvenir ineffaçable. Le père l'avait retiré précipitamment du collége de Versailles, avant que le bruit de sa honte y fût parvenu.

Les deux hommes eurent une explication courte. M. Ourry, pétrifié et ému, consentit à se charger de l'enfant pendant toute la durée de l'absence de Régnault.

Peut-être aussi Naudin entrevit-il là les éléments d'un prologue pour l'Ambigu ou la Porte-Saint-Martin.

Les adieux du père et du fils furent déchirants. Je ne sais pas d'expression plus exacte que celle-là ; il n'y a encore que les vieux mots pour rendre les sentiments éternels. Leurs cœurs manquèrent se briser sous les sanglots. Savaient-ils quand ils se reverraient? Savaient-ils même s'ils se reverraient jamais? — Régnault n'avait pu faire autrement que d'instruire Paul de son désastre; mieux valait, en effet, qu'il l'apprît par lui que par les autres ou par la clameur des journaux. Il avait pu, de la sorte, le mettre en garde contre les exagérations de l'opinion et les noirceurs de la calomnie. Ce n'était pas une précaution superflue, comme on le verra plus tard.

Paul, si jeune qu'il fût, avait mesuré ce jour la profondeur de l'abîme creusé sous les pas de son père — et sous les siens. Au début de la vie, il apprenait qu'il était le fils d'un banqueroutier. Dès lors, il avait eu un avant-goût des obstacles qui l'attendaient dans l'avenir et qui devaient se dresser devant lui à chaque pas.

Au collége de Versailles, il s'appelait Paul Régnault.

A l'institution Ourry, il s'appela Paul Marville.

*
* *

Il y a une différence notable entre la vie de collége et la vie de pension. Les pensions ont toujours eu la prétention de rappeler plus ou moins les habitudes de la famille ; elles n'y ont parfois qu'imparfaitement réussi. On m'affirme que celles d'aujourd'hui ne ressemblent plus à celles d'autrefois. Cela aidera à faire excuser ce que certains tableaux qui vont suivre pourraient avoir d'invraisemblable et de choquant à distance. Quant à leur réalité, elle ne saurait être mise en doute; il me serait facile, au besoin, de faire appel à des témoins assez nombreux encore.

Il m'est resté une impression très-vive, très-nette, très-saisissante de mes années de pension. Certaines phases de ma jeunesse sont confuses dans ma mémoire tandis que cette période d'adolescence m'apparaît avec une surprenante précision. Il me suffit d'évoquer une date de ce temps-là pour voir se dérouler aussitôt toute une série d'événements et toute une galerie d'individus. Je remets des noms sur des visages et des visages sur des noms. Des détails intimes se représentent à moi : la casquette de celui-ci, le pantalon de celui-là. Je revois la haute et longue salle d'études, l'estrade du professeur, le tableau noir, mon pupitre, mon encrier de liége tailladé de coups de canif, mes cahiers décousus et recroquevillés, mes livres barbouillés de bonshommes à la plume. J'entends le bourdonnement monotone des leçons apprises la tête entre les mains. Et tout cela comme si c'était hier.

Au fond, cela est très-compréhensible. A cet âge, si riche et si fécond, on possède des organes tout neufs, des curiosités toutes fraîches, des ardeurs qui ne demandent que proies à dévorer. Le raisonnement n'est pas encore né, ou du moins il n'est pas encore développé, ce qui fait qu'on ressent les plaisirs et les peines dans toute leur intensité. Les larmes sont des torrents, les éclats de rire sont des cascades. Les moindres incidents empruntent une importance considérable. De ce moment-là, on commence à aimer et à haïr. C'est aussi à ce moment-là que les vocations commencent à se décider ou plutôt à se trahir, et qu'autour d'elles tout concourt insensiblement à leur formation. Travail curieux à épier, où les plus petites circonstances ont leur signification, où les choses gravent leur trace, où les images, les parfums et les sons jouent leur rôle!

C'est à la pension que la vocation littéraire est venue me trouver, et non pas me surprendre. La fenêtre auprès de laquelle mon pupitre était placé, à un premier étage, donnait sur une vaste cour, plantée d'arbres centenaires, — de beaux tilleuls qui secouaient au vent la poudre d'or de leurs fleurs. Entre ces arbres, de distance en distance, des bancs de pierre d'une forme massive et verdis à leur base. Le fond de la cour se relevait en une terrasse, haute de quelques marches seulement et bordée d'un élégant balustre de marbre, mutilé en quelques parties. Par-dessus les arbres, j'apercevais une large nappe de ciel. — Que de distractions m'a procurées cette fenêtre, surtout lorsque la chaleur de la saison obligeait à la tenir ouverte! Combien de fois ma pensée et mes yeux, se détachant du livre, ont voyagé dans ce ciel et erré à travers ces nuages! Etait-ce la parole du professeur que j'écoutais si attentivement? Non; c'était la voix du feuillage, le chant des oiseaux, la note d'une cloche d'église. Tout cela m'arrivait par cette fenêtre qui a été longtemps pour moi tout un monde, le monde des rêveries.

Ces rêveries n'étaient pas exemptes d'une mélancolie particulière qui s'apaisait ou s'augmentait sous de certaines conditions de température ou de certaines dispositions d'esprit. Je me souviendrai éternellement d'un violon qui m'a fait passer des heures enchantées, pleines à la fois de charme et d'oppression. C'était un musicien qui venait trois fois par semaine donner leçon à un élève. La leçon avait lieu dans une petite chambre ouvrant, elle aussi, sur la cour. On entendait distinctement le son aigre ou dolent de l'archet, le pied du maître battant la mesure; cela semblait d'abord monotone; mais à de certains jours, cela se fondait tellement dans la chaleur de l'atmosphère, dans l'éclat du soleil, dans le demi-silence de la pension tout entière, qu'il en résultait pour moi une tristesse ravissante et infinie. C'était un enivrement qui allait quelquefois jusqu'aux larmes. — Depuis, j'ai entendu bien des violons, et des plus fameux, mais aucun ne m'a produit autant d'effet que ce violon-là.

La terrasse du fond de la cour occupait également beaucoup mon imagination. A quoi pouvait avoir servi cette coquette terrasse? J'avais entendu dire que la maison et ses dépendances avaient appartenu à un grand seigneur du dernier siècle. Il n'était donc pas impossible que cette terrasse eût servi de théâtre en plein air à quelque société galante de ce temps-là. C'en était assez pour communiquer la fièvre à mon cerveau; je repeuplais cette terrasse de personnages en habits de satin, de marquises à éventail, d'abbés à petit manteau, de chevaliers poudrés. Caché derrière un grand vase de fleurs, j'assistais à la représentation d'un proverbe du meilleur faiseur... Et ma version ou mon thème n'avançait guère, on le devine, pendant toutes ces songeries.

O ma fenêtre de pension! que de bonheur tu as contenu à cette époque!

*
* *

Paul Marville, ainsi qu'on l'a vu, était entré à quatorze ans dans la pension Ourry.

A dix-huit ans, il y était encore.

Il figurait avec avantage dans la légion des *grands*, composée d'une douzaine de gaillards au menton noir, aux larges épaules.

La présence de ces *grands* s'expliquait par la spécialité qu'avait eue de tout temps l'institution Ourry de recevoir beaucoup d'élèves des colonies. Pourquoi? Je serais fort embarrassé pour le dire. Telle pension a la spécialité des enfants nobles, telle autre celle des rejetons du négoce. L'institution Ourry aurait pu porter pour enseigne : *A la renommée des créoles.*

Or, il arrivait parfois que, sur les élèves « expédiés » à la pension Ourry, quelques-uns y étaient oubliés, soit par la négligence de leur famille (ces créoles sont si paresseux !), soit par toute autre cause. Ils y grandissaient démesurément, au point de contraster d'une façon choquante avec le reste des élèves, et de rendre ridicule sur leurs dos athlétiques la tunique réglementaire.

Il fallait voir, aux jours de sortie, le défilé des pensionnaires : la tête commençait à Lilliput, la queue finissait à Brobdingnac.

Il va sans dire qu'en raison de leur taille et de leur âge, les *grands* jouissaient d'immunités assez étendues : ils étaient traités presque comme des hommes. Ils dînaient à une table voisine de celle de M. Ourry et de sa famille ; ils avaient un dortoir particulier, où ils ne se couchaient que deux heures après le commun des élèves. Enfin, une partie du jardin leur était réservée spécialement ; ils avaient le droit d'y fumer la cigarette pendant les récréations.

En outre, on leur avait accordé de faire venir du dehors des livres et des gazettes.

Aussi était-ce des jeunes gens au courant de tout et parfaitement « dans le mouvement, » comme on dit. Ils savaient les noms des acteurs et des actrices en vogue, aussi bien que M. Ourry. La langue des petits journaux leur était familière, et ils s'appliquaient à en faire passer les beautés dans leur conversation usuelle.

Un de ces *grands* fut un jour prié par un *petit* de l'aider dans sa composition de géographie.

Le grand lui souffla textuellement ceci :

« DUNKERQUE, port de mer, grand bassin bassinant. — Population : 1,200 âmes. — Patrie de Jean Bart et de Suzanne Lagier. — Beau parc d'huîtres et tribunal de première instance. — Excellente rime à Albuquerque. »

Le petit eut la dernière place.

A l'époque où nous faisons pénétrer le lecteur dans la pension Ourry, les *grands* étaient, comme nous l'avons dit, au nombre de douze environ.

Mais il n'y'en avait guère que sept qui fussent véritablement dignes de ce nom par leurs moustaches, leur intelligence hardie et leur amour du plaisir.

Ils s'étaient surnommés entre eux *les Sept Infants de Lara,* un jour qu'il leur était tombé sous la main un drame de Félicien Mallefille, ainsi intitulé.

S'il avaient été dix, ils se seraient appelés *les Dix,* comme à Venise.

S'ils avaient été treize, ils se seraient appelés *les Treize,* comme les héros du roman de Balzac.

Mais ils n'étaient que sept.

Sept comme don Bejar, don Torquatus, don Vordi, don Hannibal, don Favila, don Gustamente et don Pasiello — la brillante et turbulente postérité du roi don Rodriguez de Lara.

Or, c'est à quelques-uns des principaux agissements des *Sept Infants de Lara* — du Marais — que nous allons assister.

Il n'est pas inutile de dire les noms de ces sept jeunes gens, les sept *grands* de l'institution Ourry.

Les voici :

Paul Marville.

Edmond de Corancé-Rigal, de l'île Bourbon.

Théophile Balguerit, de la Martinique.

Samuel Mary, de la Martinique.

Antonio d'Alméida, de la Guadeloupe.

Corminez, de la Havane, mulâtre.

Léon Douat, de la Guadeloupe.

Bien qu'il ne fût pas leur aîné, Paul Marville pouvait être regardé comme le chef des *Sept Infants de Lara.*

Il avait toutes les qualités de l'emploi : audace dans la conception, patience et intrépidité dans l'exécution.

C'était un joli garçon dans toute l'acception du mot, et même un trop joli garçon, ce qui le désolait à l'égal d'une calamité. On se retournait dans la rue pour le voir. Alors il devenait véritablement furieux, et il aurait volontiers cherché querelle aux passants, — et même aux passantes.

Pour atténuer ce que cette beauté pouvait avoir de trop régulier et de trop semblable à une vignette, Paul Marville affectait la plus grande négligence de costume, et un débraillé de langage à l'avenant. Il ne prenait aucun soin de sa chevelure, et il s'habillait avec les premières loques venues.

Mais vainement. On aurait dit que c'était chez lui un artifice de plus, une autre sorte de coquetterie. Les cheveux emmêlés n'en paraissaient que plus noirs et plus lustrés. La bouche, de l'arc le plus pur, ne semblait se prêter qu'à regret aux paroles triviales qui s'en échappaient. Enfin quoi qu'il fît, la vignette reparaissait toujours. Sous ses vêtements déchirés et poudreux, qui, malgré lui, s'ajustaient artistement sur son corps svelte, Paul Marville avait l'air d'un prince déguisé, au lieu du bohémien qu'il aurait voulu représenter.

En dehors de cette préoccupation, qui d'ailleurs n'était pas le fait d'une intelligence commune, il y avait en lui un jeune homme aux manières très-séduisantes, d'une gaieté intarissable et d'un esprit à la fois naturel et cultivé, — mais peut-être tourné trop exclusivement vers la moquerie.

Ses camarades le reconnaissaient facilement pour leur guide. Il était très-conciliant et toujours à l'affût d'une aventure et en quête d'une entreprise.

Les événements achèveront de faire connaître le caractère de Paul Marville.

*
* *

Les *Sept Infants de Lara* — et leurs cinq suppléants — venaient d'entrer en classe.

Depuis longtemps, toujours en leur qualité de *grands,* ils avaient obtenu une chambre à part.

Ils y avaient été précédés par leur professeur, un homme de trente ans à peine, au teint blême, chauve d'une calvitie précoce. Il se disposait à monter dans sa chaire, lorsqu'un des *Sept Infants de Lara* lui dit d'un ton impérieux :

— Ferme donc la porte !

Le professeur, sans s'étonner d'être tutoyé, revint docilement sur ses pas et ferma la porte.

Puis, il remonta en chaire.

Dès qu'il fut installé, il ouvrit un livre et dit :

— Messieurs, nous en étions restés la dernière fois.....

— Ah çà! tu ne vas pas nous la faire? s'écria Paul Marville.

— Il s'agit de clore ton bec, ajouta l'infant Corminez.

Le professeur enfonça sa tête entre ses mains avec une double expression de douleur et de résignation.

— Où est le tabac? dit Samuel Mary.

— Qui est-ce qui me passe les allumettes? demanda Théophile Balguerit.

— Voici la boîte à bougies, dit Léon Douat.

Le professeur exhala un sourd gémissement.

— Sais-tu que tu es rudement embêtant, Tertullien? reprit Marville.

— On t'a cependant donné une paire de bottines neuves avant-hier.

— Et un pantalon de nankin.

— En hiver! grommela le professeur, qu'on appelait Tertullien.

— Qu'importe! c'est l'intention qu'il faut considérer.

— Je ne me connais qu'en étoffes.

— Ame grossière! dit Paul Marville avec dédain.

Le professeur releva un instant sa tête désolée.

— Voyons, messieurs, s'écria-t-il en tentant un nouvel effort, voulez-vous, oui ou non, que nous reprenions le passage où nous en sommes restés?

Il rouvrit son livre.

— Quel passage? interrogea Antonio d'Alméida; passage du Saumon?

— Passage des Panoramas?

— Passage Verdeau?

— Passage du Grand-Cerf?

— Vous n'êtes pas raisonnables, messieurs, dit Tertullien; non, je vous l'assure, vous n'êtes pas raisonnables.

— C'est vrai.

— Nous le reconnaissons, Tertullien, dit Samuel Mary.

— Tu as la bouche pleine de vérités, Tertullien.

— Nous sommes des mauvais sujets.

— Des forbans.

— Des perturbateurs de l'ordre social et scolaire.

Edmond de Corancé-Rigal venait d'allumer une superbe pipe.

— La fumée ne t'incommode pas, Tertullien? demanda-t-il ironiquement.

— Mais si, répondit le professeur; vous savez bien que si.

— Nous ne t'empêchons pas de tousser, dit Edmond.

— Fais comme chez toi.

— Hélas! reprit Tertullien, ce n'est pas une existence que celle à laquelle vous m'avez condamné.

— Qu'est-ce que c'est donc? dit Léon Douat.

— Comment! dit Paul Marville; tu n'as plus rien à faire et tu te lamentes! Nous t'avons supprimé toutes tes corvées, et tu nous accuses! Tertullien, veux-tu que je te le dise? tu es un ingrat.

— Une mauvaise nature!

— Cela t'amusait donc bien de t'évertuer à vouloir nous apprendre ce que tu sais si mal? reprit Paul.

— Ce que tu ne sais pas du tout, ajouta Edmond.

— Mon Dieu! messieurs, vous ne me comprenez pas,

dit Tertullien, ou vous ne voulez pas me comprendre. Vous avez certainement allégé d'une façon sensible le fardeau de mon travail...

— Belle image! approuva Antonio.

— ... Mais vous avez avili dans ma personne la dignité du professorat.

— Oh! oh! la dignité de Tertullien!

— Le professorat de Tertullien!

— La personne de Tertullien!

— Oui, messieurs, vous m'avez rabaissé à mes propres yeux, vous avez tué ma conscience! dit-il en essayant de dominer ces clameurs.

— Mais nous y avons mis le prix, objecta Théophile Balguerit, trésorier de la Société des *Sept Infants de Lara*.

— Je trompe la confiance de M. Ourry.

— Mais tu justifies la nôtre, dit Edmond.

— Savez-vous bien que je n'ose plus me regarder en face?

— Le grand malheur!

— Et tu te plains, Tertullien?

— Cesse de te regarder, faux Narcisse!

Tertullien leva les yeux et dirigea vers le ciel cette apostrophe:

— Maudit, trois fois maudit soit le jour où...

— Pas d'éloquence! lui crièrent les Sept Infants.

— Ce n'est pas de l'éloquence, messieurs, c'est l'expression pure et simple de mon désespoir; c'est...

Une bouffée de tabac envoyée par l'un des infants lui coupa la parole.

— Pouah! dit Tertullien; quelle odeur nauséabonde!

— Tu es bien dégoûté!

— Du tabac du Grand-Hôtel!

— Quelle atmosphère épaisse! continua-t-il; on se croirait dans un de ces *musicos* de Hollande.....

— Tiens! tu connais les *musicos*, Tertullien? demanda Léon Douat.

— Tu as donc trempé ton pied dans toutes les fanges?

— Parle-nous des *musicos*.

— Donne-nous des détails..... tu m'entends.....

— Ce n'est qu'une façon de m'exprimer, messieurs, répondit Tertullien; je n'ai jamais voyagé, mais j'ai lu les descriptions des voyageurs, et je trouvais dans cette chambre enfumée une frappante analogie avec les *musicos* en question.

— Tu ne nous offenses pas, dit Paul Marville.

Tertullien reprit:

— Il y a de quoi être aveuglé.

— Aveuglé, en effet, honnête discoureur.

— Etouffé même, si tu veux.

— Si quelqu'un entrait ici, continua Tertullien, il ne distinguerait aucun des objets.

— Personne n'a le droit d'entrer ici pendant les cours, dit Théophile Balguerit.

— Ils sont jolis, les cours! murmura Tertullien entre ses dents.

— Que dis-tu, Tertullien?

— Je dis que si M. Ourry venait à entrer...

— Allons donc! il ne l'oserait pas! s'écria Paul Marville.

Cela était vrai jusqu'à un certain point.

Les *Sept Infants de Lara* s'étaient rendus redoutables même à M. Ourry.

Il n'ignorait pas la plupart de leurs méfaits, mais il fermait les yeux prudemment, et il croyait avoir assez fait en les isolant des autres élèves. Il aimait par-dessus tout sa tranquillité, — indispensable à l'élaboration de ses produits dramatiques.

Maintenant, comment les Sept Infants s'y étaient-ils pris pour mettre Tertullien dans leurs intérêts et s'assurer aussi complétement de sa discrétion? Cela ne leur avait pas coûté de grands efforts, en vérité.

Nous n'entreprendrons pas, à propos de ce pauvre diable, la physiologie du professeur. Elle a été faite bien des fois et toujours avec les couleurs les plus navrantes.

Aujourd'hui, prétend-on, la condition de ces humbles fonctionnaires a été notablement améliorée. Nous voulons le croire. Mais au temps où se passe ce récit, elle justifiait encore toutes les doléances et toutes les récriminations.

Dès les premiers jours de son arrivée à la pension Ourry, Tertullien (de son nom de famille Just Guyot) avait été soumis par les *Sept Infants de Lara* à un système actif d'espionnage, qui d'abord n'avait pas amené grand résultat.

Léon Douat s'était chargé de faire un rapport sur ses mœurs et sur son caractère. Nous extrayons quelques passages de ce lumineux travail :

«...... Avons scrupuleusement étudié les habitudes du nouveau professeur, et n'avons rien surpris en lui qui dénotât autre chose qu'un idiot de première classe. Il est timide, soucieux, patient. Les coutures de son paletot sont repassées à l'encre. Il mange fort gloutonnement, les yeux dans son assiette ; c'est par là peut-être qu'il sera possible de le prendre. Au dortoir, il ronfle d'une façon scandaleuse.

« Avons fait faire une double clef de sa malle et avons visité minutieusement l'intérieur dudit meuble. Y avons trouvé du linge en très-mauvais état, une demi-bouteille d'eau-de-vie de Cognac entamée, la photographie de Finette, et les premiers chapitres manuscrits d'un roman historique emprunté aux annales de la Bretagne et intitulé : *Conan-le-Tors.* »

On ne pouvait tirer aucune conjecture de ces indices.

Les *Sept Infants de Lara* attendirent une occasion.

Enfin, un domestique leur livra contre argent une lettre que Tertullien l'avait chargé de mettre à la poste.

Cette lettre, adressée à l'un de ses collègues dans une autre pension, fut décachetée et lue sans remords. Elle renfermait des confidences d'une nature essentiellement intime, et écrites dans un style qui avait tout lieu de se croire à l'abri de la publicité.

On y lisait entre autres choses :

« Le directeur de ma nouvelle cambuse est un homme suffisant et vide, qui ne m'a pas encore fait l'honneur de me regarder, ce dont je le tiens absolument quitte, d'ailleurs. Il passe pour un grippe-sous, et il en a toute la mine. Si tu n'es pas plus heureux dans ta boîte que moi dans la mienne, mon pauvre vieux, je te plains. La table est infecte ici; il y a surtout une combinaison de pieds de mouton à la poulette qui se reproduit régulièrement deux fois par semaine, et qui me plonge dans des rêveries indicibles. Je finirai par croire que ce sont les mêmes os qui reviennent continuellement avec une autre sauce.

« Mes fonctions sont les plus pénibles qu'on puisse imaginer ; on m'a donné à surveiller les plus grands de la pension. Figure-toi une douzaine de géants de dix-huit à vingt ans, qui ont plutôt l'air d'officiers que d'écoliers, et qui me regardent du haut de leur grandeur, c'est le mot. Ces canailles ne savent qu'inventer chaque jour pour me torturer ; tu as sans doute entendu parler des Chinois et de l'art exquis qu'ils apportent à raffiner sur les supplices ; eh bien ! ce ne sont que des taquins vulgaires auprès des grands de la pension Ourry. — Ah ! si je pouvais impunément, dans un coin et dans l'ombre, en serrer un d'eux à la gorge, ce serait une jouissance que je ne me refuserais pas, je te le jure !

« Une des deux domestiques qui servent au réfectoire n'est pas trop mal. Je lui... »

Nous abrégeons.

Il y avait suffisamment dans cette épître de quoi faire renvoyer Just Guyot, dit Tertullien.

On juge de la joie des *Sept Infants de Lara* à cette découverte.

— Nous le tenons ! dirent-ils.

Ils le tenaient, en effet.

— Tu mérites douze fois des coups de bâton, lui dirent-ils ; tu les mérites au point d'en être tatoué pour douze mois au moins. Veux-tu nous appartenir ?

— Si je le veux ! avait répondu Tertullien, épla-fourdi.

Et, de ce jour-là, cela avait été une affaire conclue.

Il n'avait pas les gants, d'ailleurs, de ce marché. Ce système d'embauchage avait été appliqué déjà à son prédécesseur. Les *Sept Infants de Lara* l'avaient étendu aussi au concierge de la pension et à la plupart des garçons de service. Rien ne leur avait coûté : ils avaient « semé l'or » comme dans les pièces de Scribe..... et Naudin.

*
* *

Paul Marville sortait de la classe lorsqu'un domestique l'aborda en lui disant :

— Monsieur Paul, voici une lettre pour vous, au timbre des Etats-Unis.

Paul Marville redevint sérieux.

Dans l'intervalle de ces quatre années, il n'avait pas cessé de recevoir des lettres de sa famille.

Ces jours-là, il faisait trêve à toute dissipation, et, quelque partie projetée qu'il y eût, il s'enfermait religieusement pour les lire.

L'impression qu'il en gardait durait souvent vingt-quatre heures. Il demeurait taciturne et repoussait toutes les questions.

Cette fois-là, on remarqua qu'il était plus inabordable encore que les autres fois.

Edmond de Corancé-Rigal essaya pourtant de vaincre ce silence farouche.

— Tu as quelque chagrin que tu nous caches, lui dit-il ; pourquoi ne te confierais-tu pas à moi ? Cela te soulagerait. Ne suis-je pas le meilleur de tes amis ?

Des *Sept Infants de Lara,* Edmond de Corancé-Rigal était, en effet, celui qui avait toujours témoigné le plus de sympathie à Paul Marville.

Mais Paul Marville ne voulait que des camarades, il ne voulait pas d'amis.

Il se méfiait déjà des amis d'enfance. Avait-il bien tort en cela?

Ah oui! un ami d'enfance! Parlons un peu des amis d'enfance! Ravivons cette poésie surannée, interrogeons ce paradoxe ému, et, les yeux sur nos souvenirs, essayons de n'être pas amer! — Impossible! — L'ami d'enfance est ce spectre insupportable qui s'installe dans votre vie, aux moments les plus imprévus, comme dans un lit tout fait, et qui exige encore de la reconnaissance pour son importunité. Il a hypothèque sur vous parce qu'il vous a connu chétif, ignorant, barbouillé, et même aujourd'hui il ne vous voit pas autrement. Il est la seule personne qui ne croie pas en vous et qui ait le droit de vous refuser un service en souriant; la seule qui ose vous rappeler, à l'heure où cela peut vous être le plus désagréable, les stupidités et les erreurs de votre jeunesse; la seule qui sache et qui divulgue votre âge exact, votre infirmité secrète, la tache de votre famille. Tout cela, bien entendu, au nom des souvenirs d'enfance et de l'amitié commencée à la pension, avec un sourire attendri et une main qui s'abat cordialement sur votre épaule! — Lorsque l'ami d'enfance n'est pas cruel, il est idiot; alors vous ne le détestez pas, vous vous contentez d'en rougir. Si, par hasard, c'est un homme bien élevé, involontairement il se trouve tôt ou tard au milieu de votre route, en tiers dans vos intérêts ou dans vos affections. A tout autre, au premier venu, vous ordonneriez de se ranger et de vous faire la place nette, mais avec lui c'est plus difficile : — n'est-il pas votre ami d'enfance?

Il ne faudrait pas trop se hâter d'accuser Paul Marville de sécheresse de cœur.

En repoussant les avances d'Edmond de Corancé-Rigal, il ne suivait pas absolument son instinct; il obéissait aux lois de la prudence commandée par sa situation.

Se confier à un ami, il ne le pouvait pas, il ne le devait pas. Il aurait fallu lui avouer la honte paternelle, — et cela était impossible.

Paul refusa donc doucement les consolations que lui offrait Edmond. Pour cela, il nia sa douleur, il nia les larmes prêtes à s'échapper de ses paupières.

— Tu es un orgueilleux! lui dit Edmond à bout d'arguments persuasifs et en le quittant.

Paul Marville sourit avec tristesse.

Certes, il avait, ce jour-là, de graves motifs d'inquiétude et de réflexion.

Depuis quatre mois, c'était sa mère seule qui lui écrivait. Elle prétextait tantôt des nombreuses occupations de Régnault, tantôt d'un état d'indisposition auquel il était sujet.

Ses lettres étaient brèves, presque embarrassées, Plus de ces longs détails intimes comme autrefois. Un vague sentiment de tristesse se trahissait entre les lignes. L'écriture elle-même était heurtée et convulsive.

Paul finit par s'étonner et par s'alarmer.

Il lui semblait inconcevable que, depuis quatre mois, son père n'eût pas trouvé dix minutes pour tracer de sa main quelques lignes d'affection et de souvenir.

Une autre chose le surprenait aussi. Dans les lettres maternelles, il n'était plus question de sa sortie de la pension Ourry, ni de son voyage aux Etats-Unis, qui cependant avait été arrêté pour le printemps prochain.

Qu'est-ce que cela pouvait signifier?

Un nouvel obstacle était-il survenu? quel était cet obstacle?

Paul brûlait du désir de rejoindre sa famille, de l'embrasser, de revoir sa sœur Caroline, qu'il avait quittée enfant. Il y avait dans son cœur un vide qu'eux seuls pouvaient combler.

Depuis ce moment, il tressaillait sous le regard de ses condisciples. Il craignait plus que le feu le retour de semblables avanies, et il avait hâte de quitter la pension Ourry.

Il avait plusieurs fois dans ses lettres pressé vivement son père à ce sujet.

Sa mère lui avait toujours répondu évasivement.

Paul soupçonnait un secret.

Pour le pénétrer, il s'adressa à M. Ourry, mais M. Ourry prétendit ne rien savoir et n'être informé de rien, — ce qui était peut-être vrai.

Il restait à Paul une autre ressource : c'était d'aller chercher des explications chez son *correspondant*.

Il s'y décida pas plus tard que le lendemain, qui était justement un jour de sortie.

Ce correspondant mérite un chapitre tout spécial.

CHAPITRE II.

LA CORRESPONDANTE.

Tout pensionnaire dont la famille habite au loin a ordinairement un correspondant à Paris.

Le plus souvent ce correspondant est un banquier, un négociant, un notaire, — un homme riche enfin.

Sa mission est moitié d'affaires et moitié de sentiment. Chaque jour de sortie, c'est-à-dire une ou deux fois par mois, il envoie chercher l'élève à sa pension, le reçoit dans son intérieur et l'admet à sa table. Le correspondant représente la famille, avec plus ou moins de succès.

Le correspondant de Paul s'appelait Dandelot et ne faisait rien que vivre de ses rentes.

Il avait passé la moitié de son existence en Amérique, où l'avait connu Régnault-Marville pendant la première année de son séjour.

A cette époque, atteint de la nostalgie du pays natal, Dandelot avait réalisé une très-belle fortune, acquise laborieusement dans un commerce quelconque, et il était retourné en France avec sa femme.

Sa femme, — une petite personne, humble d'aspect, chétive de corps, n'osant regarder ni parler, toujours prête à s'excuser de vivre.

Régnault-Marville avait prié les deux époux de vouloir bien lui servir de correspondant à Paris auprès de son fils. C'était autant pour alléger la tâche de M. Ourry que pour augmenter la somme des distractions de Paul.

Les braves gens avaient accepté.

Je dis les braves gens, parce que tous deux étaient d'un âge respectable, Dandelot surtout, qui se vantait de ses soixante ans, gaillardement portés, il est vrai.

Mais l'un des deux ne devait pas arriver au terme du voyage.

Mme Dandelot ne put supporter la traversée; elle mourut en route, désolée surtout de l'embarras où elle laissait son mari.

Celui-ci, en effet, s'accommoda fort mal de son isolement. Il revenait pour jouir à deux de sa nouvelle situation, fruit de son travail.

Qu'allait-il faire, seul, de sa richesse, de sa santé, de ses derniers beaux jours?

Dandelot ne fut pas longtemps indécis : il se remaria.

Le mal n'est pas là.

Mais Dandelot fit comme beaucoup de vieillards : il épousa une jeune fille.

Il avait sans doute lu et commenté les vers d'Ausone de Chancel :

Ça n'a rien de si drôle, un vieux qui se marie :
Anacréon, vieillard, se couronnait de fleurs.

Ce n'était pas cependant à une toute jeune fille qu'il avait renoué son existence.

Mlle Olympe de Saint-Rambour comptait vingt-quatre années au moment de cette union.

Vingt-quatre printemps!

Elle était pauvre et noble, et par conséquent d'un placement difficile. Aussi avait-elle attendu plus que de raison.

Je ne répondrais pas qu'elle n'eût fait une légère grimace en mettant sa main blanche dans la patte ridée de Dandelot ; — mais il y avait des millions dans cette patte, retour d'Amérique.

Elle se résigna.

La seconde Mme Dandelot était en tous points l'antipode de la première.

D'abord Olympe était belle, — d'une beauté un peu virile peut-être, mais qui avait son charme. Elle était brune, vive, bien découplée. Elle savait s'habiller, trop pompeusement sans doute ; il lui fallait des robes de velours, des habits d'amazone, des bijoux tapageurs. Mais sa physionomie s'arrangeait de cet éclat et de ce tapage.

Pour de l'esprit, elle en avait et beaucoup, du spontané, du trouvé, de l'excellent, — et aussi de l'insensé.

Le bonhomme Dandelot était enchanté ; il ne s'était trouvé à pareille fête, il était le frère des anges.

Olympe avait entrepris de faire le bonheur de son époux, comme c'est le devoir de toute honnête femme, et elle y réussit amplement, du moins au début.

Les moyens qu'elle employa paraîtront un peu violents. Elle avait compris avec sagacité que ce n'était plus le *calme* du *foyer* qu'il fallait à Dandelot, et que sa première femme avait dû le blaser sur les émotions paisibles.

Elle essaya d'un système tout opposé.

Elle le fit passer sans transition de la zone tempérée à la zone brûlante.

Il avait été accoutumé au laitage et aux herbages ; elle le mit brusquement au régime des pickles, du kari et du rhum. En d'autres termes, elle l'entraîna avec elle dans tous les plaisirs du monde parisien, — que d'ailleurs Dandelot ne demandait pas mieux que de connaître. Elle le conduisit au bois, dans les restaurants, dans les théâtres. C'était elle qui le produisait, qui le présentait, qui l'affichait, pour ainsi dire. Elle l'appelait devant tout le monde par son petit nom : Fructueux!

Et Fructueux ne se sentait pas d'aise.

Tout était nouveau pour lui, tout lui semblait ravissant, car ce riche n'avait pas eu le temps de vivre jusqu'à présent. En dehors de son comptoir et des principaux marchés de l'Amérique, il était ignorant de tout.

Olympe s'était promis de lui faire rattraper le temps perdu ; elle tint parole.

Dandelot eut un hôtel à Paris et un château à la campagne. C'était le moins dont Olympe de Saint-Rambour pût se contenter.

L'hôtel était aux Champs-Elysées, le château était dans l'Oise. Dandelot eut des appartements somptueux, des attelages princiers. Sa femme achetait tout, ne lui laissant que l'ébahissement et l'éblouissement.

Elle voulait qu'il ne s'occupât de rien, qu'il ne se mêlât de rien, qu'il n'eût désormais aucun souci en tête. Cela faisait parfaitement l'affaire de Dandelot, qui, neuf au monde et au luxe, semblait marcher dans une pièce-féerie.

Dandelot eut un salon où l'on chercha à être reçu ; il put considérer tout à son aise ce fameux *premier invité* et ce *deuxième invité* des comédies du Gymnase. Il donna des fêtes auxquelles il s'amusa lui-même, — chose inusitée et invraisemblable !

Jamais la défunte ne l'avait mené de ce train-là. Il était emporté, soulevé, roulé dans un tourbillon de toutes les heures, de toutes les minutes.

Cela alla bien pendant les premiers temps.

Malgré ses douze lustres, Fructueux Dandelot était, comme nous l'avons déjà dit, remarquablement conservé. Il avait une santé de fer, un tempérament à toute épreuve. Ayant résisté à la peine, il crut qu'il résisterait au plaisir.

Mais le fer casse, — et le plaisir use.

Un matin, en se levant, il crut avoir oublié un de ses bras dans son lit. C'était la paralysie qui le guettait.

Il en fut quitte pour la peur cette fois-là.

On pouvait croire que ce premier avertissement donnerait à réfléchir à Fructueux Dandelot.

Mais est-ce qu'il avait le temps de réfléchir ? Est-ce qu'il avait le temps de vouloir ?

Le bonhomme ne tint aucun compte des menaces de la maladie. Il aurait dû dételer, il n'enraya seulement pas.

— Ce n'est rien, avait dit Olympe.

Elle excellait à dire : « Ce n'est rien ! »

Seulement elle avait jugé les voyages nécessaires, et elle en joua, comme elle avait joué du reste.

— Voyez-vous, mon ami, disait-elle à Dandelot, il faut vous traiter *par la distraction.*

La distraction telle qu'elle la comprenait aurait tué Polyphème et rendu poussif le maréchal de Saxe.

Dandelot se mit à blanchir sérieusement.

Les deux époux coururent les grandes routes, s'arrêtant à toutes les villes d'eaux, à Bade en été, à Nice en hiver, et, pendant les autres saisons, partout où la mode accroche son enseigne, sur la plage de Trouville, sous les pins d'Arcachon ou au pied des Pyrénées.

Et c'étaient, par tous ces pays traversés, un fracas, un bruit de poste, des excursions, des cavalcades à faire mettre les indigènes aux fenêtres.

Ils louaient des étages tout entiers dans les hôtels où ils descendaient.

Et Dandelot blanchissait toujours!

Il faisait bonne contenance toutefois. Olympe n'était-elle pas constamment auprès de lui, prompte à l'entourer de mille soins, ingénieuse à tromper la fatigue? Ne savait-elle pas trouver le regard qui apaise, le baiser qui prévient un cri de douleur? Hésitait-elle, pour endormir son mal, à venir s'asseoir sur ses genoux et à lui entourer la tête de ses bras?

Que vouliez-vous que devînt alors cet épicier des Etats-Unis en sentant sur lui cette robe de velours cerise aux cassures miroitantes, — en voyant ces yeux magiques se plonger dans ses yeux de teneur de livres, — en entendant cette voix harmonieuse chanter à son oreille d'épurateur d'huiles?

Il y avait de quoi le foudroyer de bonheur.

Ah! c'était un trésor pour lui qu'une telle femme. L'âme d'un ange, avec tout le ragoût qu'on suppose aux démons! Et comme elle l'aimait fièrement, héroïquement, à la face du monde!

Le monde avait beau s'étonner et ricaner sur leur passage, Olympe n'avait pas l'air de s'en apercevoir.

Elle était un modèle d'édification conjugale. La médisance ne trouvait pas à mordre sur elle : la malignité usait ses mignonnes dents d'acier à vouloir grignoter sa vie privée.

Elle était loin cependant d'être ce qu'on appelle une prude; au contraire. J'ai parlé de son esprit; il n'avait d'égal que son enjouement. C'était une rieuse et une bruyante, qui ne redoutait pas les propos badins, qui les provoquait même avec cette crânerie mutine que les femmes du monde ont adoptée.

Mais, si légère qu'elle fût en conversation, Olympe déroutait tous les soupçons et toutes les conjectures par une conduite irréprochable.

Son front superbe déconcertait la calomnie.

Et cependant il était bien évident aux yeux de tous que cette femme jouait un rôle.

Il était certain qu'elle avait un plan et qu'elle poursuivait un but.

Mais ce but ne se laissait pas facilement atteindre, mais ce plan ne s'exécutait pas sans obstacles, mais il y avait trois ans qu'elle jouait ce rôle.

Et Olympe commençait à trouver que cela durait bien longtemps.

*
* *

M. et Mme Dandelot étaient, on en conviendra, de singuliers correspondants pour Paul Marville.

Il ne les voyait qu'à de lointains intervalles et pour ainsi dire à la dérobée, entre deux voyages, par la portière d'un wagon ou sur le marche-pied d'une chaise de poste.

Tous les deux, d'ailleurs, lui avaient toujours montré beaucoup d'amitié.

Il avait l'heur de ne point déplaire à Olympe ; dès lors, il ne pouvait manquer d'être chéri par Dandelot.

A chacune de ces rares entrevues, Paul Marville trouvait son correspondant plus cassé, plus vieilli.....

Il n'en était pas de même de sa correspondante, qui lui semblait chaque fois plus rayonnante de beauté.

J'exagère en disant que Paul ne les avait jamais qu'entrevus ; il avait passé huit jours avec eux dans leur château, aux vacances dernières.

Ce séjour devait marquer dans sa vie de jeune homme.

Personne ne sera surpris en apprenant que pendant cette semaine passée continuellement en compagnie d'une jolie femme, l'élève de l'institution Ourry avait senti son cœur battre plus vivement que de coutume.

Pouvait-il en être autrement lorsque Mme Dandelot faisait de lui son cavalier servant et s'emparait de son bras pour toutes les promenades ? A-t-on bien pensé au danger que courent deux têtes sous une même ombrelle ? Sait-on les idées tendres ou folles que le soleil peut y allumer et y mûrir !

Le danger n'est pas moindre par un temps de pluie : Il faut rester au salon ; à quoi employer les heures ? C'est le moment où la maîtresse de maison engage son cavalier servant à s'agenouiller devant elle sur un tabouret et à tenir ses mains élevées, afin de l'aider à dévider cet éternel écheveau de soie ou de laine qui a présidé à la naissance de tant de liaisons amoureuses.

Paul ressemblait trop à tous les jeunes gens de son âge pour rester insensible à ce manége.

Et le soir! la douce lueur des étoiles innombrables, les chaudes émanations des prés, le bruit des chariots dans le creux des chemins, le chœur systématique des grillons, la plainte intermittente des rainettes, l'adieu embaumé des fleurs mourantes, l'effort alangui du vent d'été, la clarté subite et morne d'un étang aperçu, le murmure des feuillages balancés, les trilles du rossignol, les jeux de l'ombre dans les allées, le cri du sable ou le mouillé du gazon sous les pieds, tous ces complices lumineux ou cachés, tous ces confidents muets ou susurrants, tous ces témoins discrets de tant de romans commencés, ébauchés ou interrompus!

Le roman de Paul Marville se trouva compris dans les romans ébauchés.

Olympe l'arrêta dès les premières pages.

Il n'en resta rien de ce qui peut compromettre, rien de ce qui peut engager. Quelques pressions de mains tout au plus, que l'on pouvait attribuer à une surexcitation déterminée par l'électricité de l'atmosphère, des causeries coupées de soupirs et de silences oppressés, des demi-confidences, des conformités de goûts et de sentiments constatés avec joie, des dates signées et contresignées sur le même carnet, des bouquets sollicités avec ardeur et accordés avec distraction, le gant reboutonné par Paul en tremblant, le mouchoir ramassé et rendu après une station furtive sur les lèvres, la mantille qu'on lui laissait remonter sur les épaules frissonnantes, des morceaux de passion exécutés au piano et interrompus tout à coup avec des mouvements nerveux, — enfin tout le menu détail de l'intrigue française, cette chose charmante, légère, ailée, frivole et presque innocente !

Paul emporta de cette semaine des souvenirs pour plusieurs mois.

Mais au moment où nous le voyons, les préoccupations de famille avaient absorbé toutes les autres et le dominaient entièrement. C'étaient elles qui le conduisaient vers l'hôtel de M. et Mme Dandelot, aux Champs-Elysées.

Il avait été informé de leur retour, et il était donc à peu près certain de les rencontrer. Comme tous les collégiens, Paul Marville se présenta à une heure tellement matinale, qu'il eut besoin d'insister auprès du valet de chambre pour faire passer sa carte à M. Dandelot.

Monsieur dormait encore et madame avait défendu qu'on le réveillât.

Paul déclara qu'il attendrait ; et le domestique, ayant fini par comprendre qu'il avait affaire à un parent ou à un allié, l'introduisit dans la bibliothèque.

Il ne jeta d'abord qu'un regard indifférent sur les livres qui garnissaient les rayons, quoiqu'ils se recommandassent par... des reliures magnifiques.

C'étaient les livres de tout le monde, les inévitables auteurs à la mode.

Le milieu de la pièce était occupé, comme d'usage,

par une grande table ronde recouverte du classique tapis vert.

Sur cette table, Paul Marville aperçut un volume d'apparence modeste, petit, gros, à la reliure fatiguée.

Une bougie était à côté, brûlée à demi.

On avait dû passer une partie de la soirée à lire ce volume; peut-être s'était-on relevé la nuit pour en dévorer quelques passages.

A coup sûr, ce n'était pas M. Dandelot. Le vieillard n'avait pas l'esprit assez romanesque ni assez littéraire pour dérober des heures à son sommeil et les employer à la lecture.

Si ce n'était pas lui, ce ne pouvait être alors que sa femme, dont l'appartement communiquait justement avec la bibliothèque.

Paul Marville fut curieux de connaître l'ouvrage assez intéressant pour avoir fait veiller sa belle correspondante.

Il l'ouvrit.

C'était le Code.

CHAPITRE III.

LE CODE.

Le Code!

C'est-à-dire un des trois ou quatre livres indispensables, qu'il faut avoir et savoir, comme le Dictionnaire de l'Académie, comme la *Cuisinière bourgeoise*. Un maître livre, qui mérite bien mieux que *Pantagruel* d'être appelé : « le livre! » Le seul ouvrage qu'on n'ait jamais osé mettre en musique ni en vers! Un ouvrage imposant entre tous, car on se moque plus ou moins des autres livres, en cachette ou publiquement, mais on ne se moque pas du Code. On souille les autres livres, on les laisse traîner un peu partout, on les déchire sous le premier prétexte venu, on les égare; mais le Code, on le respecte, on le conserve, on sait où il est, on est prêt à l'atteindre à tout événement, comme une arme qu'on garde à son chevet.

Je n'ai jamais aperçu un Code sans frémir, quoique ma conscience soit tranquille. C'est une sensation pareille à celle que j'éprouverais sans doute en présence d'un lion ou d'un tigre : je commence par avoir peur. Ce diable de volume ne ressemble point du tout aux autres, ni au dehors, ni au dedans. Il a l'aspect d'un pavé, et c'en est un en effet; il est pesant, court, ramassé. Autrefois il se décorait de plusieurs tranches de couleur; il avait son uniforme comme un garde national ou comme un gendarme. C'était naïf et vulgaire. Il y a renoncé, il est revenu au sévère, au grave, au noir, — au noir de l'officier ministériel, au noir du prêtre, au noir de l'encre, au noir du deuil.

Approchez-vous d'un Code : ne dirait-on pas qu'il s'en exhale une odeur de cachot, de greffe, de grilles, de bancs de bois? Ne dirait-on pas qu'il s'en échappe un bruit de verrous, un bruit de clefs tournant dans d'épaisses serrures, un bruit de crosses de fusils résonnant dans de longs corridors, des voix d'avocats et des voix de juges, des grincements de plumes et des grincements de dents, des sanglots étouffés et de sourdes malédictions?

Avez-vous jamais songé sans stupéfaction, sans effroi, au personnel énorme que le Code emploie et fait mouvoir? à tous ces monuments dont il dispose : palais de justice, tribunaux de commerce, chambres spéciales, préfectures, commissariats, prisons pour tous les sexes et pour tous les âges, maisons de détention et de correction, pénitenciers, corps-de-garde, citadelles, bagnes, pontons? Vous êtes-vous rendu compte de l'armée innombrable que le Code a sous ses ordres et qu'il utilise quotidiennement, et qu'il fait manœuvrer nuit et jour sans relâche : présidents, procureurs, juges d'instruction, substituts, notaires, avoués, agréés, huissiers, clercs, geôliers, agents publics ou secrets? Le Code peut mettre cent mille hommes sur pied, s'il le veut. Ce livre dispose de tout un monde.

O le terrible livre! fatal, impérieux, despotique, insensible ; qui touche à tout, qui contient tout, qui prévoit tout, qui intervient dans tout, qui répare tout ; qui se fait l'ombre de l'homme quand l'homme n'en a pas fait d'abord son flambeau ; qui le prend au berceau et même avant le berceau pour ne le lâcher que longtemps après la tombe ; qui commence par la simple amende, l'amende de la police, pour finir par cette machine peinte en rouge qu'on appelle l'échafaud, et qui est le dernier mot du châtiment social !

Et depuis ce point de départ jusqu'à ce point d'arrivée, depuis le tribunal de police correctionnelle jusqu'à la cour d'assises, en passant par tous les autres tribunaux et par toutes les autres cours, quel chemin fait le Code ! Que de drames il entasse, il coudoie, il aborde, il effleure, il fouille, il débrouille, il déjoue, il dénoue ! Que de comédies aussi ! et les meilleures et les seules vraies ! Tous les grands écrivains, tous les grands moralistes, tous les grands peintres de mœurs, ont voulu avoir le Code pour collaborateur, depuis Caron de Beaumarchais jusqu'à Honoré de Balzac. Indispensable dans la vie, il l'est encore dans le génie. Figaro n'est victorieux que par le Code ; César Birotteau se débat contre lui dans une lutte aussi touchante que sublime. Et un autre romancier, épris du vrai jusqu'à l'implacable,

Stendhal-Beyle, n'a-t-il pas avoué que, chaque matin, avant de commencer à écrire, il lisait cinq ou six pages du Code, *pour se mettre en train.*

C'est que le Code est un modèle de style, en effet. La phrase y marche, dans une nudité froide, par la seule force du substantif, du verbe et de son régime. Pas d'adjectifs parasites. C'est le triomphe de la sobriété. Ses formules sont brèves et tranchantes : « Toute lettre de change est payable à sa présentation. » Ses définitions sont claires comme le grand jour : « Quiconque a soustrait une chose qui ne lui appartient pas est coupable de vol. » Ou bien encore : « L'échange est un contrat par lequel les parties se donnent respectivement une chose pour une autre. » On essaierait vainement de ne pas comprendre ; c'est offensant de précision. Quelquefois cependant on rencontre une échappée de sentiment : « Le mari doit protection à sa femme, la femme doit obéissance à son mari. » Mais comme cela est fugitif ! et comme le Code revient bien vite au rude et au sec, qui est son élément ! Il interdit la recherche de la paternité. Il se met en travers de toute tentative d'imagination : « Les juges de paix connaîtront de l'action contre les gens qui font le métier d'expliquer les songes. »

Le Code a des lois contre les plus grands crimes et contre les plus petites espiègleries, contre l'homicide et contre les « jours pratiqués dans un mur. » Il préside à la fois aux assemblées de famille et à la garde des troupeaux ; il a un œil au salon et l'autre à l'étable. Il est compétent en tout et partout, sur terre et sur mer, et jusque dans les airs, qu'il interdit aux chasseurs lorsque cela lui plaît : « *Il est des choses,* dit-il, *qui n'ap-*

partiennent à personne et dont l'usage est commun à tous. La faculté de chasser ou de pêcher est réglée par des lois particulières. » Voilà la seule fois que le Code daigne entrer dans des considérations presque philosophiques. Le cas vaut la peine d'être constaté.

A cause de cela, c'est un grand protecteur que le Code ! Je ne dis pas un grand consolateur, ce qui est bien différent. Redoutable pour les uns, il est rassurant pour les autres. C'est convenu. Il est la sauvegarde des citoyens. Mais ne trouvez-vous pas que ses façons de rassurer sont un peu inquiétantes ? Comme il protége avec une grosse voix ! comme il sauvegarde d'un air farouche ! « Mère-grand, que vous avez de grands bras ! — C'est pour mieux te défendre, mon enfant ! » Aussi se repent-on quelquefois d'avoir été demander cette protection, de s'être placé sous cet abri. Ce bourru bienfaisant est souvent insupportable. Il a une manière de vous ouvrir « son sein » qui ressemble à l'action d'ouvrir une prison. Il est d'une indiscrétion indigne. Il vous demande brutalement votre âge, vos habitudes, vos inclinations, et, quand vous les lui avez dits, il les répète tout haut, il les crie, il les imprime, il les affiche. Il fait mieux : il appose le timbre du gouvernement sur vos aveux les plus intimes ; il enregistre et taxe jusqu'aux moindres réticences. Le Code est soigneux, même dans le scandale.

Le Code a son histoire, qui est en même temps l'histoire de la formation de toutes les sociétés. Le Code, pour ne pas remonter plus haut que l'ère moderne, nous arrive du fond des forêts de la Germanie, nourri de la triple tradition de Théodose, de Justinien et d'Alaric, — encore barbare, naïf, sauvage, mais déjà fort, avec sa noblesse particulière et abrupte. Il s'approprie, quelques siècles plus tard, les *Capitulaires* de Charlemagne, un admirable ensemble d'ordonnances, qui comprend maintes dispositions relatives à la police, aux degrés de parenté, aux devoirs des maris et des femmes, aux obligations des veuves pour reconstituer la famille, aux mendiants dont il circonscrit le vagabondage, aux esclaves dont il adoucit le châtiment. Le Code alors se place hautement sous l'égide divine et écrit en tête de ses prescriptions : « Il faut que chacun s'applique à se maintenir lui-même, selon son intelligence et ses forces, au saint service de Dieu et dans la voie de ses préceptes, car le seigneur Empereur ne peut veiller sur chacun individuellement avec tout le soin nécessaire et retenir chacun dans la discipline. »

Le Code d'aujourd'hui a moins d'humilité ; il s'appuie davantage sur la seule raison humaine ; mais alors le Code n'était qu'un enfant élevé sur les genoux ferrés des soldats. Après le règne de Charlemagne, il ne devait plus grandir que sous le règne de Louis XIV, où tout devait grandir. Le Code-Louis a préparé la voie au Code-Napoléon.

A présent, l'œuvre étendue et puissante se complète tous les jours. Ce n'est pas la faute du Code s'il ne réussit pas à empêcher les trébuchements de la civilisation et les écroulements des gouvernements. La désorganisation a ses causes autre part. Cela prouve du moins qu'il y a quelque chose au-dessus du Code.

Je m'en étais toujours douté.

*
* *

C'était la première fois que Paul Marville se trouvait face à face avec ce livre.

Il ne le connaissait jusqu'alors que de nom et de réputation, en dépit du fameux axiome : « Nul n'est censé ignorer la loi. »

A peine l'eut-il ouvert qu'il recula, surpris par le spectacle de ces caractères innombrables, pressés et fins, par cette multitude de petits articles qui lui sautèrent aux yeux comme une légion d'épingles.

Peu à peu cependant il se familiarisa avec le terrible bouquin.

Il le feuilleta, il le parcourut.

Il vit se dérouler devant lui la spirale des intérêts humains ; une grande partie du grand drame social lui fut révélée ce jour-là.

— C'est donc cela, la vie ! murmura-t-il, une bataille, une guerre d'embuscades et de buissons .....

Paul s'était arrêté à une partie du Code dont les feuillets lui paraissaient plus froissés, plus écartés que les autres.

Le livre s'entr'ouvrait de lui-même à cet endroit, comme au passage le plus consulté sans doute.

— Voyons donc les textes qui préoccupent Mme Dandelot, se dit-il... « *Du mariage... Des obligations qui naissent du mariage... Des droits respectifs des époux... Des seconds mariages...* »

Paul demeura pensif à ce titre : *Des seconds mariages...*

— Il est tout naturel qu'elle pense à l'avenir, dit-il.

A force de regarder cette partie du livre, Paul fut amené à y faire une découverte.

Il distingua plusieurs petites marques au crayon, tracées en marge d'un certain nombre d'articles, — traces imperceptibles, et qui firent longtemps rêver Paul Marville.

CHAPITRE IV.

DANS DU COTON.

— Que lisez-vous donc là si attentivement? demanda Olympe qui venait d'entrer sans bruit par la porte de sa chambre.

Elle rougit en apercevant le Code.

— Bonjour, grand collégien! dit-elle en tendant la main à Paul.

— Excusez mon indiscrétion, madame.

— Quelle indiscrétion? que voulez-vous dire? Ah! l'heure à laquelle vous vous présentez... Tant pis pour vous; je n'ai pas eu le temps de faire de toilette, vous m'accepterez comme je suis. Le fait est que j'ai un peu l'air d'un chien fou, n'est-ce pas?

Elle était vêtue d'un riche peignoir qui lui allait à merveille. Ses beaux cheveux tombaient de çà, de là, sur ses épaules mal protégées par la dentelle.

— Tout de bon, je suis bien aise de vous voir, dit-elle; il me semble qu'il y a des éternités... Mon Dieu! comme vous devenez fort! Un homme!

— N'allez pas me dire que je suis grandi, prononça Paul en souriant.

— Alors, ne restez pas debout comme vous faites. Voyons, asseyez-vous. C'est très-aimable d'être venu nous voir. Nous avons si peu d'amis! Beaucoup de connaissances, mais ce n'est pas la même chose. Vous pensez donc quelquefois à nous?

— Tous les jours.

— Oh! le menteur! Si jeune, et déjà tant d'aplomb! Mais c'est qu'on le croirait, si on se laissait aller. Voilà donc ce qu'on vous apprend au collége?

— On nous apprend à être reconnaissants, dit Paul.

— Et spirituels, à ce que je vois.

— Ne vous moquez pas de moi, madame, je ne suis pas de force.

— Mais si! mais si! dit Olympe, voyez-vous, l'hypocrite! Vous avez beaucoup d'esprit, mon cher Paul. Je vous ai jugé. Vous irez loin. Il faudra que vous me confiiez vos projets pour l'avenir... vos ambitions... Vous devez être ambitieux... cela se devine. Il n'y a pas de mal à cela, au contraire. Nous causerons comme une paire d'amis... D'abord, vous nous restez toute la journée, je le veux.

— Madame...

— Vous souvenez-vous toujours de nos bonnes promenades à Lénoncourt?

Ce fut au tour de Paul à rougir.

Olympe fit semblant de ne pas s'en apercevoir et continua son babil.

— Et notre partie à Hérouville, vous en souvenez-vous aussi? Vous ne saviez pas pêcher aux écrevisses; je vous ai appris. Ces petites balances vous intriguaient... Ah! il s'est passé bien des choses depuis ce jour-là! La vie est une drôle de chose. Nous avons beaucoup voyagé. M. Dandelot.....

— M. Dandelot? Eh bien, dit Paul, comment va-t-il? Olympe soupira.

— Vous le verrez tout à l'heure.

— Est-ce que sa santé...

— Il n'est pas aussi bien que la dernière fois. Mais il n'y a pas de quoi s'affecter. Il est toujours très-heureux... Mais, vous? parlons de vous; que devenez-vous? que faites-vous? J'ai le droit de vous interroger; je suis votre correspondante.

— C'est ma correspondante, en effet, que je viens voir, répondit Paul.

— De quel air grave me dites-vous cela!

— Madame, pardonnez-moi; mais c'est plus que de la gravité, c'est de l'anxiété...

— Expliquez-vous, Paul; que vous est-il survenu? Vous me rendez toute sérieuse à mon tour.

Alors Paul lui apprit comment, depuis quatre mois, il n'avait pas reçu de nouvelles de son père, et jusqu'à quel point les lettres de sa mère lui paraissaient succinctes et embarrassées. Pourquoi ne lui parlait-elle plus de son départ de l'institution Ourry? Son voyage aux Etats-Unis était-il donc définitivement ajourné? Tout cela était fait pour lui inspirer des inquiétudes.

— J'ai pensé que vous pourriez mieux me renseigner que M. Ourry, dit-il en terminant.

— Pour moi, je ne sais rien, répondit Olympe; mais M. Dandelot n'a pas cessé de recevoir son courrier des Etats-Unis. Il vous apprendra quelque chose sans doute. Allons voir M. Dandelot; c'est l'heure à laquelle il descend ordinairement au salon.. Venez.

— Oh! oui!

— Ne vous étonnez pas si vous le trouvez un peu changé.

Paul était habitué à le trouver changé toutes les fois.

Avant de passer au salon, Olympe replaça le Code sur les rayons de la bibliothèque.

— Décidément, c'est son livre favori, pensa Paul.

Auprès d'une fenêtre, un homme grand et jaune était assis dans un vaste fauteuil, une couverture sur les genoux et sur les pieds.

C'était M. Dandelot.

Sa physionomie assez terne s'éclaira au moment de l'entrée d'Olympe; ses yeux et sa bouche se prirent à sourire.

Olympe alla à lui et le baisa au front. Ce fut chez le vieillard une transformation complète.

— Vous avez ce matin une mine royale, lui dit-elle de sa voix la plus caressante; un teint fleuri et reposé qui fait plaisir à voir.

— Flatteuse!

— Non, je ne dis que la vérité; j'en appelle plutôt au jugement de M. Paul Marville, continua Olympe en désignant le jeune homme.

M. Dandelot, dans son enivrement, ne l'avait pas aperçu.

— Marville... ah! oui, Marville...

Il voulut se soulever de son siége.

— Non, ne vous levez pas, mon ami, dit Olympe.

— Marville... M. Marville..: un excellent homme... mon ami... aux Etats-Unis, dans la Caroline...

— Monsieur est son fils, dit Olympe.

— Son fils? répéta Dandelot; oh! je le reconnais... je le reconnais très-bien... beau garçon... le portrait de son père.

Sa main s'étendit vers le jeune homme.

— Pourquoi ne venez-vous pas nous voir plus souvent?

Paul ne put réprimer un sourire.

— Il faudrait pour cela, répondit-il, vous suivre en Italie, en Allemagne... et la consigne de ma pension s'y oppose de la façon la plus absolue.

— Ah! vous êtes toujours en pension? dit le vieillard étonné.

— Toujours.

— Oh! oh! vous êtes bien âgé pour être encore sur les bancs.

— C'est précisément ce dont je me plains, dit Paul.

— Vous avez vingt ans?

— Dix-huit, monsieur.

— N'est-ce pas, chéri, qu'il en paraît vingt? dit Olympe; il avait déjà de la barbe, il y a trois ans, lorsque nous sommes allés le voir pour la première fois.

— A l'institution Ourry, au Marais, dit le vieillard;

vous voyez bien que je me rappelle... J'ai à me reprocher de n'y être pas retourné..., j'ai failli un peu à mon mandat de correspondant... On ne fait pas toujours ce qu'on veut...

— Vous devez bien vous ennuyer quelquefois, dit Olympe au jeune homme.

— Je l'avoue; depuis quelque temps surtout.

— Il faut sortir de là, dit M. Dandelot.

— Je ne demande pas mieux, répondit Paul, mais je ne le peux sans l'assentiment de ma famille.

— Et c'est justement à propos de cela, mon ami, que M. Paul vient nous voir, ajouta Olympe.

— Ah!

— Oui. Il est sans nouvelles de son père depuis quelque temps, et il prétend que vous avez dû en recevoir.

— Son père... Oui... j'en ai reçu, dit le vieillard dont les yeux se dilatèrent avec une expression bizarre.

— Vous en avez reçu? demanda Paul avidement.

— Oui... oui...

— Il y a longtemps?

— Il y a...

Dandelot regarda Paul fixement.

Il y eut quelque chose de tellement extraordinaire dans ce regard qu'Olympe s'en effraya.

— Qu'avez-vous, mon ami? lui demanda-t-elle; vous vous fatiguez, vous parlez trop.

— Oh! parlez encore, monsieur, donnez-moi des nouvelles de mon père! s'écria Paul.

— Votre père?

— Oui... votre ami... M. Marville.

— Eh! j'entends bien... Je ne suis pas sourd! s'écria le vieillard avec un accent de mauvaise humeur; me croit-on accablé d'infirmités?

— Oh! monsieur! pouvez-vous penser...

— Calmez-vous, bon ami, dit Olympe en lui prenant les mains et en les lui serrant.

Dandelot tourna vers elle un regard apaisé.

Puis il reprit :

— Ma mémoire est un peu confuse... en ce moment seulement... car d'habitude...

— Oh! c'est vrai, vous avez une mémoire merveilleuse! dit Olympe.

— Mais j'aurais besoin de revoir les lettres de M. Marville... je les reverrai... et demain, après-demain, je pourrai vous répondre, mon cher Paul.

Paul se désolait.

— Tenez, monsieur, dites-moi plutôt tout de suite que mon père est malade... Je le devine... on veut me le cacher.

— Malade?

Le vieillard eut un moment d'hésitation, puis il répéta :

— Malade... non.

Paul respira plus librement.

— Quand m'appelle-t-il auprès de lui en Amérique?

— Les choses sont bien changées, dit Dandelot; vous n'irez pas en Amérique.

— Comment cela?

— Non; c'est votre... votre famille qui reviendra en France.

Paul eut une exclamation de surprise.

— Mais cela est impossible! Vous ne parlez pas sérieusement.

— Très-sérieusement.

— Mon père ne peut avoir conçu un projet aussi irréalisable.

— Pourquoi donc?

— Mais parce que...

Paul s'interrompit; il allait oublier que les antécédents de son père n'étaient pas connus de M. Dandelot.

— Je vous affirme, reprit celui-ci, que l'intention de votre... famille est de revenir en France.

— Je n'y comprends rien, dit Paul.

— O ces jeunes gens! murmura Dandelot, que l'impatience reprenait.

— Il faut croire aux paroles de M. Dandelot, se hâta de dire Olympe, attentive à tous les mouvements de son mari.

— Excusez-moi, je vous prie, répondit Paul, j'ai la tête perdue...

— Pauvre enfant! dit Olympe, qui commençait à soupçonner la vérité.

Dandelot lui jeta un regard, comme pour lui recommander la discrétion.

— Une question encore, monsieur, dit Paul.

— Je vous écoute.

— Ce retour, quand aura-t-il lieu?

— Avant peu, sans doute.

— Je vous remercie, dit Paul en soupirant; je ne vous importunerai pas davantage. J'essaierai de me résigner et d'attendre.

— Et nous vous aiderons, mon mari et moi, à chasser vos idées noires, dit Olympe.

— Oh! pas d'idées noires! murmura le vieux; pas d'idées noires!

Et saisi d'une terreur enfantine, sa main alla chercher celle de sa femme.

— Non, Fructueux, rassurez-vous, lui dit-elle.

— Je suis si heureux près de toi! reprit Dandelot. — Oui, ajouta-t-il en se tournant vers Paul Marville, celle que vous voyez là fait de mes jours un paradis perpétuel...

— Mon ami, j'ai pris la liberté de retenir M. Paul. Il est notre prisonnier pour toute la journée.

— Tu as bien fait... Tout ce que tu fais est d'un ange... Mais comment nous y prendrons-nous pour lui rendre supportable sa captivité?

— Nous n'avons pas malheureusement à lui offrir autant de distractions qu'à Lenoncourt, dit Olympe; pourtant en nous ingéniant...

— Il faudra faire atteler après déjeuner, dit Dandelot.

— Je vais donner des ordres... En attendant, M. Paul pourra visiter le jardin et s'exercer au tir... car nous avons fait établir un tir au fond de notre jardin, dit Olympe; c'est ma passion, le pistolet. Y êtes-vous fort, monsieur Paul?

— De force moyenne, répondit-il.

— Nous casserons quelques poupées.

Depuis quelques instants les regards de Paul Marville étaient attachés sur un portrait qui formait la principale décoration du salon. Cette toile représentait un homme dans toute la force de l'âge, aux cheveux épais, aux yeux vifs, au visage plein et coloré.

— Une belle peinture! murmura Paul.

— Oui... c'est de Ricard... cela passe pour un de ses meilleurs tableaux, dit Olympe.

— Ah! ah! vous regardez mon portrait? fit le bonhomme Dandelot en s'agitant avec satisfaction.

— Votre portrait! prononça Paul.

Olympe s'aperçut de sa surprise et s'empressa de dire :

— Nous l'avons fait faire il y a deux ans.

— J'ai un peu changé depuis, dit modestement Dandelot.

— Mais non, mon ami, c'est une idée que vous vous faites.

— Je ne suis plus aussi rouge... C'est égal... je suis heureux... très-heureux...

Olympe sortit du salon après avoir baisé au front son mari pour la seconde fois.

*
* *

Une heure après environ, ces trois personnes étaient réunies dans la salle à manger autour d'une table élégamment dressée.

Paul Marville eut lieu de s'étonner de la nature des mets qui furent servis : anchoix en salade, coquillages, côtelettes aux truffes, œufs au coulis de jambon, gibiers en salmis, écrevisses, tout cela arrosé des vins les plus capiteux de la grande Bourgogne, avec intermèdes de madère.

M. Dandelot mangeait et buvait sans relâche, excité

par sa femme, qu'il dévorait des yeux, par-dessus le marché.

Celle-ci avait fait une toilette délicieuse; c'était un cliquetis de couleurs dont s'accommodait parfaitement sa *physionomie expressive et mobile.*

Mais, sous ce déploiement de luxe et de coquetterie, Paul remarqua un étrange bouleversement des traits. Les lèvres d'Olympe étaient agitées d'un tremblement nerveux; son sourire était forcé; elle répondait mal et d'une voix altérée aux questions qu'on lui adressait.

Tout en elle enfin accusait une émotion inusitée.

Olympe, en effet, avait de puissants motifs d'être émue.

Voici ce qui lui était arrivé, une heure auparavant, à sa sortie du salon.

CHAPITRE V.

MONSIEUR CARBONEUX.

Dans l'antichambre, Olympe s'était trouvée face à face avec le valet de chambre qui avait reçu Paul Marville.

Ce valet s'inclina devant elle et lui dit :

— Madame voudrait-elle me faire l'honneur de m'accorder un moment d'entretien?

— A présent, Carboneux ?

— A présent, madame.

— C'est que je suis bien occupée ; ne pourriez-vous remettre cela à une autre fois ?

— Ce que j'ai à dire à madame ne souffre aucun retard.

— Eh bien ! parlez, qu'est-ce que vous me voulez ?

— Ici ? murmura le valet de chambre.

— Pourquoi pas ici ? dit Olympe avec surprise.

— Parce que tout le monde passe par cette antichambre, et que mes paroles ne doivent pas être entendues de tout le monde.

Olympe le regarda.

Carboneux était un homme froid et d'une tenue irréprochable.

La première pensée d'Olympe fut de l'envoyer promener.

La seconde fut de l'écouter. Elle céda à ce second mouvement, né de la curiosité.

— Entrons dans la bibliothèque, dit-elle.

— Soit, dans la bibliothèque, dit le valet de chambre en s'effaçant pour la laisser passer.

Une fois là, Olympe debout :

— Dépêchez-vous, dit-elle en frappant du bout de ses doigts sur le tapis de la table.

— Je tâcherai de ne pas abuser des instants de madame.

Carboneux parut se recueillir, et commença ainsi :

— Madame ignore peut-être que je joue à la Bourse?

— Absolument, dit Olympe de plus en plus étonnée.

— Il faut bien songer un peu à l'avenir. La livrée ne rapporte plus aujourd'hui ce qu'elle rapportait autrefois.

— Où voulez-vous en venir ?

— A ceci : que, jouant, je subis les chances diverses du jeu..... tantôt gagnant, tantôt perdant, dit le valet de chambre.

— C'est ordinairement de la sorte que cela se passe.

— Jusqu'à présent, reprit Carboneux, j'avais pu équilibrer mes pertes avec mes bénéfices, car je suis prudent, mais ce mois-ci m'a été fatal.

— Ah ! fit Olympe avec indifférence.

— Oui, j'avais déplacé quelques rentes pour acheter des...

— Supprimez les détails ; je vous ai déjà dit que j'étais pressée.

Carboneux s'inclina de nouveau.

— Bref, dit-il, malgré mes calculs et en dépit de toutes les prévisions humaines, j'ai perdu ce mois-ci une somme assez forte... pour moi, du moins.

— Combien ? demanda Olympe.

— Vingt-cinq mille francs, répondit Carboneux.

— C'est beaucoup.

— Je le crois bien, s'écria-t-il ; c'est trop !

— Eh bien ! dit Olympe ne cachant pas son impatience ; en quoi cela me regarde-t-il ?

— Madame doit me comprendre.

— Pas du tout.

— Alors, c'est que madame y met de la mauvaise volonté... J'ai vingt-cinq mille francs de différence à payer à la fin du mois. Or, c'est demain le trente novembre, et j'ai compté sur madame pour me prêter cette somme.

— Sur moi ! dit Olympe.

— Oui, madame.

Olympe le regarda encore, pour se convaincre qu'il avait son bon sens.

Carboneux soutint ce regard avec assurance.

— Est-ce là tout ce que vous aviez à me dire, monsieur Carboneux ?

— La principale partie, du moins.

— Vous auriez pu vous dispenser de me déranger, fit-elle sèchement.

— C'est vrai, madame, mais en ne vous dérangeant pas je restais dans l'embarras.

— Il ne fallait pas vous y mettre.

— Ce ne peut être le dernier mot de madame, dit Carboneux.

— Vous vous trompez, dit Olympe en se dirigeant vers la porte.

— Madame...

— Quoi encore?

— Madame veut-elle prendre jusqu'à ce soir pour réfléchir sur ma demande?

Le rouge de la colère monta au front d'Olympe.

— Vous êtes fou, monsieur Carboneux! s'écria-t-elle.

— Pas autant que les apparences peuvent le faire croire, répondit le valet de chambre toujours admirable de tenue.

— Mais, enfin, qu'est-ce qui a pu vous inspirer une telle confiance?

— D'abord, le bon cœur de madame.

— Et ensuite?

— Ensuite... son intérêt.

Olympe tressaillit, mais elle se contint.

— Voulez-vous me faire le plaisir de me dire pourquoi il est de mon intérêt de vous prêter vingt-cinq mille francs?

— Oui, madame.

— Voyons, dit-elle.

— Parce que, en échange de ces vingt-cinq mille francs, je puis offrir quelque chose à madame.

— Vous?

— Moi, dit Carboneux.

— Quoi donc, s'il vous plaît?

— Ma collaboration.

Olympe crut rêver ou avoir mal entendu.

L'idée d'un danger quelconque ne se présenta pas à son esprit, pourtant si pénétrant.

— Comment avez-vous dit? fit-elle en attachant sur le valet de chambre des yeux démesurément agrandis; je vous préviens que je n'ai ni le temps ni l'humeur d'écouter des billevesées.

— J'ai voulu dire que je pouvais rendre à madame des services dont elle ne me soupçonne pas capable.

— Quels services?

— J'avais espéré que madame m'entendrait à demi-mot.

— A demi-mot! répéta Olympe en le toisant du haut en bas; perdez-vous l'esprit, mon cher? et votre intention est-elle de vous faire renvoyer?

— Au contraire, madame, dit Carboneux; la maison me plaît.

Cette impudence, loin d'irriter Olympe, lui donna à réfléchir. Elle entrevit quelque chose d'inquiétant.

— Expliquez-vous, dit-elle à ce valet.

— Volontiers. Depuis un an que je suis au service de monsieur... et de madame... j'ai eu de nombreuses occasions d'observer.

— D'observer ou d'espionner? demanda Olympe d'un ton méprisant.

— Comme madame voudra, répliqua indifféremment Carboneux; néanmoins le résultat de mes observations a été que je pouvais être utile à madame.

— Et à monsieur?

— Naturellement.

— Comment cela ? dit Olympe.

— Ne fût-ce qu'en aidant madame à veiller sur les jours de M. Dandelot.

Olympe pâlit instinctivement.

— Les jours de M. Dandelot sont-ils donc menacés ? interrogea-t-elle.

— Continuellement.

— Vous voulez m'effrayer ! dit Olympe.

— Je ne jouerais pas un tel jeu avec madame, répondit Carboneux.

— Avez-vous des preuves ?

— Parbleu !

— C'est impossible ! s'écria-t-elle.

— Pourquoi ? dit Carboneux imperturbable.

Olympe sentit qu'elle allait se compromettre.

Carboneux continua :

— Oh ! je suis un serviteur plus zélé que madame ne semble le croire. N'est-ce pas moi, pour fournir un seul exemple, qui, la semaine dernière, ai été chercher le tapissier ?

— Quel tapissier ?

— Pas celui de la maison... un autre.

— Pourquoi faire ?

— Pour reclouer le ciel du lit de M. Dandelot, qui ne tenait plus qu'à un fil, et qui aurait certainement écrasé M. Dandelot dans sa chute.

Un tremblement imperceptible s'était emparé d'Olympe.

— Grâce au ciel, il tient solidement aujourd'hui, dit Carboneux.

— Vous avez fait cela? murmura-t-elle.

— Sans éclat, sans bruit... un jour que madame était en promenade.

— Pour n'inquiéter personne sans doute?

— Justement, répondit Carboneux.

— Je vous en remercie, dit Olympe avec effort.

— Oh! ce n'est pas tout! dit le valet de chambre.

— Vous avez fait autre chose encore? demanda-t-elle.

— Madame sait bien ce buste en marbre qui est dans le cabinet de monsieur...

— Le buste de Démosthènes.

— Et qui est placé à une certaine hauteur, précisément au-dessus du fauteuil où s'asseoit M. Dandelot?

— Eh bien? dit Olympe.

— Eh bien! madame, je me suis aperçu l'autre jour qu'il avait été dérangé de son socle.

— Le croyez-vous? dit-elle d'une voix étranglée.

— J'en suis sûr, madame, répondit Carboneux; d'un moment à l'autre il pouvait tomber sur la tête de monsieur; pour cela, il n'aurait suffi que d'un ébranlement assez fort du parquet ou d'un choc venu on ne sait d'où. Et c'était la mort de M. Dandelot.

— C'est horrible à penser! dit Olympe.

— J'ai fait pour le buste comme j'avais fait pour le ciel de lit; aujourd'hui il est complétement affermi sur sa base et de manière à défier tous les coups de plumeau.

— Je vous en sais gré, monsieur Carboneux.... Mais pourquoi avoir tant tardé à me prévenir? dit Olympe.

— Je tenais à pousser jusqu'au bout mes observations et à m'assurer par moi seul si le hasard n'était pas pour quelque chose dans les dangers courus par M. Dandelot.

— Et maintenant quelle est votre conviction? demanda-t-elle.

— Il n'y a pas eu hasard, dit Carboneux, mais bien au contraire préméditation.

— Prenez garde, monsieur Carboneux; cela est grave! dit Olympe avec effroi.

— Très-grave, madame; mais je suis sûr de ce que j'avance.

— Vos soupçons se seraient-ils déjà égarés sur quelqu'un?

— Egarés, non..... mais arrêtés, dit Carboneux.

Olympe respirait à peine.

— Vous avez songé à la portée terrible d'une semblable accusation? dit-elle.

— J'y ai songé.

— Malheur à vous si vous vous trompez!

— Je ne me trompe pas, madame, dit Carboneux.

— Eh bien! accusez donc et nommez donc! s'écria-t-elle.

A son tour, Carboneux regarda Olympe d'un air effaré.

— Quoi, madame! dit-il, c'est vous qui exigez...

— Certainement, monsieur Carboneux, répondit Olympe, qui avait eu le temps de se remettre.

— Oh! madame!

— Il faut bien que je connaisse l'ennemi que nous avons à combattre avant d'accepter ce que vous appelez... votre collaboration.

Le valet de chambre se tut; il réfléchissait.

— Je ne peux dire son nom à madame qu'après avoir reçu les vingt-cinq mille francs en question.

— Ah! oui, toujours la différence.

— Toujours, dit Carboneux.

— Et, si je vous donne cette somme, reprit lentement Olympe, votre dévouement me sera acquis?

— Absolument et... aveuglément, madame.

— C'est bien; revenez ici ce soir, dit-elle.

— Oui, madame.

— Je vous ferai connaître ce que j'aurai décidé.

Carboneux s'inclina respectueusement.

En quittant la bibliothèque où venait de se passer cette scène, Olympe se dit à elle-même :

— Voilà un homme dangereux; comment faire pour m'en débarrasser?...

CHAPITRE VI.

COURS DE LITTÉRATURE EN VOITURE DÉCOUVERTE.

— Quelles sont vos lectures favorites? Quels sont, parmi nos auteurs modernes, ceux que vous préférez?

C'était Olympe qui adressait cette question à Paul Marville.

Elle était seule avec lui dans une voiture qui roulait vers le bois de Boulogne.

M. Dandelot, s'étant trouvé fatigué après le déjeuner, avait refusé de se joindre à eux. Vainement Olympe avait offert de renoncer à cette partie; il avait exigé qu'elle le remplaçât dans son rôle de correspondant auprès du grand collégien.

Tous les deux, Olympe et Paul, goûtaient donc les douceurs d'un innocent tête-à-tête sous la conduite d'un cocher en livrée.

Le temps était froid, mais beau; un soleil pâle caressait les fourrures qui les recouvraient à demi. Il y avait du monde dans l'avenue de l'Impératrice, le monde habituel, — beaucoup de cavaliers surtout galopant dans l'allée parallèle réservée.

Ils avaient d'abord causé de choses indifférentes, comme on fait toujours ; puis insensiblement ils avaient abordé l'art, la musique, la littérature, — autant de grands chemins se subdivisant en mille petits sentiers qui mènent à tous les sentiments.

— Vous lisez beaucoup? disait Olympe.

— Beaucoup, répondait Paul ; c'est ce que j'ai de mieux à faire en attendant de vivre.

— Qu'est-ce que vous lisez?

— Un peu de tout ; je paye mon tribut à la frivolité, jusqu'à ce qu'il plaise à mon père de m'apprendre la direction que je dois imprimer à mes études.

A ce nom de son père, Olympe avait détourné la tête et porté son mouchoir à sa bouche.

— Aimez-vous les poëtes? lui demanda-t-elle.

— Passionnément... mais je ne l'avoue pas.

— Pourquoi?

— On prétend que cela nuit, répondit Paul, que cela donne l'air trop jeune.

Olympe ne put s'empêcher de sourire.

— Et quel est votre poëte? Lamartine ou Victor Hugo?

— Ni l'un ni l'autre ; pas plus l'aigle que le cygne.

— Vous êtes difficile, dit-elle.

— Je ne suis pas un critique, et je ne dois pas compte de mes sensations au public.

— C'est juste. Alors, le nom de votre poëte... ni aigle ni cygne?

— Est-ce que je ne vous l'ai pas dit? ou est-ce que vous ne l'avez pas deviné? Musset.

Olympe avança les lèvres en manière de moue.

— Ah! c'est vrai, j'oubliais... Vous en êtes tous là, vous autres jeunes gens.

— Et j'en serai là pour longtemps, je l'espère, dit Paul. Que voulez-vous? Les grands hommes me font peur, et Musset n'est qu'un homme, lui.

— Un mauvais sujet!

— C'est un bruit que laissait courir l'auteur de *Mardoche* et que démentait l'auteur des *Nuits*.

— Que trouvez-vous de si attirant dans son œuvre? Je n'y vois que des rubans tachés de vin, de l'amour acheté et des rimes pauvres.

— Avouez tout : on vous aura dit qu'il cravachait les femmes.

— Un homme d'esprit l'a appelé *mademoiselle Byron*.

— Et vous ne savez pas même le nom de cet homme d'esprit, tandis que des strophes entières de Musset se sont gravées pour toujours dans votre mémoire, dit Paul.

— Voilà pour votre poëte. Voyons votre romancier à présent.

— Mon romancier?

— Oh! tenez, laissez-moi le plaisir de vous dire son nom, s'écria Olympe; car pour vous, avec la tournure d'esprit que je vous entrevois, il ne doit y avoir qu'un seul romancier au monde.

— Dites.

— Balzac.

— Oui et non, répondit Paul.

— Encore trop grand homme pour vous?

— Ce n'est pas cela. Son génie ne me fait pas peur; il y a de lui cinq ou six chefs-d'œuvre à vous remuer de la tête aux pieds; ce sont les plus simples : *Pierrette, Eugénie Grandet, les Deux Frères, la Grenadière...*

— Allez toujours, dit Olympe, vous en trouverez plus de douze.

— Douze, soit. Mais à côté de cela, que de rêveries! que d'hallucinations prises pour la réalité! A travers quels verres grossissants il voit les hommes et les choses! On a dit de Balzac qu'il avait créé toute une société à son image; c'est un peu vrai. Voyons, madame, est-ce que vous croyez beaucoup au monde de Balzac, à son grand monde? Est-ce que vous croyez beaucoup à ses duchesses de Maufrigneuse, à ses Mmes de Négrepelisse, de Listomère, de Beauséant? Est-ce que vous croyez à sa police des *Mille et une Nuits,* et à ses millions si facilement remués? N'avez-vous jamais douté de l'existence de Ferragus et de Vautrin? Où rencontre-t-on des femmes aussi supérieures que les siennes, et des hommes aussi forts que les siens, sans cesse occupés à se *rouler* les uns les autres? Convenez que la plupart de ces gens-là vivent d'une vie factice, et qu'il y a beaucoup de pantins parmi les acteurs de la *Comédie humaine?*

— Grâce pour Rastignac et pour le pauvre petit Lucien de Rubempré! dit Olympe; ceux-là devraient vous être sympathiques.

— Pourquoi donc cela, madame? répliqua Paul; je n'ai ni l'ambition du premier, ni la niaiserie suspecte du second.

— Excusez-moi.

— Bien démodés, les beaux jeunes gens de Balzac, les Maxime de Trailles, les Vandenesse, les la Palférine! Bien démodés aussi ses grands journalistes, ses grands financiers, ses grands hommes d'Etat, ses grands notaires, ses grands savants, ses grands...

— Je vous arrête.

— J'allais m'arrêter moi-même, dit Paul.

— Savez-vous que c'est une véritable charge à fond de train contre une des gloires les mieux établies? dit Olympe.

— Je mets une date à cette gloire, pas autre chose. Je constate que la poussière a endommagé quelques parties de la *Peau de chagrin*, rien de plus. Voilà ce que plusieurs d'entre nous pensent et commencent à dire tout haut. Quelle irrévérence y a-t-il à cela? La génération qui m'a précédé ne s'attendait-elle donc pas à ce que quelques-uns de ses jugements seraient contrôlés?

— Votre contrôle ressemble furieusement à un éreintement.

— Bah! l'article n'a nulle valeur, étant signé Paul Marville.

— On a des opinions indépendantes au collége.

— Oui; on se lasse d'emprunter un mot d'ordre à celui-ci ou à celui-là; on veut prononcer soi-même. Cela devait arriver.

— Vous me mettez en goût de continuer mes questions, dit Olympe.

— Ne vous gênez donc pas, madame; mes réponses ont du moins le mérite de la sincérité.

— Allez-vous au théâtre?

— Le plus souvent que je peux.

— Là aussi, sans doute, vous apportez des préférences? dit Olympe.

— Des préférences, oui, mais pas d'exigences. Les auteurs dramatiques ne pouvant pas dire tout ce qu'ils veulent... comme ils le veulent... à cause de la convention scénique ; je ne leur demande que le possible. Et je suis fort bien servi par la plupart d'entre eux.

— Mais si vous aviez à faire un choix.

— Il se fixerait probablement sur Alexandre Dumas fils.

— Diable!

— Pourquoi cette exclamation, madame?

— C'est que Dumas fils est joliment avancé, dit Olympe.

— Pour son âge... ou pour le mien?

— Pour le vôtre.

— Ma foi, vous ne reprocherez pas du moins à Dumas fils de rendre le vice ou le plaisir trop attrayants. Il a toujours des avertissements avant la chute ou des catastrophes après... sans compter sa raillerie, marquée au coin le meilleur de l'esprit français, et qui fait passer sur ce que sa raison pourrait avoir de trop dogmatique.

— Allons, vous êtes bien de votre époque, mon cher Paul, dit Olympe.

— Est-ce un compliment ou un blâme?

— Entre les deux.

— Savez-vous que c'est un interrogatoire en règle que vous me faites subir? dit Paul.

— Il y a un peu de cela. Je ne suis pas fâchée de connaître quelques-unes des manières de voir et de penser d'un jeune homme appelé, par son intelligence, à représenter l'avenir.

— A quoi bon y avoir mis tant de détours?

— Les lectures trahissent toujours les instincts, dit Olympe; *or*, il me paraît beaucoup plus court et beaucoup plus convenable de demander à quelqu'un les livres qu'il affectionne que de lui demander à brûle-pourpoint s'il est amoureux, ambitieux ou sceptique.

— Alors vous remplacez l'art de tirer les cartes par l'art de tirer les livres?

— C'est cela.

— Il ne faudra pas vous étonner, madame, si à notre prochaine promenade vous me voyez essayer d'employer le même procédé vis-à-vis de vous, dit Paul.

— Oh! moi! fit Olympe avec un singulier sourire.

Paul se rappela le Code.

Il dit :

— Je ne serais pas fâché... moi non plus..... de connaître le genre de lectures d'une femme jeune et mariée comme vous.

— Ne trouvez-vous pas qu'il fait un peu froid? dit Olympe après une minute de silence.

— Non.

— Je vous assure que le vent devient plus piquant.

— Je ne m'en aperçois pas, dit Paul.

— Nous ferions bien de nous en retourner, murmura-t-elle.

— Déjà!

— M. Dandelot.....

— Ah! c'est vrai, dit Paul.

Et presque aussitôt :

— Je parie qu'il ne lit plus, M. Dandelot.

— Si.... son journal, répondit Olympe.

— On en fait donc un pour lui tout seul?

— Oh! du petit esprit!... Décidément je vais dire à Georges de reprendre le chemin de l'hôtel.

— Georges, c'est votre cocher?

— Oui.

— J'avais compté sur le tour des deux lacs, dit Paul en mettant toutes sortes de repentances dans son accent et dans son regard.

— Vous y tenez?

— Quelle demande!

— Vous allez me faire enrhumer, dit-elle.

— Tout Paris s'enrhumera donc, puisque tout Paris se dirige de ce côté-là!

— J'aurai le nez rouge.

— Rose tout au plus.

— Je vois qu'il faut céder, dit Olympe.

— Comme correspondante, vous ne pouvez guère agir autrement.

— Oh! oh! vous êtes donc décidé à faire valoir vos droits?

— Puisque c'est mon dernier argument, dit Paul.

La voiture continua de rouler vers le Bois.

On saluait beaucoup Mme Dandelot, qui rendait les saluts avec autant d'aisance et de grâce que dans son salon.

Elle était parvenue à surmonter tout à fait, du moins en apparence, l'impression pénible que lui avait causée pendant quelques moments son entretien du matin avec M. Carboneux.

Lorsqu'ils furent arrivés entre les deux lacs, Paul lui dit:

— Mettons-nous pied à terre?

— Comme vous voudrez, répondit-elle ; n'est-ce pas vous qui ordonnez maintenant?

Paul ne fut pas long à lui offrir son bras.

Ils allaient s'engager dans une allée lorsqu'ils virent s'avancer vers eux un jeune homme descendu rapidement du perron du Châlet, où il causait avec quelques amis.

A son aspect, Paul avait tressaillit.

— Eh! bonjour, ma chère cousine! s'écria le jeune homme; c'est bien à vous de venir éclairer ce pauvre Bois de votre présence...

— Bonjour, Gaston, dit Olympe en lui tendant le bout de ses gants; avec qui êtes-vous donc là?

— Avec quelques membres de notre cercle des Betteraves... Nous faisons les honneurs de Paris à un jeune Américain débarqué récemment.

— Qui s'appelle?

— Un nom funèbre... M. Young.

— Mon mari doit connaître cela, dit Olympe.

— A propos, M. Dandelot... sa santé? demanda le jeune homme.

— Couci... Lui se prétend fort bien, dit-elle.

— C'est l'important.

Olympe se tourna à demi vers Paul dont elle n'avait pas quitté le bras, et lui dit :

— Je vous présente M. le comte Gaston de Rieussec, mon cousin.

Gaston de Rieussec était taillé sur le patron uniforme des élégants de haut bord.

Il n'avait point paru faire attention à Paul.

Il le regarda froidement.

Olympe continua en s'adressant cette fois à son cousin et en lui désignant Paul :

— Monsieur est le fils d'un des correspondants de mon mari...

— Il est inutile de me présenter monsieur, dit Gaston de Rieussec avec un accent inexprimable.

— Vous vous connaissez ?

— J'ai eu monsieur pour condisciple au collége de Versailles, dit Gaston.

— En effet, balbutia Paul ; je crois me rappeler...

— Comme cela se trouve ! dit Olympe ; vraiment, vous connaissez M. Paul Marville ?

— Marville... répéta Gaston avec surprise ; vous vous appelez Marville à présent ? dit-il à Paul ; depuis quand ?

— Depuis que j'ai pris le nom de ma mère, répondit celui-ci.

— Vous avez bien fait, dit Gaston d'un ton glacial.

Paul était livide.

Etonnée, Olympe les regardait tous les deux sans comprendre.

— Chère cousine, j'irai vous voir demain, dit Gaston de Rieussec en reprenant auprès d'elle son enjouement.

— Bon ! vous dites cela ! s'écria Olympe ; on connaît vos promesses, beau cousin.

— Non, je vous assure, j'irai demain... J'ai à vous parler, ajouta-t-il d'un air significatif.

— Je vous attendrai... mais ne vous avisez pas de me faire poser !

— Soyez tranquille.

— Amenez votre Américain, dit-elle; cela distraira M. Dandelot.

— Croyez-vous? Cela est d'autant plus facile que M. Young est votre voisin.

— Bah!

— Oui; il habite à côté de chez vous, hôtel de Messine...

— Cette haute maison neuve dont les fenêtres donnent sur mon jardin? dit Olympe.

— Précisément.

— C'est à merveille. Je ne veux pas vous retenir plus longtemps; allez rejoindre vos membres du cercle des Betteraves. A demain.

— A demain, belle cousine.

Le comte Gaston de Rieussec s'éloigna sans avoir salué Paul.

Celui-ci s'était senti plusieurs fois près de défaillir.

— Qu'avez-vous? dit Olympe en remarquant sa pâleur.

— Vous aviez raison tout à l'heure, murmura-t-il; il fait froid... très-froid.

La sueur perlait à son front.

— Ah! vous voyez! dit Olympe.

— Je crois que nous aurions tort de prolonger cette promenade.

— Je le crois aussi... Eh bien! rebroussons chemin, dit-elle.

Ils remontèrent en voiture.

Le retour fut plus silencieux que le départ. Chacun était absorbé par des pensées différentes, mais qui avaient pour même objet la rencontre qu'ils venaient de faire.

Olympe ne paraissait pas insensible aux attentions de son cousin.

Tout à coup elle demanda à Paul :

— Qu'est-ce donc que M. de Rieussec vous a dit tout à l'heure?

— Je ne m'en souviens plus.

— C'était à propos de votre nom, dit Olympe.

— Une méchanceté gratuite..... Nous étions déjà ennemis au collége de Versailles, M. de Rieussec et moi. Je le trouvais, alors comme aujourd'hui, souverainement déplaisant.

— Ce n'est pas mon avis, dit Olympe, piquée; M. le comte de Rieussec est un homme du monde, aimable et bien élevé.

— Bien élevé..... en êtes-vous sûre?

— Il porte un des beaux noms de France et tient à presque toute la noblesse de Gascogne.

— De Gascogne, en effet, répliqua Paul, car il passe pour un assez pauvre cadet.

— Vous êtes trop intelligent, dit Olympe, pour lui faire un reproche d'une situation que d'ailleurs il accepte et supporte avec beaucoup de dignité.

— Oh! il ne la supportera pas longtemps, allez!

— Qu'en savez-vous!

— J'ai entendu dire que M. le comte Gaston de Rieussec cherchait partout une alliance pour redorer son blason.

— Ah! ce bruit est parvenu jusqu'à vous? fit Olympe dont le front se rembrunit.

— Vous verrez qu'il épousera quelque bourgeoise à écus... comme la plupart de ses pareils.

Le trait atteignit Olympe, qui se redressa l'œil étincelant, et qui riposta en ces termes :

— Vous seriez malvenu, monsieur Marville, à abîmer la noblesse devant moi... Passe pour la littérature.

Paul demeura bouche béante.

Il se souvint seulement alors qu'il parlait à une demoiselle de Saint-Rambour.

Olympe le regarda pendant quelque temps avec une sourde irritation ; puis, cédant à une idée subite, son visage s'éclaircit.

— Pauvre garçon ! pensa-t-elle ; et moi qui ne comprenais pas... Il est jaloux !

Alors elle lui tendit la main en souriant.

On était arrivé devant l'hôtel Dandelot.

CHAPITRE VII.

HOMICIDE PAR IMPRUDENCE.

La première personne qui apparut devant eux au bas de l'escalier fut M. Carboneux, le valet de chambre.

Olympe eut une contraction des sourcils.

Carboneux, prévenant son interrogatoire, l'informa que M. Dandelot avait cédé au sommeil après son déjeuner, et qu'il dormait encore.

— Une habitude rapportée d'Amérique : la sieste... murmura Olympe; cela ne peut lui faire que du bien.

— Croyez-vous? dit Paul.

— Certainement. Je possède son hygiène sur le bout du doigt.

— Et puis... dit Paul.

Il s'interrompit, n'osant pas ajouter ce qui faisait le fond de sa pensée : « Il ne faut jamais réveiller un mari qui dort. »

— Comment allons-nous faire pour tuer le temps?

demanda Olympe à Paul ; est-ce que vous avez envie de dormir, vous?

— Je n'ai jamais été si éveillé, répondit-il.

— Inventez quelque chose, alors.

— C'est tout inventé : vous m'avez parlé ce matin de briser quelques poupées au pistolet.

— C'est vrai, dit Olympe ; descendons au jardin. Carboneux !

— Madame! dit le valet de chambre.

— Vous allez nous charger des pistolets.

— Volontiers, madame.

— Oh! Carboneux est très-expert en matière d'armes, dit Olympe à Paul avec une intention évidente de flatterie pour le valet de chambre.

— Madame ne croit pas si bien dire, répartit Carboneux en se rengorgeant; j'ai été employé chez M. Devismes.

— Vraiment! Eh bien! précédez-nous, Carboneux, pendant que je vais faire à M. Marville les honneurs de mon jardin... que dis-je? de mon parc.

— Mais si monsieur se réveille?

— Dites à ma femme de chambre de vous suppléer auprès de lui.

— Il suffit, madame.

Le jardin était coquet, bien arrangé. On avait tiré tout le parti possible d'un espace très-limité, car le pied ne posait pas sur un carré de gazon qui ne coûtât des centaines de francs. Le terrain tournait plusieurs fois sur lui-même, jouant au labyrinthe, pour aboutir à un cèdre dominateur, reste d'une grande propriété, du temps de la vogue des cèdres.

De hautes murailles environnaient ce jardin, où les regards ne pouvaient plonger que du côté d'un hôtel affecté aux riches voyageurs, l'hôtel de Messine.

La partie réservée au tir mesurait une longueur de vingt mètres. La décoration était celle de tous les endroits de ce genre.

Olympe et Paul Marville y arrivèrent, après deux ou trois tours de jardin, au moment où Carboneux procédait avec conscience au chargement des pistolets.

— Commençons, dit-elle.

— Commencez, dit Paul.

— Voulez-vous d'abord que nous essayions deux cartons... chacun le sien?

— Deux cartons, soit; vous me trouverez aussi inexpérimenté devant les cartons que devant les poupées.

— C'est un tort... les armes font partie du programme de toute éducation aujourd'hui... elles sont indispensables. Exercez-vous, croyez-moi, exercez-vous.

— Je vous promets de faire mon profit de votre conseil, madame.

Carboneux présenta un pistolet chargé à Olympe.

On se rappelle qu'il y a dix ans, c'est-à-dire à l'époque où se passe ce récit, les pistolets de tir étaient encore des pistolets de selle.

Gavarni, ou tout autre dessinateur d'élégances, — Edmond Morin, par exemple, — aurait eu beau jeu à représenter Mme Olympe Dandelot dans cette attitude charmante : le corps effacé, le coude au corsage, le pied bien appliqué sur le sol, l'œil en éveil, — les doigts adorablement attachés à l'arme, dans la disposition la plus favorable à faire valoir leur blancheur effilée et délicate.

Elle lâcha la détente, et la balle alla se loger au milieu du carton.

— Parfait! dit Paul.

— Vous trouvez?

— Continuez, madame; on ne saurait mieux commencer.

Carboneux tendit un deuxième pistolet à Olympe.

Elle ajusta à peine cette fois.

La deuxième balle alla échancrer le cercle tracé par la première.

— D'aussi fort en aussi fort! s'écria Paul.

— C'est une affaire d'habitude, dit Olympe modestement.

— Oh! madame est de première force, ajouta Carboneux en continuant de charger les pistolets.

— Je le vois bien, répliqua Paul Marville.

— Madame en remontrerait à nos meilleurs amateurs, continua Carboneux; son poignet ne bronche jamais, et son coup d'œil est d'une certitude..... Je plaindrais quiconque aurait madame pour adversaire dans un duel.

— Vous exagérez, Carboneux, dit Olympe.

— Non, non, reprit le valet de chambre; un homme visé par madame serait un homme mort.

— A la distance de ce tir, c'est possible, murmura-t-elle.

En peu d'instants le carton fut entièrement déchiré.

— Je veux le voir, dit Olympe.

— Cela est facile, répondit Carboneux qui se dirigea vers le but.

Tout à coup, en lui voyant occuper pendant quelques

instants la place du point de mire, il vint à Olympe une idée abominable.

Tellement abominable qu'elle en ferma les yeux.

Carboneux revint, le carton à la main.

— Je ne croyais pas avoir si bien fait, dit Olympe.

— Ce n'est plus un carton, c'est de la dentelle, ajouta Paul.

— Carboneux ! placez un autre carton.

— Oui, madame.

Carboneux choisit un autre carton neuf, et il reprit le chemin du but.

L'instant était décisif.

Olympe vit un nuage de sang passer devant ses yeux.

Cet homme avait son secret.

Il pouvait la perdre.....

L'occasion de se débarrasser de lui se présentait à elle, facile, sans danger.

Laisserait-elle échapper cette occasion ?

Un pistolet chargé se trouvait sur la tablette à la portée de la main d'Olympe.

Elle le prit rapidement, mais elle s'arrêta aussitôt en rencontrant les yeux de Paul, resté auprès d'elle.

— Allez me chercher une fleur, lui dit Olympe.

— Quelle fleur ?....

— Celle que vous voudrez... la première venue... c'est un caprice... Allez donc ! mais allez donc !

Paul Marville s'éloigna, en s'étonnant de son agitation.

Olympe saisit cette seconde pour ajuster le valet de chambre, tout occupé à sa besogne.

Elle n'hésita pas, elle ne trembla plus.

Son poignet s'immobilisa.

Le coup partit, et Carboneux tomba en poussant un cri.

— Ah! mon Dieu! fit Olympe en jouant l'effroi; Paul! Paul! venez vite!

Paul accourut.

— Qu'est-ce qu'il y a? demanda-t-il.

— Un malheur... un accident... je ne sais comment cela s'est fait... Je tenais ce pistolet... Carboneux s'est placé imprudemment, lorsque... il a été atteint.

— Que dites-vous? Ah! le pauvre homme! Peut-être n'est-il pas blessé dangereusement... Allons voir.

— Oui, allons.

Sur le moment, Paul ne soupçonna rien.

Il courut vers Carboneux.

Olympe le suivit plus lentement.

Le malheureux se tordait sur la terre, criant et appelant au secours.

— A moi! à moi!

— Nous voici, dit Paul s'empressant.

— Monsieur... monsieur... recevez ma déclaration; hâtez-vous... murmura Carboneux.

— Que voulez-vous dire?

— Empêchez-le de parler, dit vivement Olympe; il s'épuise, il se fait du mal.....

En apercevant Olympe, Carboneux se souleva sur un de ses genoux.

— Misérable! lui cria-t-il.

Puis, cherchant Paul du regard :

— Monsieur... c'est cette femme qui m'a tué...

— Il ment! il ment! s'écria Olympe.

Paul frissonna.

— Monsieur... écoutez-moi... je vais mourir.

— Non, vous n'allez pas mourir, dit Paul en le soutenant; votre blessure n'est pas mortelle.

— Oh! si... j'ai été trop bien touché... c'est cette femme qui m'a tué... Vous le certifierez en justice, n'est-ce pas?

— Il ment! fit Olympe éperdue.

— Promettez-le moi, dit Carboneux; monsieur... promettez-moi d'avertir les magistrats.

— Revenez à vous, reprit Paul; vous n'avez pas conscience de vos horribles paroles.

— C'est elle, vous dis-je... Elle m'a tué comme elle a voulu tuer son mari, et comme elle finira par le tuer.

— Ne le croyez pas! Paul, ne le croyez pas!

— Devant Dieu qui va me juger, je jure que j'ai dit la vérité, ajouta Carboneux dont les forces se perdaient.

— Oh! s'écria Olympe en regardant autour d'elle avec terreur.

Carboneux se consumait en efforts désespérés; le sang remontait à sa gorge.

— J'étouffe... murmurait-il; là, là... J'ai pourtant encore quelque chose à dire... Je veux...

— Il ne faut pas qu'il parle! s'écria Olympe hors d'elle-même et oubliant toute prudence.

— Ah! fit Paul terrifié.

Carboneux était parvenu à saisir un des bras du jeune homme; il s'y cramponnait.

— Monsieur... c'est elle... c'est...

— Il ne se taira pas! dit Olympe; mais faites-le donc

taire ! Vous ne comprenez donc pas que je veux qu'il se taise !

Les cheveux de Paul se hérissèrent.

Il se pencha sur le valet de chambre et lui mit la main sur la bouche.

— Heuh !... fit Carboneux en se tordant ; vous aussi !

— Tais-toi !

— Vous aussi !... tous les deux !... Assassins ! assassins !

Il réussit à dégager sa tête en se renversant tout à fait.

— Au secours ! à moi ! au secours ! cria-t-il étendu sur le sol.

Mais la main de Paul l'avait suivi, et elle s'appliqua de nouveau sur sa mâchoire qu'elle ferma tout entière.

L'autre main était employée à le contenir.

Dans cette position, les mouvements de Carboneux se ralentirent.

Il battit un instant l'air de son bras, et ce bras retomba inerte.

Le sang comprimé gonfla sa face...

Carboneux eut encore une plainte sous la pression de Paul, un gémissement, un râle.

Puis, ce fut tout.

Lorsqu'il le vit immobile, Paul lâcha ce corps, et demeura immobile à son tour, un genou en terre.

Il l'examina pendant quelque temps en silence, l'œil stupide, comme quelqu'un qui ne se rend pas compte de ce qui s'est passé.

A la fin, Paul Marville sortit de cet engourdissement ;

ses doigts tremblants allèrent interroger le cœur de Carboneux sous sa veste.

Par derrière, Olympe l'observait avidement.

Elle le vit se reculer avec épouvante, ouvrir la bouche et ne pouvoir trouver un cri.

Il se releva d'un bond.

— Eh bien? lui demanda-t-elle.

A cette voix, Paul tressaillit et sembla revenir graduellement à lui-même.

Sa figure revêtit une expression de douleur infinie.

— Madame, dit-il, j'ai fait ce que vous avez désiré. Il se taira maintenant.

Olympe cacha sa tête entre ses mains.

C'est un geste qui sauve tout.

CHAPITRE VIII.

LE CERCLE DES BETTERAVES.

Le cercle des Betteraves était un des cercles les mieux posés de Paris. Il avait été fondé par de puissants industriels, d'où lui était venu son nom; mais peu à peu, les fils s'étant substitués aux pères, le cercle des Betteraves avait emprunté des allures plus mondaines. Sa physionomie ne différant pas essentiellement des autres, nous n'en entreprendrons point la description.

Le soir de ce même jour, vers neuf heures environ, une demi-douzaine de jeunes gens étaient réunis dans un des fumoirs du cercle. Comme nous n'avons point un parti pris de satire, il ne nous en coûtera rien d'avouer avec bonne grâce que, dans les six, il y en avait trois d'intelligents.

Le comte Gaston de Rieussec était de ceux-ci.

Quant aux trois autres..... Ah! les trois autres n'étaient pas exempts d'innocents travers et de légers ridicules.

Ils s'appelaient de Lure, Schumann et de Fondbois.

Les deux premiers ne faisaient rien que manger la fortune paternelle.

Le troisième, M. de Fondbois, — qu'on appelait aussi Fond-de-bois par corruption, — était un jeune banquier plein d'avenir.

Rien ne les aurait signalés à l'attention entre tous les *gandins* (c'était le terme d'alors) dont ils portaient l'uniforme, si ce n'avait été le langage particulier adopté par chacun d'eux.

Ainsi de Lure n'avait qu'un mot : *splendide !*

Schumann n'avait qu'un mot : *insensé!*

Splendide ! terme d'admiration sans mesure.

Insensé! terme d'étonnement, d'étourdissement, de stupeur, avec une nuance de mépris.

Tout était splendide pour le premier : une femme, un tableau, un cheval, une crème au chocolat, le temps, ses bottes, la rue de Rivoli.

Les mêmes choses étaient insensées pour le second : il faisait un froid ou une chaleur insensée, on lui avait vendu une cravate insensée; il avait vu une pièce insensée dans laquelle la petite *une telle* avait une toilette insensée.

L'un et l'autre ne sortaient pas de là ; il n'y avait pas de mots transitoires pour eux.

Le troisième, — c'est-à-dire le banquier Fondbois, — s'était épris de l'invention de la télégraphie électrique au point de ne vouloir plus se servir, dans la conversation et dans les rapports usuels, que de la langue télégraphique. Il prétendait de la sorte économiser du temps et se faire mieux comprendre.

Voici, au moment où nous pénétrons dans le fumoir du cercle des Betteraves, comment l'entretien était établi.

— Ces cigares sont *splendides !* disait de Lure.

— Allons donc ! ils sont *insensés !* disait Schumann.

— Qu'en pensez-vous, Fond-de-Bois? demanda Gaston de Rieussec.

Fondbois répondit :

— Cigares..... bons..... Moi, faire venir pareils..... une caisse..... deux caisses..... Payer ce qu'il faudra.

Les autres jeunes gens, ceux qui parlaient comme tout le monde, se prirent à rire.

— Pourquoi? demanda Fondbois gravement.

— Parce qu'ils sont toujours tentés de vous donner dix sous ou un franc comme pour une dépêche, dit Rieussec.

— Temps... valeur ! murmura le banquier.

Et il ajouta encore avec un léger mouvement d'épaules :

— Raillerie... connais ça.

— Messieurs, reprit Rieussec, messieurs, quelqu'un d'entre vous a-t-il entendu parler de la dernière aventure de Fond-de-Bois ?

— Avant-dernière, rectifia celui-ci.

— Le fat !

— Non ! non ! dirent les assistants; contez-nous-la, Gaston.

— Quelque chose d'insensé, sans doute, dit Schumann.

— Comme vous le supposez bien, messieurs, du moment que Fondbois est en scène, il s'agit d'une aventure d'amour.

— Jamais d'autre, dit Fondbois.

— Ces banquiers!

— Donc, notre cher ami Fondbois, que vous voyez ci-inclus, comme on dit en style de commerce...

— Sous ce pli, rectifia Fondbois.

— Notre cher ami s'émut, il y a quelques semaines, de l'apparition d'un nouvel astre de beauté dont le lever avait été signalé sur les hauteurs de la rue de Laval.

— Exact.

— L'astre s'appelait Julia et, en sa qualité d'astre, avait les plus beaux cheveux jaunes du monde; on l'aurait cru coiffée d'un tournesol.

— Je la vois d'ici : splendide! interrompit de Lure.

— Comment Fondbois n'aurait-il pas pris feu à cette comète? Un soir...

— *Un matin*, rectifia Fondbois.

— Un matin, entre deux bordereaux, il se décida à entreprendre la conquête de cette nouvelle toison d'or. Ses façons laconiques vous sont connues : il se contenta d'écrire...

— « Où?... quand?... combien?... » dit Fondbois.

— Le même jour, il était aux pieds de Julia.

— Aux genoux, rectifia Fondbois.

— Aux genoux, soit, dit Rieussec, et le lendemain notre ami inaugurait une série de débordements dont la plume ne saurait rendre qu'une faible idée.

— Toujours insensé, ce Fond-de-Bois, dit de Lure.

— D'abord, il meubla à sa Julia un hôtel, je ne sais pas où, rue...

— Ville-l'Evêque, dit le banquier.

— Mais un hôtel... je ne vous en dis que cela!

— Oui, dit Fondbois... marbre, bronze... malachite... saxe... boule... gobelins...

— Tout le tremblement enfin.

— Deux cent mille francs, dit Fondbois.

— Pour rien, reprit Gaston; mais laissez-moi continuer. L'astre de beauté se comporta bien pendant les premiers jours, comme c'est l'usage. Cette Julia, que personne ne connaissait et qu'il ne faisait connaître à personne, était, paraîtrait-il, fort stylée; elle avait de l'imprévu, du *bagou* et du ragoût.

— Drôle... très-drôle, fit le banquier.

— Elle parlait javanais comme un professeur de la Bibliothèque impériale. Au lieu de lui dire : mon petit Fondbois, je t'aime! elle lui disait : *mavon pavetavit Favonbavois, jave t'avaimave!*... ce qui ne laisse pas que d'être fort agréable.

— Amusante..... dit Fondbois en souriant à ce ressouvenir.

— Tantôt elle le portait à bras tendu et faisait ainsi deux ou trois fois le tour de la chambre.

— Vrai... oui...

— Tantôt elle imitait avec ses lèvres la détonation d'un bouchon de champagne ou le bruit d'une fusée qui trace son sillon dans les airs.

— Autre chose! dit le banquier en s'exaltant et en commandant l'attention par un geste de la main.

— Ah! mon Dieu! Fondbois va faire un discours! s'écria-t-on.

— Un discours tout entier !

— Pas possible !

— Oui, dit-il résolûment.

— Apprêtons notre monnaie, dit Rieussec.

Le banquier Fondbois parla ainsi :

— Voilà... bien simple... un tour... à elle... Moi, debout... tête levée... très-levée... nez renversé... comme cela... Sur nez un louis... Ne bougeons plus !... Elle devant moi... Une ! deux !... Jambe en l'air... crac ! louis enlevé... nez pas touché... Voilà.

— Bravo ! bravo ! crièrent tous les jeunes gens en riant.

— Splendide ! fit de Lure.

— Insensé ! fit Schumann.

Fondbois avait accompagné son récit d'une pantomime explicative et très-réussie.

Pantomime et récit obtinrent un succès à tout casser.

Au plus fort de l'hilarité, un personnage long et blond se montra sur le seuil du fumoir.

— Entrez, monsieur Young, entrez donc ! lui dit Rieussec.

— Je ne voudrais pas être indiscret, dit le jeune Américain.

— Au contraire, vous arrivez dans un excellent moment ; je racontais les amours de M. de Fondbois.

— En avez-vous pour longtemps? dit M. Young avec naïveté.

— Je touche au dénouement.

— Alors, je reste, car j'ai à vous parler, monsieur de Rieussec.

— Je serai bref.

— Voyons la suite de l'histoire! la suite! dirent les jeunes gens.

M. Young s'était assis.

— Où en étais-je? dit Gaston de Rieussec..... Ah! je faisais remarquer qu'il n'y avait pas moyen de s'ennuyer une minute avec une femme comme cette Julia.

— C'est cela, dit un écouteur.

— Eh bien! non, ce n'était pas cela! Julia, en dépit des qualités que je me suis plu à énumérer, Julia possédait la plupart des défauts inhérents à son sexe. Julia avait la bosse de l'inconstance..... la vocation de l'infidélité. Julia trompait Fondbois, en un mot.

— Oh! fit l'auditoire en frémissant d'horreur.

— Tromper Fond-de-bois!

— C'est invraisemblable! dit quelqu'un.

— C'est insensé! ajouta un autre en qui l'on n'aura pas de peine à reconnaître Schumann.

De Lure se taisait, n'ayant point à placer son adjectif « splendide. »

— Oui... Invraisemblable... répéta Fondbois avec un soupir... possible pourtant... arrivé... Hélas!

— Vous l'entendez, il en convient lui-même, dit Rieussec; cette Julia n'était que la première venue...

— La dernière... murmura Fondbois.

— Une drôlesse descendue du quartier Latin, du vieux *Latium*, comme on dit à l'Ecole de droit... une célébrité de sous-ordre, comme les *Louise Voyageur*, les *Molécule*, les *Têtes-de-Veau-nature*.

— Qu'est-ce que cela?

— Je ne sais pas... Tout un monde inconnu, au delà du Luxembourg! C'est une des amies de Julia qui l'a vendue. Fondbois a été averti par une lettre anonyme.

— Pouah !

— Oui, pouah ! mais il a fait son profit de la lettre comme nous aurions fait, vous et moi. Il s'est rendu dans un bastringue de ce quartier : le jardin... Bullier, je crois... Oui, Bullier... Et là...

— Et là ? dit un des jeunes gens.

— Et là ? répéta le chœur, haletant d'angoisse.

— Là, Fond-de-Bois vit de ses propres yeux sa Julia, la Julia de ses pensées, exécuter le grand écart et effleurer de son pied mignon le nez de ses danseurs... mais sans aucune espèce de louis, cette fois.

— Oh ! murmura l'auditoire.

— Triste ! soupira le banquier ; triste !

— Cette triviale ballerine était une femme à deux fins, continua Gaston de Rieussec. Pleine de roueries, avant tout, et de subterfuges ! A la Ville-l'Évêque elle était jaune, au quartier Latin elle était brune. Dans son boudoir, elle traînait une robe de satin à n'en plus finir ; au bal Bullier, elle retroussait à deux mains une robe d'indienne qui laissait ses bottines à demi découvertes. Du côté droit de la Seine, elle s'appelait Julia ; du côté gauche, elle avait un nom impossible, qui lui avait été donné par ses amies de quadrille et de restaurant.

— Quel nom ?

— On l'appelait *Opprobre-de-son-sexe*.

Les membres du cercle des Betteraves s'entre-regardèrent avec étonnement.

— Elle se balançait au bras d'un étudiant connu sous le sobriquet de... de...

— Grâce! fit le banquier Fondbois.

— Tout cela est loin d'être.... splendide! dit de Lure enchanté de placer son mot.

— Que voulez-vous? reprit Rieussec; la pauvre enfant avait de temps en temps la nostalgie du caboulot.

— Et la moralité de l'histoire? demanda un des fumeurs.

Ce fut Fondbois qui se chargea de la réponse.

— Moralité... Julia flanquée à la porte... expérience coûteuse... faux-frais... résignation...

— Regrets peut-être?

— Peut-être! répondit Fondbois.

— Eh bien! moi, dit un des auditeurs, je n'aurais pas agi comme M. de Fondbois.

— Comment auriez-vous donc fait?

— J'aurais renvoyé Julia, mais j'aurais gardé *Opprobre-de-son-sexe*.

— C'est une idée...

— Splendide! s'écria de Lure.

— Insensée! s'écria Schumann.

— Dites donc, Gaston, dit le même jeune homme à demi-voix, vous me conduirez un de ces soirs à ce jardin Bullier.

— Je ne sais pas où c'est, parole d'honneur.

— Raison de plus.

Gaston de Rieussec tourna les yeux vers M. Young, qui avait écouté d'un air impassible.

— Mon cher monsieur, je suis à vos ordres, dit-il.

Tous deux passèrent dans une autre pièce.

L'Américain était plus que jamais ce jeune homme

réservé et même timide avec qui le lecteur a déjà fait connaissance. Il était arrivé en France depuis quelques jours. Parmi les lettres de recommandation qu'il avait emportées des Etats-Unis, il s'en était trouvé une pour le comte Gaston de Rieussec. Celui-ci avait accueilli M. Young avec la plus grande cordialité et s'était mis à sa disposition pour tout le temps de son séjour à Paris; cela le posait lui-même d'avoir à patronner un étranger de distinction et qui passait pour être immensément riche.

— Je vous écoute, dit Gaston lorsqu'ils furent seuls.

— Avant toute chose, prononça M. Young, je vous demande pardon de vous arracher à la compagnie de ces messieurs.

— Oh! oh! arracher!... La douleur n'est pas très-vive de mon côté.

— Je suis encore peu façonné aux usages de votre société parisienne.

— Laissez donc! Vous en savez aussi long que nous, mon cher; vous les connaissez toutes.

— Toutes quoi?

— Ah! c'est juste, dit Gaston en riant; une expression familière... trop familière même.

— C'est précisément mon ignorance qui m'amène auprès de vous ce soir.

— Une consultation?

— Oui; du genre le plus grave.

— Allez, cher monsieur Young, mon cabinet est ouvert.

M. Young dit :

— Qu'est-ce qu'on a à faire quand le hasard vous a rendu témoin d'un crime?

Gaston releva la tête.

— Diable! dit-il, est-ce que c'est là votre cas?

— Oui.

— Dame! on va faire sa déclaration au procureur impérial.

— Je m'en doutais, dit Young; mais je n'ai pas voulu agir avant de vous avoir vu. Pouvez-vous m'accompagner demain chez le procureur impérial?

— Certainement.

— Je vous en remercie à l'avance.

— A mon tour, dit Gaston, j'aurai un service à vous demander.

— Lequel? Considérez-le comme rendu.

— J'ai promis de vous présenter à une des plus jolies femmes de Paris, qui est ma cousine, et à son mari, qui a longtemps habité l'Amérique.

— Eh mais! dit Young, c'est moi qui vous serai deux fois reconnaissant.

— Vous consentez?

— La belle demande! A quand la présentation?

— Demain, si vous voulez, dit Gaston de Rieussec.

— Demain, soit... Vous ne sauriez croire combien cette visite au procureur impérial est une préoccupation pour moi.

— Au fait, quelle aventure est-ce là?

— Un bel et bon meurtre exécuté sous mes yeux, dit M. Young.

— Sous vos yeux!

— Et fort proprement, ma foi, en quelques minutes.

— Ah! l'on travaille bien dans votre Paris!

— Il n'y a que vous pour assister, dès votre arrivée, à de pareils spectacles, dit Rieussec.

— Je n'ai pas été chercher celui-là, je vous le jure.

— Et où avez-vous vu pareille chose ?

— De mes fenêtres, sans me déranger, répondit l'Américain.

— Vos fenêtres donnent sur la rue?

— Non, sur un jardin dépendant d'une maison voisine de mon hôtel, un fort joli jardin, entre parenthèses.

— Et c'est dans ce jardin que s'est passé...

— Le crime en question ; oui.

— En plein jour?

— En plein jour, répondit Young, quelques instants après vous avoir quitté au Chalet du bois de Boulogne.

— Je me souviens. Mais enfin qu'est-ce que c'est que ce crime? Vous ne m'avez pas dit ce que c'est? Qui est-ce que l'on a assassiné?

— Un domestique, un valet de chambre, à en juger par le costume.

— Qui l'a assassiné?

— Deux personnes, un homme et une femme... un jeune homme et une jeune femme.

— Comment l'ont-elles assassiné?

— La femme l'a tué d'un coup de pistolet; le jeune homme l'a achevé en l'étranglant.

— Vous avez vu cela? dit Gaston de Rieussec.

— Comme je vous vois, répondit M. Young; j'avais même, par hasard, ma lorgnette de marine à la main.

— De sorte que vous pourriez reconnaître les acteurs de ce drame?

— Partout où je les rencontrerais.

— Encore une fois, il n'y a que vous pour être mêlé à de tels événements !

— C'est vrai, murmura Young, chez qui ces paroles allèrent réveiller un souvenir d'outre-mer.

Quelques instants après, ces deux jeunes gens rentraient ensemble au fumoir, et vers minuit ils se séparaient en convenant d'un rendez-vous pour le lendemain au café Anglais.

CHAPITRE IX.

ANCIENNES CONNAISSANCES.

Avant d'aller plus loin, il est nécessaire de fournir au lecteur quelques renseignements sur ceux de nos personnages que nous avons laissés aux Etats-Unis.

On comprendra facilement que nous n'essayions pas de décrire la douleur de Mme Marville et de sa fille Caroline, lorsque M. Young et Lubin rapportèrent à la ferme Isabelle le cadavre de leur mari et de leur père.

Mme Marville faillit en devenir folle ; et pendant quelque temps sa santé inspira les plus vives inquiétudes. Il ne fallut rien moins que la sollicitude incessante de Caroline et les soins pleins de délicatesse de M. Young pour la rappeler à la vie.

Plus tard, lorsqu'elle put supporter un pareil récit, elle voulut connaître tous les détails, tous les incidents de ce duel qui semblait avoir été préparé et réglé par la fatalité.

— Mes pressentiments ne me trompaient pas, dit-elle ; j'avais senti un danger sur nous..... j'avais deviné un ennemi sous ce visiteur..... Oh ! cet homme ! je vois encore son visage sévère et son dur regard !

Après un mois de convalescence, Mme Marville se demanda ce qu'elle allait devenir et ce qu'elle devait faire.

Elle ne pouvait ni ne voulait continuer à faire valoir la ferme Isabelle. Il lui était impossible de songer à rester dans ces lieux qui avaient été pour elle un paradis pendant quatre ans, et qui n'étaient plus maintenant qu'une morne solitude.

Le meilleur parti qu'elle eût à prendre était donc de réaliser, puis de s'en revenir en France.

Dès qu'elle se fut arrêtée à cette résolution, elle trouva le concours le plus empressé dans M. Young et dans M. Thomas Granter.

Mais cette liquidation ne pouvait se faire du jour au lendemain. Marville, comme beaucoup de maris, avait doré sa situation à sa femme ; il s'était fait illusion à lui-même. Il se trouva que plusieurs de ses placements n'avaient pas été heureux. Bref, sa fortune, dont il commençait à jeter les bases, devait en totalité se réduire à peu de chose.

Tous ces détails expliquent suffisamment l'embarras qui présida à la correspondance de Mme Marville avec son fils Paul. Elle n'avait pu se décider encore à lui annoncer la mort de son père ; même elle avait prié son correspondant, M. Dandelot, de la lui cacher jusqu'à nouvel ordre. On a assisté aux balbutiements du vieillard dans son entrevue avec Paul.

Sur ces entrefaites, et pour des intérêts financiers dont nous n'avons pas besoin de fatiguer la tête du lecteur, M. Young dut partir pour Paris.

Cette nécessité, à laquelle il ne s'attendait pas, le contraria d'autant plus qu'il avait offert, dès le premier moment, à Mme et à Mlle Marville de les accompagner dans leur retour, — offre qu'elles avaient à moitié acceptée.

Forcé de partir le premier, M. Young ne les quittait pas sans tristesse et sans inquiétude.

Un autre sentiment se joignait au regret de les laisser seules et accablées : c'était l'amour profond qu'il éprouvait pour Mme Marville. Cet amour, que nous avons fait soupçonner, était né du vivant de M. Marville et s'était rapidement développé ; mais l'expression en avait toujours été refoulée par M. Young, âme droite et loyale avant tout.

Cela ne veut pas dire que Mme Marville ne s'était pas aperçue du sentiment qu'elle avait inspiré. Une femme s'aperçoit toujours qu'on l'aime. Mais elle ne s'en était pas préoccupée autrement, et elle avait acccepté avec sa sérénité superbe cet hommage respectueux et discret.

Cependant, à l'époque dont nous parlons, les assiduités de M. Young à la ferme Isabelle avaient fini par donner l'éveil non au mari, mais au père. Marville avait cru M. Young épris de Caroline, — et l'on a vu qu'en ce temps-là il était peu disposé en faveur de son jeune voisin de campagne, dont la nature contenue et mélancolique contrastait avec sa nature expansive.

Il fallut la catastrophe que l'on sait et l'énergique intervention de M. Young dans cette catastrophe, pour faire revenir Marville de sa prévention. On se souvient de ses recommandations dernières : en léguant particulièrement le sort de sa fille à Young, il emportait en mourant la conviction de la savoir unie dans l'avenir à un homme de cœur. Surpris, bouleversé, Young n'avait eu ni le temps de le détromper ni le courage de lui enlever cette consolation suprême.

Bien qu'il n'eût rien juré, bien qu'assurément il ne se fût engagé qu'à veiller sur les deux femmes, il ne s'en trouvait pas moins singulièrement embarrassé vis-à-vis de Caroline. Le dernier vœu de Régnault-Marville lui revenait toujours.

De son côté, la jeune fille avait fini insensiblement par distinguer Young. Peu à peu elle s'était accoutumée à ce pâle et doux visage, à ce sourire triste, à cet accent ému. Lors de la maladie de sa mère, elle avait appris à l'apprécier ; peut-être se trompa-t-elle sur l'ardeur de ses soins ; elle était déjà aveuglée comme toutes celles qui commencent à aimer. L'observateur qui aurait su lire dans ce cœur de dix-sept ans y aurait surpris autre chose que l'instinct de la reconnaissance.

Mais Young était trop occupé à chercher à lire dans le cœur de la mère pour s'occuper d'une autre lecture plus facile.

Toutefois sa situation entre ces deux femmes ne laissait pas que d'être embarrassante, lorsque son départ précipité pour Paris vint tout trancher, — ou plutôt tout suspendre.

Ce fut lui que Mme Marville chargea de préparer Paul à la nouvelle de la mort de son père. Il accepta cette pénible mission et promit d'en rendre compte dans sa première lettre.

En parlant, il laissa auprès d'elles Lubin, le domestique Lubin, qui avait, comme on l'a vu, quitté le service de M. Dulac, après avoir subi l'épouvante de son incroyable barbarie.

Lubin avait voué une sorte de culte à Mme et à Mlle Marville, depuis le jour où elles lui étaient apparues comme l'expression la plus radieuse et la plus sainte de la famille, — de la famille, qu'il n'avait jamais connue.

Il les vénérait d'autant plus que, par un excès de scrupule, il se considérait comme le complice involontaire du meurtre qui avait fait de l'une une veuve, de l'autre une orpheline.

Aussi, en le plaçant chez elles, M. Young était-il certain de leur donner le gardien le plus fidèle et le plus dévoué qui fût dans les deux mondes.

*
* *

La veille du départ de M. Young, lors de sa visite d'adieux, Mme Marville lui tendit sa noble main, et lui dit de cette belle voix que Balzac eût appelée une voix d'or :

— Au revoir, notre ami !

Young se sentit presque récompensé par cette parole et par ce geste.

Mais Caroline fit plus.

Nous avons tâché de décrire ce caractère aux impétuosités naissantes, aux élans généreux.

Caroline voulut accompagner M. Young jusqu'à la grille de la ferme Isabelle.

Là, elle lui dit avec un léger tremblement :

— Vous allez partir, exposer votre vie... Laissez-moi vous donner un souvenir.

— Un souvenir? répéta-t-il.

— Oh! rassurez-vous : ce n'est ni une petite croix comme dans les drames, ni une petite fleur comme dans les romances..... C'est tout simplement un portrait, une carte photographique, comme il convient à des personnages de la vie moderne.

— Eh quoi! mademoiselle... s'écria Young croyant comprendre.

— Non... vous n'y êtes pas, dit Caroline avec un sourire; c'est le portrait de mon père.

— Ah! dit-il un peu confus; de M. Marville...

— Oui; placez-le dans votre portefeuille, où il ne tiendra pas grande place, et promettez-moi qu'il ne vous quittera jamais.

— Je vous le promets, mademoiselle.

— Il vous protégera, j'en suis sûre.

Elle ajouta en rougissant :

— On dit que je ressemble à mon père... Ce portrait me rappellera à vous.

— Oh! oui, dit Young en se laissant gagner par tant de candeur; merci, merci mille fois!

— Et maintenant, bon voyage, M. Young, dit-elle en essayant une gaie révérence; et surtout revenez bientôt.

— Certes, mademoiselle! je compterai avec impatience les jours qui vont me séparer de vous... et de votre mère.

La grille se referma.

Pourquoi faut-il toujours qu'il y ait des heures dans la vie où les grilles se referment?

La jeune fille regarda autour d'elle si personne ne la voyait, et elle essuya une larme.

*
* *

Il nous reste à entretenir nos lecteurs d'un autre personnage qu'il n'a pas dépendu de nous de leur rendre plus sympathique.

Nous voulons parler de M. Dulac, que nous avons laissé, lui aussi, aux Etats-Unis.

Il avait été forcé de se cacher après son duel, afin d'éviter l'action de la justice. Il y avait réussi en changeant de résidence et de nom. — Puis un soir, il avait pris passage à bord d'un paquebot en partance pour la France.

Le lendemain matin, la première personne avec laquelle M. Dulac se trouva face à face sur le pont, fut M. Young.

Les deux hommes n'échangèrent ni un salut ni une parole.

Qui dira cependant les pensées qui grondèrent en ce moment dans leurs cœurs?

Young éprouvait une horreur profonde pour M. Dulac, mais il n'avait aucune vengeance à en tirer.

Dulac sentait cette horreur peser sur lui, et son front se courbait plus sombre que jamais.

Une révolution s'était opérée dans son esprit après le sang dont il s'était couvert. Il avait eu peur de son œuvre accomplie. Le repentir était venu.

Dulac se trouvait plus seul après sa vengeance qu'avant.

Par opposition, il ne pouvait s'empêcher d'accorder son estime à M. Young qui, dans son rôle auprès de Régnault-Marville, avait personnifié le dévouement et l'honneur. Plusieurs fois, pendant la traversée, Dulac se surprit les yeux attachés sur M. Young, — et dans ces yeux il y avait des larmes de feu prêtes à s'échapper.

Les deux hommes mirent pied en même temps sur la terre française.

Nous avons suivi M. Young à Paris.

Nous retrouverons prochainement M. Dulac.

CHAPITRE X.

LA PRÉSENTATION.

A l'heure qui avait été convenue la veille au cercle des Betteraves, le comte Gaston de Rieussec, descendant d'une légère voiture qu'il conduisait lui-même, vint prendre M. Young au café Anglais.

Il le trouvait attablé devant le thé traditionnel et la tranche de rosbif nationale.

— En vérité, dit M. Young en souriant, on vous calomnie, vous autres Parisiens : vous êtes plus exacts que des rois.

— Ne vous y fiez pas, répondit Gaston ; nous ne nous mettons ainsi en frais que pour les étrangers.

— Par quoi commençons-nous notre journée : par notre visite à votre parente, ou par notre visite au procureur impérial ?

— Il sera fait selon votre désir, dit Gaston ; mais...

— Mais ?...

— Puisque vous avez l'amabilité de me consulter, il me semble qu'une excursion à travers les couloirs du Palais-de-Justice et qu'un entretien avec un magistrat nous disposeraient mal pour le reste de notre temps.

— C'est mon avis, dit Young.

— Alors commençons par la visite à ma cousine, à Mme Dandelot.

— Dandelot... il me semble que ce nom ne m'est pas tout à fait inconnu.

— Je crois vous avoir dit que mon cousin... par alliance... avait habité la Caroline du Nord, dit Gaston.

Après deux cigares allumés, on monta en voiture.

— Est-ce loin ? demanda l'Américain.

— A deux pas, dit Gaston.

La voiture avait pris le chemin du Cours-la-Reine; elle tourna à droite et s'engagea dans le quartier dit de François Ier.

Un joli quartier, qui doit son nom à une maison charmante rapportée pierre à pierre de Moret, dans la forêt de Fontainebleau ; — bijou architectural, délié, orné, et signé de l'authentique salamandre.

— Ah çà ! mais c'est chez moi que vous me ramenez, dit M. Young.

— A peu près.

Gaston arrêta la voiture devant l'habitation des époux Dandelot.

— Comment ! c'est là que vous me conduisez? s'écria M. Young.

— Oui.

— Dans cette maison séparée seulement par un jardin de l'hôtel de Messine?

— Dans cette maison même, dit Gaston; quel sujet d'étonnement y a-t-il là ?

— Aucun... oh ! aucun, murmura M. Young qui devint pensif.

Les deux jeunes gens franchirent une courte allée et montèrent le perron. Ils pénétrèrent dans une antichambre spacieuse, dont les hautes fenêtres avaient pour rideau jusqu'à mi-hauteur des arbustes et des fleurs exotiques.

Un laquais en livrée reçut leurs cartes, et, quelques minutes après, revint en leur ouvrant les portes d'un salon.

— Madame prie ces messieurs de l'attendre un instant, dit-il.

— Très-bien, François, répondit M. de Rieussec.

Le salon où ils se trouvaient était tendu tout en soie et n'avait d'autre décoration que quatre ou cinq toiles de maîtres contemporains dans des cadres merveilleux.

— Comment trouvez-vous ce Corot? dit Gaston à M. Young; n'est-ce pas que ce grand paysage est un chef-d'œuvre ? Que dites-vous de la vapeur qui s'élève de cet étang?... et ce ciel argenté... ces masses sombres...

— Oui, cela est très-beau, fit M. Young d'un air distrait.

— Ma cousine a un goût souverain en matière d'art.

— Je m'en aperçois.

— Vous dites cela sans conviction, comme un homme qui aurait sa pensée ailleurs.

Et Gaston riait.

— Excusez-moi, prononça M. Young; j'étais préoccupé, en effet.

— Voulez-vous qu'en attendant la maîtresse de céans, je vous fasse les honneurs du jardin ?

— Oui, le jardin ! dit vivement M. Young; voyons le jardin...

— Par ici.

La maison était familière à Gaston de Rieussec.

On arriva en présence du gracieux groupe d'arbres dont nous avons donné une description en peu de lignes.

— Très-coquet, n'est-il pas vrai? dit Gaston.

Mais M. Young ne l'écoutait pas; il regardait de tous les côtés et semblait chercher à s'orienter.

— Voici la volière, continua Gaston ; une réunion d'oiseaux de tous les plumages et de tous les ramages... les espèces les plus rares, à ce qu'il paraît, car pour moi, je ne connais que les oiseaux qu'on peut tenir au bout du fusil... Ici la pièce d'eau, avec ses nénuphars...

— Ah ! le cèdre ! s'écria tout à coup M. Young ; le cèdre !

Gaston jeta sur M. Young un regard de surprise.

— Vous examinez le cèdre? lui dit-il; est-ce que vous aimez ces grands arbres-là ?... Il paraît que cela pousse dans un chapeau.

Puis, il poursuivit sa démonstration :

— Voici un bosquet délicieusement dessiné... sous lequel Mme Dandelot vient presque tous les jours se livrer au plaisir de la lecture... Elle lit énormément, ma cousine... Encore quelques pas, et vous allez apercevoir le tir au pistolet.

— Le tir au pistolet !

— Oh ! ma cousine n'a rien oublié, dit Gaston ; l'Amérique pourrait la revendiquer comme une de ses filles ; elle est de votre école du comfort.

— Le tir au pistolet ! répéta Young.

— Nous y voici.

Young n'eut besoin que d'un rapide coup d'œil pour reconnaître les lieux.

— Plus de doute, se dit-il ; c'est bien ici.

Il était à la place où la veille s'était commis le crime dont il avait été témoin.

En levant les yeux, il reconnut la fenêtre d'où il avait tout vu.

Young se sentit en proie à d'étranges appréhensions.

Au même instant, un pas léger se fit entendre sur le sable.

— Attention ! c'est ma cousine, dit Gaston de Rieussec.

Mme Dandelot parut, fraîche comme une aurore et le sourire aux lèvres.

— Je vous remercie d'avoir tenu votre parole, cousin, dit-elle à Gaston, et je vous demande pardon d'avoir douté de vous.

— J'accepte vos excuses, dit Gaston avec une feinte sévérité.

— Messieurs, je vous ai fait un peu attendre, reprit-elle en s'adressant à tous les deux ; une femme, vous savez... cela a toujours quelques chiffons à ranger, quelque détail à reprendre à sa coiffure.... Etes-vous assez heureux, vous autres hommes, d'être exempts de tous ces petits ridicules !

— Permettez, dit Gaston, nous nous faisons coiffer, nous aussi.

— Oh ! si peu !...

Mme Dandelot sourit directement à Young et dit avec la plus caressante de ses inflexions de voix :

— Monsieur est sans doute l'ami dont vous m'avez parlé... et dont j'ai déjà annoncé la bonne visite à M. Dandelot ?

— Oui, ma cousine... M. Young, un des plus riches propriétaires et l'un des hommes les plus distingués de la jeune Amérique.

En ce moment seulement, Gaston de Rieussec s'aperçut du bouleversement survenu dans la physionomie de M. Young.

M. Young était pâle et tremblait comme une feuille.

Ses yeux étaient fixés sur Mme Dandelot avec une folle expression de terreur.

— Qu'avez-vous, mon cher monsieur Young ? dit Gaston inquiet.

— Moi ?... Rien... le temps un peu froid... l'humidité du jardin, sans doute.

— C'est vrai... quelle idée de vous avoir mené ici ! s'écria Olympe ; c'est bien du Gaston tout pur... Nous, c'est tout naturel : dès que nous voyons un rayon de soleil, nous oublions tout de suite que nous sommes en hiver... Les Américains se souviennent mieux du calendrier... Rentrons vite.

— C'est cela, rentrons, dit Gaston ; allons voir M. Dandelot.

— Il est prévenu et il vous attend, dit Olympe ; venez, messieurs.

M. Young s'était remis.

Mais quel monde de pensées s'agitait dans sa tête !

Olympe guida les deux jeunes gens dans la chambre où nous avons fait pénétrer hier le lecteur.

Sur le même fauteuil, le même vieillard était assis.

Il regardait par la fenêtre avec un œil vague et éteint.

Comme hier, il parut se réveiller à l'aspect de sa femme et des deux personnes qui l'accompagnaient.

Il reconnut Gaston de Rieussec.

— Ah! ah!... Bonjour, Gaston... Vous vous portez bien à ce que je vois... Moi aussi, je suis heureux... très-heureux...

— Je connais le refrain, murmura le cousin entre ses dents.

— Grâce à ma chère Olympe... à mon excellente femme !

— Il est organisé comme une boîte à musique, se dit Gaston.

— A propos, continua le vieillard en s'agitant ; vous savez... Carboneux est mort.

— Qui ça, Carboneux? votre valet de chambre? demanda Gaston.

Olympe ne dissimula pas un mouvement de contrariété, et elle se hâta de dire :

— Oui, le pauvre diable s'est tiré un coup de pistolet dans notre jardin.

— Pas possible ! s'écria Gaston.

— Si... Carboneux est mort... Carboneux est mort... répéta M. Dandelot avec un vif accent de commisération.

— Ce garçon avait des soucis d'argent, dit Olympe ; il jouait à la Bourse... Il devait, je crois, vingt-cinq ou trente mille francs à son agent de change.

— Voyez-vous cela! s'écria Gaston de Rieussec; ils sont prodigieux, ces valets, ma parole d'honneur! Et dire qu'il se trouve des agents de change pour accepter leurs commissions!

— Carboneux est mort! répéta M. Dandelot.

— Mon mari était très-attaché à ce serviteur, reprit Olympe; il a été frappé de cet accident.

— *Accident* déplorable, en effet, dit M. Young en appuyant sur le mot.

Le regard d'Olympe alla croiser celui du jeune Américain, mais sans s'y arrêter; elle était à mille lieues d'un soupçon.

— Oui, Carboneux me servait très-bien, murmura le vieillard.

Empressée de détourner la conversation, Olympe dit à son mari :

— Mon cher ami... monsieur est M. Young, qui se trouvait en Amérique en même temps que vous.

— J'ai connu des Young dans la Caroline, dit M. Dandelot, dont le regard s'anima.

— C'étaient mes beaux-frères et mes cousins.

— Braves gens... d'une grande intelligence commerciale... Oh! les Young!... très-estimés sur la place... Je vous fais mon compliment d'appartenir à cette famille... Soyez le bienvenu chez nous.

— Je vous remercie de tout mon cœur, monsieur, dit Young.

— Comptez-vous rester quelque temps à Paris?

— Cinq ou six semaines au plus.

— Il faut venir nous voir souvent... très-souvent, continua Dandelot; j'aime la société, le bruit autour de moi... On s'amuse beaucoup ici; demandez plutôt à Gaston.

— Oui; mon cousin est très-folâtre, répondit celui-ci.

— Nous avons des concerts, des soirées dansantes... Je n'y assiste pas..., mais j'entends le piano de ma chambre... On joue aussi... Je ne joue pas... Autrefois j'aimais le whist... Mais cela me donnait des maux de tête... J'ai cessé, sur la prière de ma femme, de mon Olympe,... de ma chère...

— Bon ! le voilà reparti ! pensa Gaston.

Mais le vieillard fut interrompu par un accès de toux. Cet effort de paroles l'avait fatigué.

— Je vous l'avais bien dit, mon ami, vous parlez trop... fit Olympe en se précipitant sur lui.....

— Ce... ce n'est rien... bégaya Dandelot à travers sa toux.

— Mais taisez-vous donc, Fructueux !

— Cela va..... cela va passer..... continua-t-il, la poitrine sifflante et déchirée.

— Pauvre ami ! Il faut prendre quelque chose.

— Oui..... oui..... cette liqueur que tu me donnes ordinairement..... ce vieux rhum.

— Du rhum ! dit Young stupéfait.

— M. Dandelot ne sait ce qu'il dit, fit vivement Olympe.

— Si fait..... si fait..... du rhum..... tu m'en donnes toujours quand mes quintes me reprennent.

Les deux jeunes gens échangèrent un regard plein de surprise.

— Diable ! pensa Gaston ; ma cousine a une médication toute particulière.

Olympe allait et venait effarée par la chambre.

Le vieillard toussait toujours; et, s'obstinant, il disait:

— Là... dans ce meuble... c'est là que tu mets le rhum... le rhum...

— Vous n'êtes pas raisonnable, mon ami, voyons...

Rieussec et Young comprirent que le moment était venu de se retirer. Ils adressèrent un signe de discrétion à Olympe, qui vint à eux et qui leur dit en leur serrant les mains :

— Vous m'excuserez, messieurs... Vous le voyez, il m'est impossible de vous reconduire... Il faut que je reste auprès de lui... Le pauvre ami!... Comme il divague!... N'allez pas croire un mot de ce qu'il dit, au moins... A bientôt, Gaston... Au revoir, monsieur Young.

Ils sortirent, poursuivis jusque dans l'escalier par la toux du vieillard.

*
* *

— Un triste spectacle! dit Gaston de Rieussec lorsqu'ils eurent dépassé le seuil de l'hôtel.

— Triste... et surtout étrange! dit Young.

— Et moi qui croyais vous faire commencer agréablement la journée! Il y a des veines... C'est comme moi hier, au jeu...

— Vous avez joué hier?

— Hélas! dit Gaston.

— Pourtant nous avons quitté le cercle ensemble.

— A minuit... mais à une heure j'y retournais.

— Et à deux heures? dit Young en souriant.

— A deux heures, je m'endettais d'une somme assez rondelette.

— Combien?

— Dix mille francs.

— Oh! peu de chose.

— Vous en parlez bien à votre aise, nabab! ce peu de chose m'embarrasse passablement.

— Les voulez-vous?

— Comme cela? Tout simplement? dit Gaston.

— Puisque je les ai sur moi.

— Bah!

— En Amérique, nous ne sortons jamais sans avoir dix mille francs sur nous, dit Young.

— Décidément, vous êtes un peuple admirable.

Ils avaient rejoint la voiture.

— A présent, dit Gaston, en route pour le Palais-de-Justice.

— Non, dit M. Young.

— Comment, non?

— J'ai réfléchi.

— Nous n'allons plus chez le procureur impérial? dit Gaston.

— Non.

— Et votre déposition?

— J'y ai renoncé, dit M. Young.

— Depuis quand?

— Depuis une heure.

— Ce n'est pas possible?

— C'est pourtant vrai; j'abdique le rôle de dénonciateur.

Gaston de Rieussec se récria.

— Ce n'est pas le rôle d'un dénonciateur, c'est celui d'un vengeur de la société.

— Je sais ce que valent et ce que coûtent les vengeances, répondit Young; je ne veux venger personne. Quant à la société, elle se tirera d'affaire sans moi, comme elle a fait jusqu'à ce jour.

— Vous ne pensez pas ce que vous dites.

— Absolument. Je suis un étranger; les drames de votre pays ne me regardent pas, dit Young.

— Les devoirs sont de tous les pays, répliqua Gaston, et il y a là un devoir à remplir... et que vous remplirez.

— Non, vous dis-je.

— Sérieusement?

— Le plus sérieusement du monde, répondit Young.

— Eh bien, dit Rieussec, ce que vous ne voulez pas faire, je le ferai, moi.

— Qu'est-ce que vous ferez?

— J'irai chez le procureur impérial et je déposerai à votre place.

— Vous! s'écria Young.

— Moi-même.

— Vous direz ce que j'ai vu... tout ce que j'ai vu?

— Parfaitement.

— Vous ne ferez pas cela, monsieur de Rieussec, vous ne pouvez pas le faire.

— Et pourquoi pas?

— Parce que cette démarche entraînerait des malheurs pour... pour votre famille.....

Gaston de Rieussec le regarda en face.

— Avez-vous toute votre raison, monsieur Young?

— Je le crois.

— En quoi ma famille... qui se réduit à un bien petit nombre de personnes... se trouverait-elle mêlée à cette affaire?

— Je vais vous l'apprendre... Suivez-moi bien, monsieur de Rieussec. Je vous ai dit qu'un homicide avait été accompli sous mes yeux dans un jardin contigu à l'hôtel de Messine.

— Oui.

— Eh bien! ne sortons-nous pas d'un jardin contigu à l'hôtel de Messine?

— Ah!

— Je vous ai dit qu'un domestique avait été tué au tir.

— Oui.

— Eh bien! ne venez-vous pas d'apprendre la mort d'un domestique?

— C'est vrai..... Carboneux! dit Gaston; mais Carboneux s'est tué.

— Non, on l'a tué, répliqua Young.

— Vous croyez?

— J'en ai la certitude.

— Alors, raison de plus pour aider la justice à rechercher les auteurs de cet attentat.

— Ce n'en est pas la peine, dit Young; je connais un des criminels à présent.

— Vous?

— Et vous aussi. Ne l'avez-vous pas compris à mon trouble de tout à l'heure en présence de Mme Dandelot?

Gaston recula.

— Comment!... et que voulez-vous dire?

— La vérité.

— Vous oseriez prétendre.....

— Je n'ose ni ne prétends, dit Young; j'affirme.

— Folie! Folie! s'écria Gaston de Rieussec en haussant les épaules.

— J'affirme que la femme à qui vous venez de me présenter est celle qui a tué le domestique Carboneux.

— Ma cousine!

— Elle-même.

— Tenez, mon cher monsieur Young, je sens que je perdrais la tête à vous écouter. Laissez-moi m'en aller seul. Des assassinats, des coups de pistolet, Carboneux, ma cousine, du rhum..... tout cela se confond dans ma cervelle. Adieu.

— Adieu, monsieur de Rieussec.

— Nous nous retrouverons ce soir au cercle?

— Comme vous voudrez, dit Young... Un mot encore cependant... Persistez-vous toujours dans votre visite au procureur impérial?

Rieussec tressaillit et resta muet pendant quelques secondes.

— Ah çà! c'est donc vrai? dit-il enfin.

— Ai-je l'air d'un homme d'honneur? fit Young.

— Assurément... mais si homme d'honneur que l'on soit, on peut se tromper.

— Je ne me trompe pas.

— Diable!.... Convenez cependant qu'il est difficile d'admettre, au premier abord, qu'une femme jeune, jolie, spirituelle, bien élevée, et n'ayant donné jusqu'à ce jour aucun signe d'aliénation mentale, s'amuse à tuer des domestiques. Cela heurte le bon sens. Encore si l'on pouvait supposer que ce Carboneux eût été l'amant de ma cousine.... Mon Dieu! j'admets tout, et la lecture de la *Gazette des Tribunaux* a considérablement élargi mon point de vue. Mais j'ai connu ce Carboneux : il était impossible !

— Je ne me charge pas de rien expliquer, je constate.... comme un simple témoin que j'ai été, dit Young.

— J'entends bien, mais mettez-vous à ma place, dit Gaston ; qu'est-ce que vous voulez que je pense d'un fait aussi exorbitant? Voilà toutes mes idées bouleversées sur ma cousine!

— C'est un sujet à étudier. Notre Edgar Poë y aurait victorieusement exercé ses facultés d'induction et d'investigation.

— Oui..... oui ..... l'*Assassinat de la rue Morgue*.....

Gaston était redevenu sérieux.

Quelques heures plus tard, en montant l'escalier du cercle des Betteraves, il marmottait :

— Tiens! tiens! tiens!..... L'Américain a raison : c'est un sujet à étudier.

CHAPITRE XI.

UNE CONSPIRATION A L'INSTITUTION OURRY.

Paul Marville était rentré, épouvanté, à la pension Ourry.

Il ne dormit pas de toute la nuit; les visions les plus farouches ne cessèrent de hanter son chevet.

Le lendemain, il évita pendant une partie de la journée ses camarades les *Sept Infants de Lara*.

Il voulait être seul.

Un d'eux, Edmond de Corancé-Rigal, vint lui dire :

— Tu sais, c'est pour demain.

— Quoi, demain?

— Notre conspiration... L'aurais-tu déjà oubliée, mauvais conjuré?

— Je l'avoue.

— L'inspecteur de l'Université a fait prévenir de son

arrivée. Les « petits » sont admirablement préparés. Je les ai fait répéter généralement tout à l'heure.

— Et Tertullien ne se doute de rien? demanda Paul.

— De rien absolument.

— Ce sera drôle.

Ainsi c'était encore contre Tertullien qu'était dirigée la conspiration que l'on va voir éclater.

Pauvre Tertullien!

Cet infortuné pion faisait tous les matins une classe de grammaire pour les petits, — les infiniment petits.

Là, au milieu de ces enfants, il prenait sa revanche des tortures que lui faisaient subir les *Sept Infants de Lara*. Il torturait à son tour. Il distribuait des taloches à tort et à travers : une oreille tirée par ici, un coup de règle donné par là. Et puis les punitions, les retenues, le piquet pendant les récréations!

Il était despote à plaisir; il avait le verbe haut, et il voulait que tout tremblât devant lui.

Cela le soulageait.

Maintes fois les « petits » avaient été se plaindre aux *Sept Infants de Lara*. Cela était devenu un usage. Les Infants écoutaient gravement la plainte, puis ils en délibéraient en conseil.

Déjà, Tertullien avait été énergiquement admonesté par eux; mais il tenait à peine compte de leurs remontrances. Une fois retourné à sa classe, il se vengeait sur les *rapporteurs*.

A la fin, il y eut un moment où la clameur des petits devint si haute que les Infants de Lara durent s'en émouvoir sérieusement.

Ils firent comparaître Tertullien devant leur tribunal.

— Tertullien, lui dit Edmond de Corancé-Rigal, tu es en train tout simplement de devenir odieux.

— Moi!

— Encore quelques pas dans cette voie, et tu dépasseras Busiris.

— Laissez-moi donc tranquille!

— Prends une attitude plus respectueuse devant tes juges et plus conforme à ta situation.

— Que me voulez-vous?

— Tertullien, tu t'es encore rendu coupable d'un nouveau délit. Tu as frappé le petit Mercier... tu lui as *collé un pain*.

— Qu'est-ce que c'est que ça?

— Fais donc l'ignorant, Savoyard!..... Tu lui as donné une giffle, dit Edmond.

— C'est faux!

— Il m'a montré sa joue.

— J'ai vu le *gnon*, ajouta péremptoirement Léon Douat.

Tertullien essaya de changer de système de défense.

— Il avait commencé, dit-il.

— Quelle était sa faute?

— Il avait barbouillé de noir de fumée la coiffe de mon chapeau.

— Ce n'est pas une raison.

— Qu'est-ce qui est donc une raison, alors? s'écria Tertullien.

— Tu répliques, sycophante!

— Je ne réplique pas, je réponds.

— N'espère pas nous en imposer avec tes sophismes. Tertullien, voilà trop longtemps que ces faits de brutalité inouïe se reproduisent dans ta classe. Tu as mérité un châtiment.

— Quel châtiment?

— Nous n'en savons rien, mais il sera exemplaire. Tremble!

— Tremble, Tertullien! répétèrent-ils en chœur.

A l'issue de cette séance, les *Sept Infants de Lara* discutèrent sur l'espèce de châtiment qui lui serait infligé.

Après avoir rejeté diverses propositions, ils s'arrêtèrent à une machination des plus baroques due au génie compliqué et pervers d'Antonio d'Almeida.

La visite d'un inspecteur de l'Université était annoncée comme prochaine.

M. Ourry en avait informé publiquement les professeurs et les élèves, et avait engagé tout le monde à redoubler de zèle en vue de ce grand jour.

C'était cet événement que les *Sept Infants de Lara* avaient décidé de mettre à profit.

Par leurs soins, des petits papiers furent secrètement distribués dans la classe de grammaire; ils renfermaient des instructions dont les élèves devaient se pénétrer, et certaines choses qu'ils devaient apprendre par cœur.

Pendant deux ou trois jours, on les vit se former en groupes dans tous les coins du jardin et se réciter les uns aux autres, à voix basse, ces leçons mystérieuses.

Tertullien était vaguement inquiet.

Les élèves se taisaient lorsqu'il s'approchait d'eux et recommençaient dès qu'il avait passé.

Enfin, le jour solennel arriva.

L'inspecteur de l'Université était, comme la plupart

des officiers d'académie, un demi-vieillard, aux jolis cheveux blancs, au sourire étudié, à la parole mesurée.

Il se laissa complaisamment promener de classe en classe par M. Ourry, s'arrêtant dans chacune pour interroger les élèves, et adressant pour l'ordinaire quelques paroles de compliment aux professeurs.

M. Ourry, fier, redressé, le toupet encore plus étagé que de coutume, était beau à voir marchant à côté de l'inspecteur. L'auteur dramatique, le vaudevilliste avait complétement disparu. C'était une tenue à rappeler la noble époque de M. de Fontanes.

On entra dans la classe de Tertullien.

Un silence religieux y régnait. Les « petits » étaient immobiles, droits, attentifs.

— Hein?... sembla dire le regard lancé à l'inspecteur par M. Ourry.

— Très-bien... sembla répondre le sourire de l'inspecteur.

— C'est ici une classe de grammaire pour les commençants, dit M. Ourry ; il n'y a que quelques semaines qu'elle est placée sous la direction de M. Just Guyot... qui, dans un si court espace de temps, a su obtenir des résultats appréciables.

Quelque chose comme un sentiment d'orgueil gonfla la poitrine de Tertullien.

— Vous plaît-il d'interroger quelques-uns de ces enfants, monsieur l'inspecteur? reprit M. Ourry.

— Certainement..... avec plaisir.

— Approchez, Mercier, dit Tertullien d'une voix rendue sonore par la confiance.

Mercier était celui des élèves qui avait le plus de griefs contre Tertullien.

— Il a l'air intelligent, dit l'inspecteur..... Mon petit ami, répondez avec clarté à mes questions... Nous allons commencer par le commencement..... Qu'est-ce que c'est que la grammaire ?

Mercier leva les yeux et se mit à chanter hardiment sur l'air de *Calpigi :*

Ce que c'est, je vais vous le dire :
C'est l'art de parler et d'écrire ;
Non comme parlent tant d'acteurs,
De pédagogues, de rhéteurs.....
Non comme écrivent maints poëtes,
Maints froids rédacteurs de gazettes ;
Mais c'est l'art, c'est le beau talent
D'écrire et parler purement (*bis*).

La surprise avait comme pétrifié les auditeurs.

Tertullien était resté bouche béante.

L'inspecteur regardait M. Ourry.

Celui-ci balbutia :

— Qu'est-ce que cela signifie ?..... Qui est-ce qui a imaginé cela ?

— Monsieur, ce n'est pas moi, dit vivement Tertullien, je vous l'assure.....

— Mais c'est fort joli, dit l'inspecteur, c'est fort joli !..... et la définition est exacte..... Mon petit ami, vous débitez fort gentiment votre compliment..... A un autre.

Le petit Mercier regagna sa place d'un air conquérant.

Si Tertullien avait pu, il l'aurait avalé d'une bouchée.

— A un autre ! répéta l'inspecteur.

Tertullien cherchait des yeux un autre élève en qui il pût mettre sa confiance.

— Cerizet, venez ici ! dit-il.

Cerizet était rond comme une pomme d'api, avec toutes les apparences de la timidité.

Il attendit en rougissant la question de l'inspecteur.

— Voyons..... définissez-moi l'*article*... oui, l'*article*.

Cerizet baissa modestement les yeux, et comme Mercier, mais sur un timbre différent, il chanta ce couplet :

> Brûlant d'une vive tendresse,
> Colin près de Lise, un beau jour,
> Invoquait *la* délicatesse,
> *La* discrétion et *l'*amour.
> « Tout beau ! répondit la bergère,
> Tous ces *la*, tous ces *le*, je crois,
> Sont des *articles* de grammaire.....
> Mais non des articles de foi *(bis)*.

Pour le coup, M. Ourry n'y tint plus.

Rouge de colère, il alla à Tertullien et lui dit à demi-voix :

— M'expliquerez-vous cette mystification ?

— Mon Dieu ! monsieur, je n'en sais pas plus que vous, répondit le pion ahuri.

— Eh mais ! dit l'inspecteur, c'est toute une méthode nouvelle, à ce que je vois..... Pas mal, pas mal..... C'est un procédé de mnémotechnie comme un autre.... la poésie et le chant aidant la mémoire..... le travail à l'état de distraction.

— Je vous prie de croire que je n'y suis pour rien, dit M. Ourry plein de confusion.

— Pourquoi vous en défendriez-vous? On connaît et on apprécie, même dans l'Université, vos talents de vaudevilliste..... Vous avez trouvé le moyen d'appliquer vos aptitudes à l'enseignement..... C'est fort ingénieux.

M. Ourry suffoquait.

— Appelez un troisième élève, dit l'inspecteur.

Tertullien promenait des yeux hagards sur sa classe.

— Boital! dit-il.

Lorsque Boital passa près de lui, Tertullien lui bourdonna dans l'oreille :

— Gare à toi, si tu ne réponds pas comme il faut!

— Soyez tranquille, m'sieu, dit l'enfant.

— Ah! ah! voilà un grand garçon, reprit l'inspecteur avec sa bonhomie de commande; je suis sûr qu'il va nous dire sans hésiter ce que c'est que le *nom*.

— Oui, m'sieu.

Et Boital chanta à son tour sur l'air de *Monsieur Guillaume :*

Chez nous le *nom* est un mot qui désigne
Toute personne et tout objet;
Notre langue veut qu'on assigne
Un *nom* à tout ce qu'on connaît.
Pourtant il est bien plus d'une personne
Et plus d'une chose, dit-on,
Qu'il faut se garder, ma mignonne,
D'appeler par leur *nom (bis)*.

— De mieux en mieux, dit l'inspecteur, sans parattre s'apercevoir de la consternation croissante du chef d'institution.

— Misérable Boital! gormmela Tertullien.

— Puisque vous répondez si bien, mon ami, vous allez continuer..... Vous devez savoir la différence qui existe entre les *noms communs* et les *noms propres?*

— Oui, m'sieu.

— Eh bien! citez-nous quelques exemples de noms propres.

Boital parut se recueillir; puis, entonnant l'air cérémonieusement cadencé du *Menuet d'Exaudet,* il commença ainsi :

Annibal,
Dans un bal,
Vit *Brantôme,*
Qui, chandelle en main, prouvait
A *Scarron* qu'il avait
Pillé *saint Chrisostôme.*
Alaric,
A *Dantzic,*
Vit *Pégase,*
Qui jouait avec *Brébeuf*
Au volant dans un œuf,
Au pied du mont *Caucase.*
Sûr du fait,
Don Japhet
Court chez *Pline;*
Puis, ils s'en vont, de *Goa,*
Boire à *Guipuscoa*
Chopine!

Le rire succéda au sourire chez l'inspecteur de l'Université.

— Bravo ! c'est fort original ! s'écria-t-il; vous aviez raison de parler de résultats appréciables, M. Naudin..... pardon, monsieur Ourry.

Cette phrase calculée, qui faisait malicieusement allusion au pseudonyme de l'auteur dramatique, alla frapper au cœur le chef d'institution.

— Il y a là-dessous une conspiration dont je saurai punir l'auteur ! murmura-t-il en lançant des regards furibonds à Tertullien.

— C'est sans doute une surprise..... mélangée de flatterie adroite..... que M. Just Guyot a voulu vous préparer, dit l'inspecteur.

— Mais non ! mais non ! dit Tertullien; Boital, retournez à votre place ! ajouta-t-il d'un ton terrible.

— Non ; qu'il reste ! fit l'inspecteur.

— Quoi ! dit M. Ourry, vous voulez encore...

— Je veux encore l'interroger... Il m'amuse... Boital, puisque c'est ainsi qu'on vous nomme, nous allons passer aux *temps des verbes*...

— Les *temps des verbes*... voilà !

Et, sans broncher, sur l'air de *Chansons, chansons !* l'enfant reprit :

Je vais du *passé*, que je quitte,
Au *parfait*, au *futur*, ensuite
Aux *temps présents*.
Vous le voyez : quoi que l'on fasse,
Il faut qu'en ce monde tout passe
De *temps* en *temps ! (bis)*.

— Une pointe de philosophie !... c'est parfait... Parlez-nous de l'adverbe maintenant.

L'air : *Pour la baronne,* servit à Boital pour caractériser l'adverbe :

Je suis l'adverbe !
On m'emploie *indifféremment ;*
Tour à tour timide ou superbe ;
Timidement, superbement,
Je suis l'adverbe ! *(bis).*

— Il est l'adverbe ! répéta l'inspecteur entraîné ; il est l'adverbe !

— O mon Dieu ! dit Ourry.

— Attendez, je vais l'embarrasser, fit l'inspecteur.....

— M'sieu ?

— L'adverbe se décline-t-il ?

Boital hésita un instant ; puis il reprit sur l'air de : *J'en guette un petit de mon âge :*

Il est toujours indéclinable
En quelque endroit qu'il soit posté ;
Et lorsque ce mot remarquable
Détermine la quantité,
C'est par lui que je peux, ma chère,
Quitte à succomber sous le coup,
Savoir si vous ne m'aimez *guère,*
Ou bien si vous m'aimez *beaucoup (bis).*

— Le petit gaillard n'est pas facile à surprendre ! dit l'inspecteur de l'Université.

L'examen s'acheva de la sorte tout en chansons.

Le jeune Micheau fredonna à ravir : *Ohé ! les petits pronoms !* et Lucien Beljaloux conjugua la moitié d'un verbe sur l'air du *Saltarello.*

Après ce dernier morceau, l'inspecteur de l'Université se tint pour satisfait, et déclara qu'il avait les éléments nécessaires pour rédiger son rapport.

Cette phrase fit circuler un frisson par tout le corps de M. Ourry.

Il suivit, tête basse, l'inspecteur, dont l'attitude en se retirant atteignit aux dernières limites du gracieux dans le solennel.

Dès que la porte de la classe se fut refermée sur eux, l'élève Boital demanda à Tertullien :

— M'sieu, aurons-nous congé le reste de la journée, comme cela se fait lors des visites?

*
* *

Ce n'est pas assez d'avoir suivi cette conspiration dans sa naissance, dans sa formation et dans son explosion..... lyrique, — il nous reste encore à en raconter le dénouement.

Une demi-heure ne s'était pas écoulée que Tertullien recevait l'ordre de se rendre dans le cabinet de M. Ourry.

Il trouvait le chef d'institution dans un état indicible d'exaspération. L'harmonie de son toupet en avait été considérablement dérangée. Tel devait être Viennet après la chute d'*Arbogaste* ou Ancelot après le désastre de *Maria Padilla*.

— Eh bien! monsieur! — s'écria M. Ourry dès qu'il aperçut la tête piteuse de Tertullien s'encadrant dans la porte lentement ouverte, — vous devez être content, j'espère!

— Monsieur, je suis désolé au contraire, vous n'en

doutez pas..... désolé et stupéfait, dit Tertullien; on n'est pas plus stupéfait que moi.....

— Suis-je assez ridiculisé, assez bafoué, assez vilipendé, assez traîné sur la claie? Y a-t-il en ce moment à Paris, et même dans le monde entier, un homme plus perdu de réputation que je le suis? Soyez content de votre ouvrage, monsieur; jouissez de votre diabolique machination! Vous avez tué en moi le chef d'institution, l'homme honoré et respecté de tous; il n'y a plus à la place qu'une queue-rouge, un être à qui le premier venu de ses élèves attachera demain un cerf-volant dans le dos. Allons, monsieur Just Guyot, frottez-vous les mains, je vous y invite; vous venez de détruire en un jour, que dis-je? en un instant, quarante années de dignité scolaire!

Tertullien essuya cette première bordée avec l'air humble qui lui était habituel.

Seconde bordée :

— Grâce à vous, monsieur, me voilà devenu la fable de l'Université. Vous l'avez entendu : l'inspecteur va faire son rapport. Et quel rapport! Les cheveux m'en dressent sur le crâne. On rira de moi au ministère de l'instruction publique. Les journaux, ces nids à serpents, s'empareront de ce thème et le développeront avec leur mauvaise foi accoutumée. Quel démon a pu vous souffler une action aussi noire? Quand cet infernal dessein a-t-il germé dans votre cerveau? Dans quel pitoyable bouquin avez-vous ramassé ces méchants couplets? Turpitude! turpitude! turpitude!

— Ecoutez-moi, monsieur, je vous en prie, essaya de dire Tertullien.

Mais M. Ourry ne lui en laissa pas le temps; il marchait à grands pas dans la chambre; il s'arrêta devant lui, les bras croisés, et il lui envoya cette troisième bordée :

— Qu'est-ce que je vous avais fait, malheureux? Pourquoi cette vengeance? Si vous vouliez me frapper, pourquoi me frapper justement dans mon endroit le plus sensible? Etes-vous un confrère déguisé? Etes-vous un acteur à qui j'ai refusé un rôle? Mais alors que n'êtes-vous venu tout simplement me trouver, au lieu d'ourdir une trame aussi atroce? Vous m'auriez fait *chanter*, j'aurais préféré cela. Je vous aurais acheté votre idée..... ou nous en aurions fait ensemble un vaudeville. Il fallait me dire tout de suite que vous connaissiez la *Clef du Caveau;* j'aurais su à quoi m'en tenir, et je me serais défié de vous. Turpitude! turpitude!

Le chef d'institution s'arrêta pour respirer.

Ayant repris haleine il ajouta :

— A propos, monsieur, j'ai l'honneur de vous signifier qu'à dater de ce moment vous ne faites plus partie de mon personnel enseignant.

Personnel enseignant est magnifique!

Tertullien, qui regardait ses pieds avec résignation, regarda M. Ourry à ces mots, et se contenta de lui dire :

— Ah!..... vous me renvoyez?

— Je ne vous renvoie pas, je vous chasse..... Je vous chasse, entendez-vous?

Tertullien haussa tranquillement les épaules.

— Vous partirez ce soir, reprit M. Ourry; l'économe vous réglera votre compte.

Tertullien ne répondit pas et se disposa à sortir.

Surpris de cette placidité, l'instituteur lui dit :

— Eh bien ! où allez-vous?

— Vous le voyez, je pars.

— Vous partez... .vous partez..... Mais auparavant, vous voudrez bien m'expliquer....

— Non, dit Tertullien.

— Comment, non ! s'écria Ourry.

— Du moment que je n'appartiens plus à votre établissement, je ne vous dois aucune explication.

— Pourtant, j'ai bien le droit de vous demander.....

— Avant l'expulsion, oui ; après l'expulsion, non. Je suis chassé, je pars. Adieu, monsieur.

— Apprenez-moi, du moins.....

— Rien du tout. Un homme qu'on chasse est un secret qui s'en va.

On aurait cru entendre parler un personnage des drames romantiques.

— Oh ! dit Ourry.

— Je vais boucler ma malle, continua dignement Tertullien; rendez-moi cette justice que je sais souffrir et partir..... *sans murmurer*, comme dit votre confrère M. Scribe..... *sans murmurer*.

Cette citation ranima la colère du chef de pension, qui crut y voir une nouvelle intention railleuse, et qui, hors de lui, cria à Tertullien :

— Sortez! sortez sur-le-champ!

*
* *

En quittant le cabinet de M. Ourry, Tertullien se vit

obligé de passer par la partie de la cour réservée aux *Sept Infants de Lara.*

Le groupe était là, causant, riant, ou plutôt ricanant.

Un d'eux, Samuel Mary, apercevant Tertullien, s'en vint jusque sous son nez chantonner : *Je suis l'adverbe !*

Un autre, Léon Douat, lui demanda de lui définir le *régime.*

Tertullien savait maintenant d'où le coup était parti.

Cependant, il continua sa marche sans répondre.

— Tu es bien fier aujourd'hui, Tertullien, lui dit Antonio d'Alméida.

Le professeur leva la tête.

— Monsieur, je ne m'appelle plus Tertullien ; je m'appelle Just Guyot.

— Depuis quand?

— Depuis tout à l'heure.

— Tu sais bien que nous t'avons débaptisé.

— Monsieur, je vous prie de ne pas me tutoyer.

Les Sept Infants s'étaient rapprochés de Tertullien.

— Qu'est-ce qu'il y a? demanda Balguerie.

— Quelque chose de formidablement grotesque, messieurs, dit Antonio : Tertullien ne veut plus qu'on le tutoie.

— Bah! s'écrièrent-ils.

— Est-ce qu'il lui serait tombé du ciel quelque héritage? demanda Edmond de Corancé-Rigal.

— C'est tout le contraire, hélas! murmura Tertullien.

— Explique-toi.

— Cessez, monsieur Léon Douat, dit-il avec douceur.

— Ah çà! faquin,... s'écria Antonio en lui posant la main sur le bras.

Tertullien fronça les sourcils.

— Otez votre main, monsieur d'Alméida, dit-il.

— Tu te moques!

— Monsieur d'Alméida, je vous engage à ôter votre main; je vous parle tranquillement, vous voyez.

— Et si je ne veux pas?

— Je l'ôterai, alors, dit Tertullien devenu un peu plus pâle.

Il y avait sous sa tristesse un air de froide résolution qui n'échappa point aux Sept Infants de Lara.

Ils s'entre-regardèrent.

— Qu'est-ce que cela veut dire? demandèrent-ils.

— Cela veut dire que je ne suis plus un pion, répondit Tertullien; cela veut dire que je suis redevenu un homme, voilà tout.

— Que nous chantes-tu là?

— Je n'ai pas de goût à la chanson, je vous assure.

— Qui t'a donné le droit de nous parler ainsi? s'écria le mulâtre Corminez.

— Mon indépendance.

— Elle est bonne, celle-là! Toi, indépendant!

— M. Ourry vient de me renvoyer à l'instant même, dit Tertullien.

— Il serait possible!

— Renvoyé! et pourquoi?... demanda Samuel Mary.

— Vous le savez aussi bien que moi, messieurs..... pour une faute dont je suis innocent, pour une espièglerie dont vous êtes les auteurs..... Oh! n'essayez pas de nier, ou je n'ajoute pas un mot de plus!

Les Sept Infants se turent. Ils n'avaient pas cru que leur plaisanterie pût avoir ce résultat.

Tertullien reprit :

— C'est à cause de vous que je suis renvoyé. Je ne vous en fais pas un reproche ; je ne serai pas ridicule comme M. Ourry. Vous m'ôtez le pain de la bouche ; ce sont là de vos jeux. N'importe ! Vous me rendez à la misère, mais vous me rendez à la dignité. Messieurs, à partir de maintenant, je ne suis plus votre souffre-douleur ; c'est fini. Il m'est impossible de supporter vos impertinences, ce serait trop bête de ma part..... C'était bon du temps que je mangeais.

En parlant et en pensant ainsi, lui, d'habitude laid et vulgaire, reconquérait une physionomie intelligente.

Les Sept Infants l'avaient écouté avec un étonnement qui fit insensiblement place à un sentiment de pitié.

Paul Marville, qui jusqu'alors n'avait pas pris la parole, lui dit :

— Mais qu'allez-*vous* devenir ?

— Oh ! les greniers ne manquent pas pour les pauvres gens..... C'est un mauvais moment à passer..... D'ici à quelques semaines il y aura bien une cuillerée de bouillon pour moi dans une autre pension..... ici ou ailleurs !.... D'autant plus que depuis une année il y a une mortalité sur les pions. Adieu, messieurs.

Il s'éloigna.

Derrière lui il y eut un silence.

— Pauvre garçon ! dit, le premier, Théophile Balguerie.

— Je ne me serais pas douté qu'il eût autant de cœur, murmura Léon Douat.

— Nous le regretterons, ajouta Edmond de Corancé-Rigal.

Paul Marville était resté pensif.

Il alla à Samuel Mary et il lui dit :

— As-tu toujours la clef de la malle de Tertullien ?

— Oui.

— C'est bien.

Ensuite Paul Marville alla parler bas aux autres Infants de Lara.

Au bout de quelques minutes, il revint vers Samuel Mary, un porte-monnaie à la main :

— Va mettre ceci dans la malle de Tertullien, lui dit-il, entre la bouteille de cognac et le roman breton.

Il y avait cent écus dans le porte-monnaie.

CHAPITRE XII.

LA FATALITÉ CONDUIT M. YOUNG PAR LA MAIN.

Le lendemain de ces scènes, un garçon de salle vint prévenir Paul Marville que quelqu'un le faisait demander au parloir.

— Qui est-ce que c'est?

— Un monsieur que je ne connais pas, répondit le garçon.

— Son nom?

— Il ne l'a pas dit.

Paul se rendit au parloir, où il se trouva en face d'un étranger.

C'était notre Américain, c'était M. Young.

Il y a des gens qui sont plus que les autres destinés aux surprises et aux coups de théâtre. M. Young était de ceux-là.

A peine eut-il aperçu Paul qu'il recula comme en proie à une hallucination.

— Oh! c'est impossible! se dit-il.

Paul le regardait avec surprise.

— C'est vous, monsieur, qui désirez me parler?

— Je désire parler à M. Paul Marville, répondit Young.

— Eh bien! monsieur, que me voulez-vous?

Young passa la main sur son front comme on fait pour chasser une vision.

Il voulait douter encore.

C'eût été le soir, qu'il se fût refusé au témoignage de ses yeux. Mais on était au matin, et le parloir était inondé de lumière.

— Vous êtes M. Paul Marville? répéta-t-il.

— Parfaitement.

— Alors, c'est bien vous qui vous trouviez avant-hier chez M. Dandelot?

Ce fut au tour de Paul de pâlir et de se troubler.

Il hésita avant de répondre, mais il comprit bien vite qu'il serait dangereux de nier.

— Oui, monsieur, dit-il, avant-hier, en effet, j'ai été faire une visite à M. Dandelot, mon correspondant... Mais, à votre tour, pourquoi m'adressez-vous cette question, et qui êtes-vous vous-même?

M. Young resta quelque temps indécis sur la conduite qu'il avait à tenir.

Tout d'abord il avait eu l'envie de remettre son chapeau et de s'en aller en silence, — sans donner d'explication, sans en demander, sans vouloir en recevoir.

Cela eût été très-américain, et cela eût été très-naturel aussi.

Depuis deux jours M. Young assistait à des événements tellement monstrueux, il se trouvait face à face avec des êtres si coupables, que le dégoût avait bien quelque motif à lui monter au cœur.

Lui, dont jusqu'à présent la vie avait été si tranquille; lui, dont l'enfance et la jeunesse s'étaient écoulées dans le calme le plus complet; lui, l'habitant des grands lacs et des forêts profondes, il se voyait jeté tout à coup par le hasard au milieu des plus criminelles complications.

En moins d'un an, quels changements dans sa destinée!

Après le duel de Régnault-Marville, l'aventure de l'hôtel Dandelot. Il n'avait traversé les mers que pour changer de drame. Témoin là-bas, témoin ici, toujours témoin.

Il y avait de quoi lasser cette douce et honnête nature.

Aussi fût-il tenté de partir sans retourner la tête.

Mais à ce moment-là les figures de Mme Marville et de Caroline lui apparurent; elles semblaient le supplier de ne pas abandonner leur fils.

Young se résigna.

Après tout, sa mission était simple et une. Le reste ne le regardait pas; le reste s'éclaircirait plus tard si telle devait être la volonté divine. Il renonça donc pour l'instant à s'interposer dans l'événement de l'avant-veille. Mais il ne pouvait faire en sorte que son attitude et son accent ne se ressentissent de l'horreur secrète que lui inspirait ce jeune homme.

Toutes ces réflexions, toutes ces pensées s'étaient succédé chez M. Young avec une rapidité dont le phénomène se représente assez fréquemment pour n'avoir pas besoin d'être expliqué.

De son côté, Paul Marville était resté interdit en se voyant interroger sur sa présence à l'hôtel Dandelot. Un monde de suppositions, dont la moindre était loin d'être rassurante, s'était ouvert à son esprit.

Toutefois il reprit le premier la parole, comme impatient de son propre embarras.

— Enfin, monsieur, que me voulez-vous ?

— C'est juste, je ne vous l'ai pas encore dit, fit M. Young..... Je viens de la part de votre père et de votre mère.

Il lui avait jeté ces paroles brusquement.

Mais Paul n'y prit pas garde ; sa physionomie s'éclaira.

— De la part de mon père ! s'écria-t-il ; oh ! monsieur, que vous me faites de bien !... Depuis quelque temps je ne vis pas, voyez-vous..... Excusez-moi si je ne vous ai pas reçu avec plus d'empressement... J'en suis honteux..... Quand on ne sait pas..... Ah ! monsieur, quelle joie pour moi !

Young se taisait.

— Y a-t-il longtemps que vous les avez quittés ? Comment les avez-vous laissés ?... Comprenez-vous mon père qui ne trouve pas un mot à m'écrire en quatre mois !..... Je ne lui en veux plus..... il avait ses raisons sans doute..... Et ma mère ? et ma sœur ?

Young se taisait.

Il écoutait parler ce jeune homme avec toute l'abondance de son âge ; il l'écoutait et il le regardait, et il s'étonnait de ne reconnaître en lui aucun de ces signes qui dénotent les mauvais instincts.

Au contraire, il le trouvait beau, comme il l'était réellement; il lui trouvait le regard franc et la voix sympathique.

Cependant Paul le pressait.

— Ah! répondez-moi, monsieur, je vous en prie..... donnez-moi des nouvelles de mon père.

— Votre père! murmura Young.

— Vous devez être un de ses amis, car qui le voit l'aime; il est si bon!

Young répondit avec effort :

— J'étais, en effet, l'ami de votre père.

— *J'étais*... murmura Paul avec surprise; *j'étais*..... Pourquoi ne l'êtes-vous plus?..... Au nom du ciel, parlez!

— Préparez votre courage, dit M. Young.

Paul le regarda fixement.

— Je n'ose vous comprendre, dit-il; cela serait trop affreux..... Mon père?

L'Américain laissa échapper ces mots plutôt qu'il ne les prononça :

— Vous n'avez plus de père.

Paul demeura immobile, non pas seulement pendant quelques secondes, mais pendant des minutes entières. La vie semblait s'être retirée de lui; il regardait, mais il ne voyait pas; la bouche remuait, sans s'ouvrir; au bout des bras, tombés sans force le long du corps, les doigts des mains étaient horiblement écartés.

Lorsqu'il put parler, il dit, la gorge sèche :

— J'ai mal entendu.

Puis faisant un effort considérable pour ressaisir l'usage de ses membres, il frappa du pied avec violence, et cria :

— Non!.

Tout aussitôt la parole lui revint, elle afflua.

— Monsieur... monsieur... dit-il à Young ; je ne sais ce que je viens d'éprouver... à l'instant... quelque chose comme un coup de sang..... Je ne vous ai pas bien entendu...... J'ai cru entendre..... Mais c'est impossible... Un étourdissement... Qu'est-ce que vous me disiez?

— Qu'est-ce que vous me demandiez?

Le regard égaré de Paul alla frapper celui de M. Young, et rencontra un œil humide et sombre.

— Ah! fit Paul.

L'immobilité revint; mais presque aussitôt un flot de larmes lui succéda, pleurs et sanglots déchaînés, impétueux, qui pendant près d'un quart d'heure secouèrent ce jeune corps à le rompre.

Young se taisait.

Il ne s'était pas attendu à une douleur aussi véhémente. Il en était touché malgré lui.

Il s'était promis d'être sévère, et il sentait fondre une partie de sa sévérité en présence de ce déchirement d'une âme.

Lorsque Paul Marville put articuler un mot, voici ce qu'il dit :

— Mon pauvre père!

Et il recommença à pleurer.

— Mon pauvre père! mon pauvre père!

Ce fut tout pendant quelque temps.

Ensuite, selon le cours naturel des choses, il accabla M. Young de questions précipitées :

— Comment est-il mort? Quand est-il mort? De quoi

est-il mort? D'un accident ou d'une maladie?..... Vous hésitez encore à me répondre.

— Ce n'est ni d'un accident ni d'une maladie que votre père est mort, dit M. Young.

— Je ne comprends pas.....

— Il est mort dans un duel, frappé d'une balle.

— Une balle..... un duel..... murmura Paul; mon père a accepté un duel?

— Il y a été contraint.

— Par qui?..... Et pourquoi?

Young ne répondit pas.

— Vous ne pouvez me laisser ignorer les détails de la mort de mon père, reprit Paul Marville; j'ai le droit de tout savoir.

— Vous saurez tout plus tard, lorsque votre douleur sera calmée.

— Et..... vous me direz le nom de son meurtrier, n'est-ce pas?

— Non.

— Non? répéta Paul avec surprise.

— Cela serait inutile, dit Young; votre père ne veut pas être vengé. C'est du moins le désir qu'il a exprimé quelques instants avant de mourir.

— Allons donc! s'écria Paul, on a tué mon père, et vous croyez que j'accepterai tranquillement cela! Qu'il ait pardonné, c'est bien... Mais moi! moi!

— Vous ne pouvez plus, vous ne devez plus exposer votre vie... elle appartient tout entière à votre mère et à votre sœur, dont vous êtes désormais le seul soutien.

— C'est vrai... murmura Paul.

— Vous devez vivre et travailler pour elles à partir d'aujourd'hui.

Ce mot « travailler » frappa Paul.

— Que voulez-vous dire par là? demanda-t-il à Young.

— La mort de votre père les laisse toutes deux sans fortune.

— O ciel!..... Il n'était donc pas riche, comme il me l'écrivait?

— Il le serait devenu.

— Pourquoi ses lettres entretenaient-elles en moi cette illusion?

— C'est qu'il les écrivait les yeux fixés sur l'avenir et la plume guidée par l'espérance.

— Cependant, la ferme Isabelle..... cette ferme qu'il me dépeignait avec tant de complaisance?.....

— Elle est vendue ou sur le point de l'être; c'est avec le produit de cette vente que Mme et Mlle Marville vont s'en revenir en France.

— Et... une fois en France? demanda Paul avec anxiété.

— Elles ne doivent plus compter que sur vous.

— Sur moi!

Young l'observait.

— N'êtes-vous pas jeune et vaillant? lui dit-il.

— Certes! répondit Paul; et tout le courage, toute l'énergie, toute l'activité qu'on peut avoir, je les aurai. Mais que puis-je et que sais-je faire? J'ai toujours été habitué à me reposer sur mon père. Lui-même était le premier à encourager cette tendance. Il me montrait dans ses lettres ma carrière toute tracée : il devait me faire venir auprès de lui dans quelques mois; j'aurais été son compagnon de travaux; à nous deux nous aurions fait valoir la ferme Isabelle. Cela s'arrangeait tout naturellement. Je n'ai jamais pensé à autre chose. Qui est-ce qui pouvait prévoir une semblable catastrophe?

— Vous choisirez une profession, dit Young.

— On ne m'en a appris aucune. Je n'ai fait que des études classiques, juste ce qu'il faut pour un homme du monde ou pour un lettré. On dit que c'est la clef de tout..... Voyez pourtant mon embarras à l'heure de l'adversité !

— Au moins, vous sentez-vous une vocation..... un instinct quelconque?

— Une vocation, non, répondit Paul ; et cela se conçoit : la certitude de mon avenir les a toutes empêchées. J'ai dû imposer silence à beaucoup de mes goûts. Pauvre, je me serais interrogé et j'aurais visé un but. Il n'y a pas de ma faute vraiment.

— J'en conviens, dit Young.

— Aucune science ne m'est absolument étrangère. J'ai une teinture de tous les arts, mais trop légère pour que j'ose me permettre d'en pratiquer aucun.

— Puisqu'il en est ainsi, il vous faudra travailler chez les autres et pour les autres. Cela vous semblera pénible peut-être.

— Je suis résolu à tout, répondit Paul, dès qu'il s'agit de ma mère et de ma sœur, les deux affections et les deux devoirs qui me restent au monde.

— Vous n'avez pas de temps à perdre dans une étude ou dans un amphithéâtre. Il est trop tard maintenant. Ce que vous avez de mieux à faire, c'est de chercher une place dans le commerce ou dans l'industrie.

— Vous avez raison, dit Paul avec un ton résigné;

une place..... c'est cela..... je tâcherai d'être un bon commis, un employé exact. Mais où trouver cette place? Je n'ai pas de relations, je n'en ai jamais eu. Puis-je espérer que vous, monsieur, vous consentirez à m'aider dans cette recherche?

— Moi! dit l'Américain déconcerté par cette demande à bout portant.

— Ne vous êtes-vous pas présenté comme un ami de ma famille? Pourquoi ne reporteriez-vous pas sur le fils un peu de l'intérêt que vous aviez voué au père?

— Pourquoi?... fit Young.

Il s'arrêta, et son regard rencontra celui de Paul, mais ce fut le regard de Paul qui se baissa le premier.

— Vous oubliez que je ne suis qu'un étranger, dit Young; arrivé à Paris depuis quelques jours seulement, je n'y connais que fort peu de monde.

M. Young mentait.

Il connaissait le comte Gaston de Rieussec et les principaux membres du Cercle des Betteraves.

Il connaissait d'autres personnes encore.

M. Young mentait pour la première fois de sa vie.

Il mentait à ce point que, en se dirigeant vers la pension Ourry, il rêvait aux moyens de faire entrer Paul Marville chez son propre banquier, M. Hambleteuse, de la maison « Hambleteuse l'aîné, veuve Fritot et compagnie », où la plupart de ses capitaux était engagée.

Qu'on ne s'étonne pas de cette raison sociale : il suffit de parcourir l'*Almanach Bottin* pour se convaincre qu'il y en a de plus baroques.

Pour tout autre que M. Young, il eût été difficile de faire accepter en qualité de commis, dans cette importante et ancienne maison, le fils d'un banqueroutier.

Mais outre que la maison Hambleteuse l'aîné, veuve Fritot et compagnie, n'avait rien à refuser au riche Américain, M. Hambleteuse était lui-même un homme d'un jugement supérieur et d'un cœur excellent. On pouvait espérer qu'il accueillerait Paul Marville sans le rendre responsable de la faute de son père.

D'ailleurs, il y a des précédents analogues dans le monde financier.

Malheureusement la situation était bien changée depuis une heure, c'est-à-dire depuis que M. Young avait reconnu en Paul Marville un des acteurs du crime de l'hôtel Dandelot.

Il lui était décemment impossible de songer à placer un jeune assassin, si intéressant qu'il fût, dans la maison Hambleteuse l'aîné, veuve Fritot et compagnie.....

La sécheresse de sa réponse n'avait pas échappé à Paul, qui murmura avec tristesse :

— Excusez-moi, monsieur, si je me suis trompé sur le sentiment de bienveillance qui semblait accompagner vos conseils.

Young fit un mouvement.

Il éluda le coup.

— Vous trouverez, dit-il à Paul, une bienveillance beaucoup plus efficace que la mienne dans votre correspondant, M. Dandelot, dont les rapports sont fort étendus.

— Ah ! fit Paul.

C'était la deuxième fois que ce nom revenait sur les lèvres de M. Young ; et pour la deuxième fois Paul en ressentit une impression désagréable.

Il ne put résister à l'envie d'interroger à son tour l'Américain.

— Vous connaissez M. Dandelot? lui demanda-t-il.

— Je l'ai vu hier pour la première fois.

— Hier?... pensa Paul, précipité dans un abîme de conjectures.

Il ajouta tout haut ;

— Puisque vous avez vu mon correspondant, vous avez pu constater que l'état de sa santé ne lui permet guère de faire des démarches.

— Mais sa femme..... dit M. Young.

— Sa femme?...

— Mme Dandelot a la réputation d'une femme de tête..... elle peut vous être utile.

— Vous croyez? dit Paul dont la parole trahit une involontaire amertume; utile..... elle.....

Ces derniers mots furent pensés plutôt que prononcés.

Young jugea qu'il était temps de terminer cet entretien.

— Monsieur Paul Marville, dit-il, vous pouvez quitter dès à présent cette pension.

— Comment?

— Depuis quelque temps déjà, votre mère a prévenu et fait payer M. Ourry.

— Eh quoi! je serais libre! s'écria Paul.

— Avec la liberté va commencer pour vous la lutte, dit M. Young; puisse le ciel vous protéger!

— Merci, monsieur.

— Il ne me reste plus qu'à vous remettre cette lettre de votre mère; elle contient, en outre de ses instructions, une traite destinée à subvenir à vos premiers besoins.

— Une lettre de ma mère! dit Paul; que ne me la donniez-vous plus tôt!

— Je ne devais vous la remettre qu'au moment de prendre congé de vous, répondit Young.

— Quand vous reverrai-je, monsieur?

— Quand vous voudrez; j'apprendrai avec plaisir le résultat de vos efforts, et je ferai des vœux pour leur réussite. Voici mon adresse.

Young tendit une carte à Paul, qui tressaillit après y avoir jeté les yeux.

— C'est là que vous demeurez? dit Paul.

— Oui... rue Siffert, 3, hôtel de Messine.

— A côté de M. Dandelot?

— Précisément. Vous n'aurez qu'un pas à faire pour aller de chez moi chez lui ou de chez lui chez moi.

— A bientôt, monsieur.

Paul semblait attendre que Young lui offrît la main. Celui-ci feignit de ne pas s'en apercevoir.

— Monsieur Paul Marville, lui dit-il, j'ai l'honneur de vous saluer.

Puis il se retira.

CHAPITRE XIII.

LA LETTRE D'UNE MÈRE.

Paul Marville était impatient de se trouver seul pour réfléchir à tout ce qu'il venait d'apprendre, — et aussi pour pleurer à son aise.

Il monta rapidement au dortoir.

Là, son premier soin fut de décacheter la lettre de sa mère.

Il y avait plusieurs pages d'une écriture tantôt ferme, tantôt tremblée, suivant les sentiments qu'elle exprimait; — le plus souvent tremblée.

Paul baisa pieusement ces caractères, et commença une lecture souvent interrompue par ses sanglots.

« De la ferme Isabelle.

« Mon cher enfant, notre Paul bien-aimé,

« Lorsque tu auras cette lettre entre les mains, cette

lettre où va s'épancher toute mon âme, notre ami M. Young t'aura tout appris; tu sauras l'irréparable malheur qui nous a frappés tous les trois.

« Je ne chercherai pas à commander à tes larmes; pleure, ô mon fils! pleure comme nous avons pleuré, ta sœur et moi, et comme nous pleurons encore tous les jours. Les larmes soulagent par leur excès même. Tu ne saurais trop pleurer un aussi bon père, comme je ne saurais trop pleurer un aussi bon époux.

« Ton père! tu ne sauras jamais à quel point il nous chérissait. Ce n'était pas une âme, c'était l'âme elle-même. Tu ne m'accuseras pas de chercher mes mots, mon cher Paul; j'écris au courant de mon pauvre cœur ouvert et condamné à saigner toujours. Ton père! Mais c'était la bonté, l'indulgence, la simplicité angélique, la patience inaltérable, l'énergie souriante. Il n'avait qu'une occupation et une préoccupation continuelles : notre bonheur, et encore notre bonheur.

« Que de fois cependant, lorsqu'il croyait que tout le monde était endormi dans la maison, je me suis relevée, pieds nus, retenant mon haleine, pour aller coller mes yeux contre la vitre de son cabinet de travail, où il prétextait toujours avoir quelques papiers à ranger! Ce n'était plus le même homme alors : la face rougie, les yeux dilatés, la respiration sifflante, écrasant une plume sur le papier, il recommençait dix fois le même calcul et l'interrompait pour soupirer et plonger sa tête entre ses mains. Il me faisait presque peur, et je m'enfuyais.....

« Le lendemain, il n'y paraissait plus; je le voyais venir à moi, m'embrassant et me disant : Tout va bien! Si j'essayais de l'interroger, il me fermait la bouche et me répondait : — Tu n'as rien à savoir, cela ne te regarde pas; ce n'est pas votre lot, à vous autres femmes et filles, de partager nos angoisses; sois heureuse et voilà tout; essuie mon front lorsque tu le verras brûlant, réchauffe mes mains lorsque tu les verras glacées, mais ne me demande aucune explication; je ne pourrais pas t'en donner. Qu'il vous suffise de savoir que tous mes instants vous sont consacrés, et qu'il n'y a pas une seule de mes pensées, une seule de mes actions qui ne se rapporte à mon Isabelle, à ma Caroline et à mon Paul!

« Ton père! Il m'a donné dix-huit années de bonheur sans aucun de ces nuages qui obscurcissent les unions les mieux assorties. Aucune de ses heures de délassement n'a été détournée de son foyer. Il a été le mari modèle, assidu, constant. Tu n'as à pleurer qu'un père en lui; je pleure toutes les diversités d'affection qu'il représentait pour moi!

« Ecoute, mon enfant, mon Paul, je peux te le dire aujourd'hui, ta sœur me le permet; je crois qu'il avait une secrète préférence pour toi. C'était bien compréhensible et bien excusable : tu étais l'aîné, tu étais loin, tu devais perpétuer son nom. Lorsque tu étais tout petit, il t'avait reconnu une vivacité d'heureux augure, un bon naturel, une sensibilité vraie et spontanée. Il me répétait à chaque instant : — Paul fera son chemin, il est doué; je lis cela dans son regard déjà assuré et droit; ce sera un homme; je n'aurai pas de peine à le diriger; il me comprendra sur-le-champ. Et alors qui peut savoir jusqu'où il parviendra?

« Pauvre père! que sa mémoire te soit éternellement présente! Qu'elle te guide dans toutes les actions décisives de ton existence; demande-toi, avant de prendre une détermination, ce qu'il aurait fait à ta place dans tel ou tel cas, — et n'agis qu'après t'être répondu.

« Ton père était un homme religieux. L'idée divine l'avait soutenu dans les dures épreuves qu'il avait eu à traverser. Sois comme lui, mon fils, sois comme nous. Ne cherche pas à devenir un esprit fort; lorsque ta souffrance deviendra trop aiguë, entre tout simplement dans la première église que tu trouveras sur ton chemin. Ton père faisait ainsi, et il en sortait plus calme. Quoi de plus naturel, en effet, que de demander aide et protection au maître inconnu?

« As-tu toujours la petite médaille que je t'ai suspendue au cou, il y a quatre ans, lors de notre cruelle séparation? Oui, n'est-ce pas, mon enfant? — Pourvu qu'on ne t'ait pas appris à railler ces choses si douces et si bienfaisantes!

« Tu vas vivre seul pendant quelque temps, Paul; tu vas passer du bruit de la pension au silence d'une chambre nue. — Oh! sois tranquille, nous ne tarderons pas à aller te rejoindre, Caroline et moi! — Mais auparavant, laisse-moi te faire des recommandations de deux sortes, les unes toutes morales, les autres toutes pratiques. Excuse mon bavardage, je n'en ai jamais écrit aussi long, et je ne recommencerai pas d'ici longtemps, sans doute.

« La première de mes recommandations, la plus grave, celle sur laquelle je ne saurais trop insister, c'est la réserve que tu devras apporter dans le choix de tes amis.

Apprends de bonne heure à observer les physionomies et les caractères. Qui dit observation, dit méfiance. Je te vois sourire et croire à une jalousie maternelle. Non, non, Paul, ce n'est pas de la jalousie, c'est une immense inquiétude. Si tu savais combien les premières amitiés décident souvent de toute une vie! Garde jusqu'à la dernière extrémité les trésors naissants de ton esprit et de ton cœur; ne les livre pas à quelqu'un qui ne serait pas digne de les apprécier. Sois prudent. Songe que tu ne peux, que tu ne dois te lier qu'avec des gens bien élevés. Mais cette dernière recommandation est de trop; pardonne-la moi, mon cher enfant.

« Sans mépriser les petits, — qui sont aujourd'hui tes égaux, hélas! — fais en sorte de ne fréquenter que les gens placés au-dessus de toi. Tu as tout à gagner avec ceux-ci; avec les autres tu ne peux que t'attarder et te dépenser sans profit d'aucune sorte.

« Evite aussi les inutiles, les oisifs, qui t'absorberaient, t'enlaceraient, t'associeraient à des intérêts frivoles et te créeraient des obligations puériles. Ne recherche, — autant que possible, bien entendu, — que la compagnie des gens de qui tu as quelque chose à apprendre. L'homme doit toujours tendre à s'élever, à remonter vers le ciel par la pensée fortifiée et agrandie.

« Que tes distractions, que tes plaisirs soient d'un ordre noble et sain. Je voudrais t'inspirer l'horreur des cafés. Tu vas peut-être te moquer de ta mère, mais je ne suis jamais passée devant un de ces établissements sans me demander avec stupeur quel bonheur on pouvait avoir à s'y enfermer, pêle-mêle, avec un certain nombre d'inconnus. Il paraît cependant qu'il y a là un attrait, une habitude, un danger. On y joue, on y boit. Tu ne peux ni ne dois jouer; c'est un moyen lâche de s'enrichir puisqu'il ruine les autres. Boire! c'est, dit-on, la dernière ressource des désespérés. Tu n'en es pas là, mon Paul, au contraire, tu es dans l'âge de l'espérance, et tu n'as pas besoin d'autre excitant que notre amour et ton ambition.

« Oh! sois ambitieux, mon fils! sois-le dans le sens magnifique du mot. Du fond de ton obscurité présente aspire aux sommets les plus lumineux. Ton père avait deviné en toi une haute intelligence; justifie le jugement de ton père; sois notre honneur et notre gloire, comme tu es déjà notre consolation.

« Voici maintenant, mon cher Paul, mes recommandations relatives aux côtés pratiques de ta vie.

« M. Young a dû te le dire..... Et, à propos de M. Young, je ne saurais trop t'inviter, mon fils, à avoir la plus grande considération pour ce parfait gentleman. Il a assisté ton père à ses derniers moments, il a recueilli ses dernières paroles. Cela ne peut pas, cela ne doit pas s'oublier. De plus, il a été pour ta sœur et pour moi un ami sûr, un conseiller dévoué, solide, actif. Sans lui, nous aurions certainement perdu la tête au milieu des embarras que la mort de ton père nous avait créés. M. Young a droit à une part de ta reconnaissance, comme il a droit à la nôtre tout entière. Quoique ses dehors puissent te paraître un peu froids, un peu moroses, attends avant de le juger. C'est un cœur d'or, je te l'assure, et je m'y connais.

« Donc, M. Young te l'a dit : il va falloir que tu gagnes ta vie; non-seulement ta vie, mais encore la nôtre. Tu ne t'y attendais pas, mon pauvre enfant. — Oh! rassure-toi; nous saurons vivre de si peu! Lorsque nous serons réunis, tu ne t'apercevras pas plus de notre présence que si nous étions deux oiseaux; nous glisserons autour de toi sans te déranger; nous serons le silence et le dévouement.

« Mais d'ici là, tu souffriras sans doute, et tu souffriras seul. Gagner sa vie! Débattre son existence! arracher son pain! se maintenir à la surface de la société! ne rien trahir de ses inquiétudes et de ses besoins! Quelle perspective! Nous en frémissons rien que d'y penser, ta sœur et moi, et nous nous serrons les mains en fermant les yeux. Mais toi, mon fils adoré, notre Paul, aie plus de force que nous : sois un homme, sois l'homme par excellence. Envisage tes nouveaux devoirs avec calme, avec confiance. Ne t'exagère pas les nombreuses difficultés qui t'attendent. Après tout, tu ne seras pas le premier qui triomphe d'une situation pareille. Un fils qui soutient sa mère et sa sœur par son travail, cela se voit heureusement tous les jours, — et c'est le plus beau spectacle qui puisse se voir!

« Je ne t'envoie pas, je ne peux pas t'envoyer beaucoup d'argent. Le peu que représente cette traite, ménage-le bien, fais-le durer, comme on dit. Qui sait si je pourrai t'en adresser d'autre avant notre arrivée? C'est pourquoi je me crois autorisée à te donner quelques conseils ou plutôt quelques indications sur l'emploi de cette faible somme.

« Ton logement n'est pas une grande affaire : tu n'as besoin, quant à présent, que d'une chambre et d'un cabinet de toilette. Tu peux trouver cela partout pour trois ou quatre cents francs par an.

« Choisis une maison de propre apparence. Tu auras quelquefois à donner ton adresse; il ne faut pas qu'on se heurte à un logis sordide, ni qu'on soit exposé à trébucher dans un escalier obscur. Si tu m'en crois, tu n'iras pas habiter au quartier Latin, où tu n'as que faire d'ailleurs, et qui a une réputation effrayante pour les mères. Tu préféreras un quartier central, comme qui dirait du côté du marché Saint-Honoré; il y a là des rues paisibles, telles que la rue de la Sourdière et la rue Gaillon, d'anciens hôtels à larges portes cochères, où l'on peut trouver des « chambres de garçon. »

« Ne demeure pas dans un entresol; il faut que tu puisses voir le ciel lorsque tu te mets à la fenêtre. Voir le ciel, c'est l'important. Recevoir la visite du soleil pendant quelques heures, cela est indispensable. N'ajoute pas à ta tristesse la tristesse de ton intérieur.

« Ta chambre, comment la meubleras-tu? Nous voulons la voir d'ici. Suis nos avis à ce sujet. D'abord, un petit lit en fer, bien bas, afin d'être levé de suite, dès qu'il le faudra. Un crucifix au chevet du lit. Une table de travail et quatre chaises. Aux fenêtres, des rideaux blancs et fins. Nos portraits autour de la glace.

« Elle sera bien modeste ainsi, ta petite chambre, bien humble. Mais ta sœur prétend que tu dois connaître des artistes, des peintres, des sculpteurs; elle veut que tu demandes à celui-ci une esquisse, un dessus de porte; à celui-là un buste qui trouvera sa place entre les deux croisées. Elle t'engage à avoir toujours deux touffes de fleurs sur ta cheminée; les fleurs, cela est si charmant, et cela est si peu cher! Voilà tout de suite ta chambre égayée.

« Si, poussée plus que de raison par cette curiosité qui est le démon des mères, j'entrebâille la porte de ton cabinet de toilette, je veux y voir rangés sur une étagère algérienne tous les jolis et indispensables objets de la parfumerie, les limes d'acier luisant, les brosses douces, les flacons, les savons d'où se dégage une odeur délicate et pénétrante. Si j'ouvre les tiroirs de ta commode, je veux être charmée par l'éclat et l'ordre de ton linge, par la blancheur des cravates et des mouchoirs, séparés par des sachets ou par de longs brins de lavande. Si je pousse ton placard, je veux pouvoir considérer avec satisfaction tes vêtements soigneusement suspendus.

« A propos de vêtements, tu devras te faire habiller par un bon tailleur. Un joli garçon comme toi, Paul, doit être irréprochable. Evite l'excentricité comme la peste, les cheveux trop longs, les coupes d'habit trop fantaisistes. Sois de ton temps, quoique ton goût artistique puisse en gémir. Le noir t'est ordonné; Caroline et moi, nous avons fait vœu de ne le quitter jamais. C'est la couleur de tous les âges et de toutes les époques, la couleur éternelle, — la livrée de la tombe. Nous la porterons toujours, toutes les deux. Le noir a sa distinction, d'ailleurs, tu le prouveras sans effort.

« Porte toujours des gants. Le gant est une aristocratie. La nudité de la main n'est tolérable que dans l'intimité. Le gant préserve des pressions indiscrètes et banales, c'est le signe auquel l'on reconnaît et auquel se reconnaissent entre eux les gens comme il faut.

« Ce n'est pas sans raison que j'appuie sur ce côté

extérieur de l'existence. Un jeune homme élégant (sans affectation, cela va sans dire) trouvera vingt fois plus d'occasions de faire son chemin, à valeur égale, qu'un pauvre diable en redingote râpée. Cela est élémentaire. Ne t'avise donc pas de négliger cette chance, mon cher enfant, et, puisque en France on juge volontiers les personnes sur la mine, sois toujours en état d'affronter ce jugement. Sois un passant correct, prêt à tout événement, à toute rencontre, continuellement aposté sur la route du hasard, au cas où le hasard se montrerait disposé en ta faveur. Que de gens il a pris par la main qui ne te valaient pas, et qui n'avaient d'autre mérite que de se trouver sur son passage !

« Je reviens à ta vie intime. Pour une dizaine de francs par mois, tu trouveras facilement une femme (une vieille) qui viendra faire ton ménage chaque matin et t'apprêter ton déjeuner. Tu n'es pas sans doute difficile sur la nourriture ; la moindre des choses te suffira au commencement de la journée.

« Quant à ton dîner, tu le prendras dehors, et pour cela tu feras quelques sacrifices. Ne sois pas rencontré dans un restaurant vulgaire. Dîne plutôt tout simplement d'un potage et d'une côtelette, à côté d'une carafe d'eau (ce qui est très-pratiqué par certains Américains à grande fortune), mais dîne au café Anglais ou au café de Foy. Garde ta race dans tes moindres habitudes. Ne te montre pas là où tu ne pourrais pas tenir ton rang, mais va partout où le public décent et sérieux a ses entrées de droit.

« Si j'étais à ta place, je voudrais tenir un journal de ma vie ; j'en écrirais quelques lignes chaque soir avant de m'endormir. Cela me ferait m'observer davantage pendant la journée, car j'aurais à cœur d'écrire toute la vérité en rentrant chez moi.

« Je m'arrête... j'irais jusqu'à demain si je m'écoutais. Que veux-tu ! j'ai tant d'inquiétude de te savoir abandonné à toi-même, mon cher fils ! Il me semble que je ne t'ai pas dit la moitié de ce que j'avais à te dire, et que j'ai oublié le plus nécessaire ; je m'en apercevrai lorsque ma lettre sera partie. C'est toujours comme cela.

« Vois-tu un peu plus souvent M. Dandelot ? Il nous est parvenu d'assez fâcheuses nouvelles de sa santé. Renseigne-nous à ce sujet. Nous t'avons donné là un singulier correspondant, il faut l'avouer ; mais ton père faisait cas de lui. Ne le néglige pas tout à fait ; il peut t'être utile.

« Au revoir, mon fils ; à bientôt, mon Paul ; à bientôt ! Je ne peux me décider à quitter la plume ; et cependant Caroline est là qui demande à ajouter quelques mots à son tour. Courage, Paul ! Courage et espoir ! Je te presse sur mon cœur, je t'embrasse mille fois. Paul, à bientôt ! à bientôt !

« Ta mère,

« Isabelle Régnault, née Marville. »

A cette longue lettre était joint un petit billet ainsi conçu :

« Mon cher frère,

« Notre sainte et tendre mère ne me laisse rien à dire. Elle a tout épuisé, tout prévu. Que pourrait dire après elle la petite fille qui n'a pas sans doute laissé beaucoup de traces dans ton souvenir? Elle a hâte de te voir, cette petite Caroline, et elle compte les jours qui la séparent de son grand frère, qu'elle aime de tout son cœur.

« Pense à nous souvent, toujours ! Ecris-nous le plus que tu pourras, en attendant que nous soyons réunis tous les trois pour lutter contre le sort. Et tu verras que je ne serai pas la moins brave!

« Ta sœur,

« Caroline RÉGNAULT. »

CHAPITRE XIV.

VIE NOUVELLE.

Ce n'est pas sans une certaine mélancolie que l'on quitte un endroit qu'on a longtemps habité. Ce fait, involontaire dans quelques natures, a été observé même chez des prisonniers au moment où ils abandonnaient leur prison. On se retourne, on veut revoir encore une fois la place où il semble qu'on laisse quelque chose de sa vie.

Ce fut ce qui arriva pour Paul Marville lorsqu'il se vit au moment de quitter la pension Ourry.

Il ne la regrettait certainement pas, mais enfin c'était là que son intelligence s'était développée; c'était là qu'il avait écouté son cœur. Les quatre années qu'il y avait passées, malgré ce qu'elles pouvaient avoir eu souvent de maussade, étaient de celles dont le souvenir ne s'efface jamais. Paul eut donc son heure d'attendrissement et de retour sur lui-même.

Ses adieux aux *Sept Infants de Lara* furent empreints d'une véritable émotion. Ce fut de part et d'autre un regret sincère. Ces jeunes gens, qui ne se croyaient liés que par l'habitude, découvrirent ce jour-là qu'ils s'aimaient plus qu'ils ne s'en étaient doutés.

On se promit de s'écrire et de se revoir le plus souvent possible.

— Ma première sortie sera pour toi, dit Edmond de Corancé-Rigal.

Un sentiment de réserve commandé par le deuil de Paul empêcha les *Sept Infants de Lara* de parler de leurs plans de plaisirs pour l'avenir.

Paul Marville éprouva une singulière sensation lorsqu'il vit et entendit se refermer sur lui la vénérable porte de l'institution Ourry.

C'était au crépuscule, un crépuscule de novembre, humide et froid. Les magasins n'étaient pas encore allumés.

Il resta quelques instants sur le seuil à écouter le bruit confus et joyeux des élèves en récréation.....

*
* *

Conformément aux instructions de sa mère, Paul explora scrupuleusement le quartier qu'elle lui indiquait pour y aller demeurer.

Elle lui conseillait quelque rue modeste dans un point central.

Après avoir longtemps cherché, longtemps hésité, Paul Marville finit par se décider pour la rue d'Argenteuil.

La rue d'Argenteuil est évidemment une des plus caractéristiques de Paris ; elle n'a pas changé d'aspect depuis deux siècles. Elle part du tronçon de la rue des Frondeurs, — ou, pour mieux dire, de la rue Saint-Honoré, monte à la butte des Moulins et descend dans la rue Saint-Roch, brisant trois fois sa ligne dans ce parcours. Les maisons y sont hautes, très-hautes, d'une physionomie anciennement bourgeoise ; quelques cuisines apparaissent, moitié en terre, moitié au rez-de-chaussée, avec des fenêtres en arches et garnies de solides barreaux.

La rue d'Argenteuil est une rue de province, presque une rue de campagne, car les poules s'y promènent entre les jambes des passants. En plein midi, des garçons boulangers, devant un bureau de placement, y jouent à la main chaude.

Les boutiques n'y sont pas des magasins, ce sont des boutiques. Quelques-unes ont conservé comme un fumet du Directoire. On lisait, il y a dix ans, — c'est-à-dire à l'époque de cette action, — sur une enseigne : *Euphrosine, blanchisseuse de fin.* Euphrosine ! le nom d'une des trois Grâces !

Les épiciers y ont encore, rangées sur les rayons supérieurs de leurs vitrines, ces armées de bouteilles en verre clair, remplies de liqueurs roses, bleues, jaunes, — ratafiat apocryphe, invraisemblable parfait-amour, soldes de la veuve Amphoux, — et qui, le soir, brillent étrangement, quoique faiblement.

Une ou deux marchandes de modes (ô présomption !) semblent y avoir été transportées de Morlaix ou de Vesoul : derrière la double couche de poussière qui défond les vitres, on distingue seulement une *marotte*, c'est-à-dire une tête de carton peinturlurée; à côté, une dentelle fanée traîne sur un comptoir bruni. Au fond de cet antre, on voit quelquefois marcher comme une vieille dame, une forme enveloppée d'une robe molle et noire; mais la vision ne dure pas. Le soir, jusqu'à huit heures et demie, — pas plus tard, — il y a une chandelle.

Il ne passe pas un seul omnibus dans la rue d'Argenteuil. Pour qui connaît son Paris, c'est là un fait significatif.

J'ajouterai, comme dernier trait, que cette rue avait été autrefois jugée par le *Journal du Notariat* suffisamment silencieuse pour lui permettre d'y établir ses bureaux de rédaction.

Tel était le quartier où Paul Marville avait élu domicile.

Il y avait trouvé une chambre selon les indications maternelles, au quatrième étage d'une grande maison large de porte et d'escalier.

Cette chambre donnait sur le passage Saint-Roch, une des curiosités inconnues de Paris, un boyau tortueux engagé sous la voûte d'un campanile impossible à soupçonner du dehors, un corridor d'échoppes longeant et rongeant un des flancs de l'église où repose le cardinal Dubois.

De la sorte, Paul Marville pouvait entendre le son des cloches, qu'il aimait beaucoup.

Vers la gauche, sa vue s'étendait sur la cour d'une école des Frères de la Doctrine chrétienne.

Les deux premiers jours, Paul les employa exclusivement à son installation.

Le troisième jour, il reçut un écrit ainsi conçu :

« L'an 186..., le 1er décembre, à la requête de M. le procureur impérial, j'ai, Pierre-Adolphe Bordes, huissier, demeurant, etc., etc., soussigné, donné citation à M. Paul Marville, à comparaître le 3 décembre, à dix heures de relevée, devant M. Tullier, juge d'instruction, en son cabinet sis au Palais-de-Justice;

« Lui déclarant que faute par lui de comparaître et se trouver aux jour, lieu et heure indiqués, il encourra les peines édictées par la loi et y sera au besoin contraint par corps, le tout en conformité des articles 80 et 81 du code d'instruction criminelle, etc., etc. »

*
* *

Il s'attendait bien à quelque chose de pareil.

Mais jusqu'alors il s'était étourdi; il avait compté sur le hasard, sur sa bonne étoile, sur une protection inconnue.

Cette lettre le replongeait dans la funeste réalité.

Il n'eut rien de plus pressé que de courir chez Mme Dandelot.

Il la trouva à son piano, souriante et comme embellie.

— A la bonne heure! dit-elle en lui tendant la main; je craignais d'attendre encore trois ou quatre mois votre nouvelle visite.

— Pouviez-vous le penser? répliqua Paul, surpris de tant de calme.

— Ah! vous avez ôté votre vilaine tunique..... vous avez bien fait..... vous êtes bien comme cela... Il y a pourtant encore quelque chose à redire..... des nuances..... Je veux faire de vous un jeune homme à la mode.

En parlant ainsi, Olympe continuait à laisser courir ses beaux doigts sur le piano.

— Qu'est-ce que vous m'apprendrez de nouveau? reprit-elle.

— Beaucoup de choses, répondit Paul, trop de choses.....

— Contez-moi cela.

— D'abord, je ne suis plus à la pension Ourry.

— Bah! depuis quand?

— Depuis que j'ai appris la mort de mon père.

— Ah!..... dit Olympe en cessant de jouer : M. Dandelot la savait..... mais votre mère lui avait écrit pour que vous n'en fussiez pas averti immédiatement..... Je vous plains de tout mon cœur.

Puis, se tournant entièrement de son côté :

— Je ne vous avais pas bien regardé... Vous êtes tout changé, en effet... Vos traits sont contractés... Cette pâleur.....

— Cette pâleur a encore une autre cause, dit Paul.

— Laquelle?

— Ne la devinez-vous pas?

— Non, ma foi, dit Olympe.

Paul lui tendit l'écrit qu'il venait de recevoir.

— Qu'est-ce que c'est que cela? demanda-t-elle sans le prendre.

— Une citation devant le juge d'instruction.

— Ah! dit-elle tranquillement; vous avez reçu de ces papiers-là? Mes domestiques aussi.

Paul demeura confondu.

— Vous ne comprenez donc pas mon inquiétude? lui dit-il.

— Non.

— Non? répéta-t-il en laissant échapper le papier de sa main.

— Pourquoi auriez-vous de l'inquiétude lorsque je n'en ai pas, moi? dit Olympe en revenant à son piano.

— Mais ce juge d'instruction va m'interroger, dit Paul.

— Sans doute. C'est son métier.

— Et vous trouvez qu'il n'y a pas là de quoi m'inspirer un certain effroi?

— Vous êtes étonnant, ma parole d'honneur! dit Olympe en souriant; ah çà! vous n'avez donc jamais vu de juge d'instruction?

— Jamais, Dieu merci! répondit-il vivement.

— Le fait est que vous êtes un peu jeune... Eh bien! Vous verrez un homme charmant et du meilleur ton, M. Tullier... c'est bien M. Tullier, n'est-ce pas?

— Oui, madame.

— M. Tullier s'est rencontré avec M. Dandelot et moi à Amélie-les-Bains, il y a de cela deux ans. J'ai rarement vu quelqu'un d'aussi enjoué que lui. Il jouait surtout à ravir les charades.

— Le juge d'instruction?

— Certainement. Vous croyez donc que les magistrats ne sont pas pareils aux autres hommes? Je ne m'explique pas votre air ahuri, mon cher Paul. D'où sortez-vous?

— Excusez-moi, madame, je vous prie, je supposais.....

— Est-ce que vous vous imaginez, par hasard, que cela amuse extrêmement M. Tullier d'interroger les gens sur un tas de choses qui ne lui importent en aucune façon? Il aura assurément beaucoup de hâte d'en finir avec vous, comme il en a eu avec moi..... Ah! cela n'a pas été long, je vous assure.

— Il vous a interrogée, madame? demanda Paul avidement.

— Oui... Avec cette différence qu'il est venu chez moi, dit Olympe.

— Chez vous?

— Est-ce que je pouvais convenablement, moi, une femme du monde, m'aventurer dans ces escaliers et dans ces étages du Palais-de-Justice, où l'on ne rencontre, à ce qu'il paraît, que des figures sinistres.... des criminels, les mains chargées de menottes et escortés de gendarmes..... Brrr!..... Il m'eût été impossible de supporter ce contact..... M. Tullier l'a parfaitement compris.

— Il vous a interrogée?

— Nous avons causéu ne demi-heure..... de choses et d'autres.... je ne sais pas trop de quoi, par exemple..... Il m'a rappelé nos bonnes soirées d'Amélie-les-Bains.

— Mais..... Carboneux? dit Paul, à qui ce nom brûlait les lèvres depuis quelques minutes.

Les sourcils d'Olympe, ces magnifiques sourcils d'ébène, se froncèrent involontairement.

— Vous êtes impatientant, mon cher Paul, dit-elle; quelle rage avez-vous de revenir sur cette malencontreuse histoire, dont j'ai la tête brisée depuis quelques jours... Vous êtes peu charitable, vraiment. . .

— C'est que M. Tullier, si charmant homme qu'il soit, ne manquera probablement pas de me questionner sur les derniers instants de Carboneux...., auxquels j'ai assisté.

— Eh bien?

— Qu'est-ce qu'il faudra que je lui réponde? demanda Paul?

— Ce que vous voudrez.

Paul regarda Olympe, en essayant de comprendre.

Elle lui dit :

— Ne vous faites donc pas plus collégien que vous ne l'êtes..... D'abord, on ne vous questionnera pas autant que vous le croyez, rassurez-vous..... Il s'agit d'une simple enquête judiciaire..... tout juste de quoi donner satisfaction à l'opinion publique. Pour tout le monde, pour mes gens, pour vous-même..... pour vous-même surtout..... cette mort est le résultat d'une imprudence. Il y a de la cruauté chez vous à me le faire répéter, mon cher Paul.

— Ah! dit le jeune homme.

— Eh oui! poursuivit Mme Dandelot; ce pauvre diable est venu se placer devant mon pistolet.

— Je ne l'ai pas vu!

— C'est justement ce que vous avez à dire..... On ne vous demande que de déclarer la vérité..... rien que la vérité..... Vous étiez dans une autre partie du jardin lors de l'explosion.

— Je suis accouru au bruit, dit Paul.

— Vous avez vu mon désespoir..... Vous avez entendu mes cris.....

— Madame.....

— Je ne savais où donner de la tête..... J'ai voulu me précipiter sur le corps de cet homme..... Vous m'en avez écartée..... Vous vous êtes agenouillé près de lui; vous avez essayé de le relever.

— C'est vrai! dit Paul.

— Il proférait des paroles incohérentes, que vous avez à peine entendues......

— Oh! si! si!..... murmura Paul.

— Que vous ne vous rappelez plus sans doute..... que vous ne pouvez plus vous rappeler.....

— Si! murmura-t-il encore.

— Quelques secondes après, le malheureux expirait entre vos bras.

— Oh! s'écria Paul en cachant sa tête entre ses mains.

— N'est-ce pas la vérité? demanda Olympe, qui l'observait sous sa tranquillité apparente.

— Oui, répondit Paul égaré; oui... il faut que ce soit la vérité!

— Allons donc! vous voyez bien que vos réponses seront faciles... et que votre déposition sera des plus simples... Vous n'en aurez pas pour vingt minutes.

— Croyez-vous?

— Je sais les façons de procéder de M. Tullier... A propos, je ne vous ai pas dit : j'ai fait une pension à des parents éloignés de ce Carboneux..... Cela a été une véritable manne pour eux... de l'argent trouvé!..... Ils me bénissent tous les jours.....

Paul Marville ne put se défendre d'un sentiment d'horreur.

Pendant ce temps-là, Mme Olympe Dandelot, née de

Saint-Rambour, égrenait des notes limpides sous ses doigts agiles.

— Comment trouvez-vous ce motif? lui demanda-t-elle, tra, la, la, la..... Cette valse fait fureur..... Moi, je trouve que les valses, cela est toujours la même chose..... tra, la, la, la, la.....

Paul Marville la contemplait.

Il n'en revenait pas.

Il était ébloui et épouvanté. Son éducation parisienne allait un train d'enfer.

Pour ses débuts, il laissait bien loin derrière lui Rastignac et Lucien de Rubempré, ces deux prototypes d'esprit, de grâce et d'ambition qui ont perdu tant de jeunes intelligences. Il nageait en plein dans les *Mémoires du Diable,* ce répertoire du crime.

Olympe souriait toujours.

— C'est fini maintenant, lui dit-elle; vous ne me parlerez plus jamais de cette sotte aventure, j'espère!

— Non, madame.

— Si vous saviez combien j'en suis fatiguée, vous me prendriez en pitié, mon cher Paul..... Causons d'autres choses..... de vous, par exemple.

— Comme vous voudrez, madame.

— Je suis aise de vous voir rendu à la liberté... Chez qui habitez-vous à présent?

— Chez moi.

— Oh! oh! voilà qui est grave, dit Olympe; et que faites-vous chez vous?

— Rien, pour le moment.

— Alors, vous devez vous ennuyer..... chez vous.

— Pas encore, je souffre tant!

— Et qu'est-ce que vous comptez faire? demanda-t-elle.

— Je n'en sais rien, répondit Paul.

— Il faut vous décider. Le monde veut qu'on fasse quelque chose..... ou du moins qu'on ait l'air de faire quelque chose.

— Je ne demande pas mieux.

— Qu'est-ce que vous savez faire? dit Olympe.

— Rien et tout.

— Alors, c'est tout.

— Ma mère me conseille de chercher une place, dit Paul.

— Votre mère doit avoir raison..... Mais qu'appelez-vous une place?

— Un endroit où je me rendrai tous les jours et où je donnerai à quelqu'un plusieurs heures de mon temps en échange d'un salaire.

— Ce n'est que cela?

— Pas autre chose, dit Paul; mais il paraît que cela est fort difficile à trouver à Paris.

— Avez-vous déjà cherché?

— Non.

— Je vous placerai, moi, dit Olympe.

— Vous, madame?

— Vous savez bien que je connais la moitié de Paris..... la bonne.

— C'est-à-dire la riche, ajouta Paul.

— Justement.

Mme Dandelot parut réfléchir.

— Revenez demain, lui dit-elle; j'aurai vu les personnes auxquelles je veux vous recommander.

— Les personnes? répéta Paul en tâchant de sourire; vous voulez donc me donner plusieurs maîtres?

— Ce n'est qu'une façon de parler; revenez demain.

— A cette heure-ci?

— Oui.

— En sortant de chez le juge d'instruction, alors.

Olympe eut un geste d'impatience.

— Encore! murmura-t-elle.

— Pardon, dit Paul en se levant pour prendre congé de sa correspondante.

— Vous pouvez écrire à votre mère que vous avez une place.

— Merci.

Il prit la main qu'elle lui présentait et y imprima ses lèvres plus longtemps qu'il ne fallait.

Elle le regarda.

Jamais Mme Dandelot n'avait semblé à Paul Marville plus belle et plus séduisante qu'aujourd'hui.

Il s'oubliait à la contempler.

— Partez! lui dit-elle sans s'offenser de cette naïve adoration; voici l'heure où mon devoir m'appelle auprès de M. Dandelot.

Ce nom rappela Paul Marville à lui-même.

L'image de ce vieillard hébété passa devant ses yeux, et il se hâta de prendre congé.

Olympe murmura lorsqu'il fut parti :

— Encore un qui m'aime... ou qui croit m'aimer. Aimer?.....

Elle devint rêveuse.

— Je ne sais pas aimer, moi, dit-elle; je ne peux pas aimer. Et cependant je dois avoir un cœur. Mais dans ceux qui me font la cour, je ne vois que l'intérêt ou la vanité.

A cet instant, un domestique entra tout effaré.

— Madame, madame, dit-il, venez vite !

— Qu'y a-t-il donc? demanda Olympe.

— M. Daudelot.....

— Eh bien?

— Il vient de s'évanouir..... il n'entend plus, il ne parle plus..... c'est à peine s'il respire.

— Ah! mon Dieu!

Il y avait tout un monde de pensées et de sentiments dans ce simple : *Ah! mon Dieu!* Pourquoi faut-il que la plume soit impuissante à rendre les sons?

Olympe suivit le domestique.

CHAPITRE XV.

LE JUGE D'INSTRUCTION.

Les choses se passèrent chez le juge d'instruction à peu près comme Mme Dandelot l'avait supposé. A peu près, mais pas tout à fait cependant.

Paul trouva dans M. Tullier l'homme de bonne compagnie qu'on lui avait annoncé, — mais il trouva aussi le magistrat.

Son interrogatoire fut donc moins superficiel que Mme Dandelot ne le lui avait fait prévoir et qu'elle ne l'avait cru elle-même.

Il parut même à Paul que M. Tullier apportait une curiosité particulière dans cette affaire.

Paul ne se trompait pas.

La société a remis une arme terrible entre les mains des juges d'instruction. Elle leur a confié des pouvoirs illimités. Il dépend d'eux, de leur tempérament,. de leur éducation, de leurs mœurs, qu'une enquête ait un caractère sérieux ou non. Dans l'ordre de la justice, ils sont aux juges ce que, dans l'ordre de la chimie, les préparateurs sont aux professeurs.

Charge lourde, mais sans responsabilité!

Il y a des juges d'instruction de plusieurs sortes. Il y a le juge d'instruction de vieille souche, ayant grisonné sous le harnais, consciencieux, besogneux, routinier, ayant une tradition comme les acteurs de la Comédie Française, et ne voyant rien au delà de cette tradition, prêtant toute la journée aux dépositions une oreille également indifférente, et ne se départant jamais d'une officielle sévérité.

Il y a ensuite le juge d'instruction de formation nouvelle, — tel que M. Tullier, — le juge d'instruction jeune, mondain, qui n'en prend qu'à son aise, apprécie d'un coup d'œil, choisit, raffine; qui écrème les affaires plutôt qu'il ne les approfondit.

Mieux eût valu pour Mme Dandelot être tombée entre les mains du premier juge d'instruction qu'entre les mains du second.

Le premier aurait pu la soupçonner coupable, mais devant l'absence de preuves il se serait arrêté.

Le second, au contraire, était convaincu de son innocence, mais par une bizarrerie d'esprit, il n'aurait pas été fâché de la trouver coupable, et il allait au-devant des preuves.

C'est que M. Tullier était jeune et ambitieux, et que l'idée de rendre un service à une femme comme Mme Dandelot devait inévitablement lui sourire.

Aussi, sous des apparences de légèreté qui avaient

trompé Olympe elle-même, ne s'épargnait-il pas pour « tirer cette affaire au clair, » comme on dit vulgairement.

Jusqu'à présent, il n'avait rien appris des domestiques, soit qu'ils ne sussent rien en effet, soit que leur intérêt leur conseillât de ne point déposer contre Mme Dandelot. Tous s'accordaient à la reconnaître pour une excellente maîtresse.

Sur Carboneux, leur jugement était à peu près unanime : c'était un homme réservé, froid, aux allures mystérieuses, s'acquittant fort bien d'ailleurs de ses fonctions de valet de chambre auprès de M. Dandelot, — sauf quelques distractions passagères auxquelles il était sujet. Ces distractions étaient mises volontiers sur le compte de ses petites opérations de Bourse, qui n'étaient un secret pour aucun des gens de la maison.

Ils n'avaient jamais surpris le moindre dissentiment entre lui et Mme Dandelot.

Enfin, à leurs yeux, en résumé, la mort de Carboneux ne pouvait être attribuée qu'à un acte de sa part, volontaire ou involontaire.

Impossible de les sortir de là !

Or, imprudence et accident sont les mots qui entrent le moins aisément dans l'oreille des juges ; ils croient difficilement à ces fusils de chasse qui se retournent contre le chasseur et à ces pistolets de tir qui partent tout seuls.

M. Tullier était aussi sceptique qu'un autre au sujet de ces récits fantastiques.

Si favorablement prévenu qu'il fût pour Mme Dandelot, il y avait là un point noir dont il était préoccupé.

Il comptait beaucoup sur la déposition de Paul Marville. Il ne comptait même que là-dessus.

En le voyant il fut surpris de son extrême jeunesse — et aussi de sa belle mine.

Nous avons dit qu'il y avait deux individus en M. Tullier : le juge d'instruction et l'homme.

Nous allons faire parler le premier et penser le second, selon notre privilége de romancier qui nous permet de descendre dans la conscience de chacun de nos personnages.

M. Tullier épargna à Paul Marville l'ennui de se voir interrogé dans la pièce commune où siégeait le greffier.

Il le fit entrer dans son cabinet particulier.

Là, après l'avoir invité à s'asseoir, il prit une pose familière, debout devant la cheminée où flambait un bon feu.

— Monsieur, lui dit-il, vous avez sans doute compris que votre comparution dans mon cabinet n'était qu'une formalité pure. Par sa position dans le monde, par sa vie, par son caractère, Mme Dandelot échappe à tout soupçon. Mais la justice a ses obligations et ses habitudes, auxquelles personne ne peut se soustraire; et, de la même facon que j'ai lancé mon mandat envers Mme Dandelot, je dois l'exercer vis-à-vis de vous.

Pendant que le juge d'instruction débitait machinalement ce prologue appris par cœur et qui lui avait déjà servi plus de cinquante fois, l'homme pensait :

— Qui diable est-ce que ce petit bonhomme et quelles relations peuvent bien exister entre lui et Mme Dandelot?..... Sa physionomie est intelligente et son air distingué... il est bien... trop bien !...

L'homme se sentit mordu par la jalousie, ce qui modifia tout à coup la physionomie du juge d'instruction.

A l'exorde de M. Tullier, Paul Marville n'avait rien trouvé de mieux que ces paroles, prononcées simplement :

— Monsieur, je suis prêt à répondre aux questions que vous voudrez bien m'adresser.

Le juge d'instruction parut se recueillir tandis que l'homme pensait :

— Ah bien ! oui, des questions..... Vieux jeu !..... C'est bon à mes collègues de procéder par demandes et par réponses, comme au catéchisme..... Si tu crois, mon gaillard, que je vais me contenter de cela !

Le juge reprit tout haut :

— Je ne m'arrêterai pas à des préliminaires inutiles à l'instruction..... Je sais tout ce qu'il faut savoir de votre identité... Vous me saurez gré de ma discrétion.

Paul Marville baissa les yeux.

— Attrape! pensa l'homme.

— Je sais, continua le juge, que M. et Mme Dandelot sont vos correspondants..... voilà seulement ce qu'il importe à la justice de connaître pour le moment..... Ce titre justifie vos visites chez eux..... d'ailleurs assez peu fréquentes, comme je le vois par ce dossier.

Il avait atteint une liasse de papiers qu'il consultait en parlant.

Paul Marville attendait avec une tranquillité apparente.

— Il ne paraît pas trop intimidé par *l'appareil de la justice*, pensa M. Tullier..... Nous allons bien voir tout à l'heure.

Et le juge d'instruction haussant la voix :

— Voulez-vous bien, monsieur Marville, me dire l'emploi de votre journée du 27 novembre ?

— Certainement, monsieur.

— Ne craignez pas d'être trop long et d'abuser des détails..... Nous sommes entre nous, ajouta M. Tullier avec un demi-sourire auquel Paul ne se sentit pas l'envie de se fier.

— Je vous écoute, dit M. Tullier en replongeant son nez dans le dossier.

Les magistrats n'ont que deux façons d'écouter : en lisant ou en fermant les yeux.

M. Tullier feignit de lire, mais sans perdre un mot de la narration de Paul Marville.

Celui-ci, usant de la permission, non sans quelque malignité, raconta longuement sa visite à l'hôtel Dandelot, sa conversation avec le vieillard, son déjeuner; il ne fit grâce d'aucun plat à son auditeur; il fut prolixe et minutieux à souhait.

Tout en l'écoutant, l'homme qu'il y avait sous le juge d'instruction se disait :

— Dieu! que je fumerais bien un cigare!

Ensuite, Paul Marville arriva à la promenade en voiture aux Champs-Elysées avec Mme Dandelot; et peu s'en fallut qu'il ne réédität sa dissertation sur les écrivains contemporains. Il n'omit rien, pas même la rencontre de Gaston de Rieussec.

A ce nom, M. Tullier releva la tête.

— Qu'est-ce que c'est que ce Gaston de Rieussec? demanda-t-il.

— Une nullité, répondit Paul avec un accent qui accusait un sentiment de rancune.

— Votre opinion n'a que faire ici; je vous demande qui il est.

— Le comte Gaston de Rieussec, gentilhomme sans fortune, est cousin de Mme Dandelot.

— Cousin?..... dit M. Tullier en prenant une note comme on prend un bonbon.

Et il pensa :

— Encore quelque soupirant sans doute...... La belle dame n'en manque pas! — Continuez, dit-il à Paul.

Lorsque Paul eut bien promené le juge d'instruction autour du lac, il ne put faire autrement que de revenir à l'hôtel Dandelot et d'aborder enfin l'épisode du jardin.

— C'est moi le premier, dit-il, qui rappelai à Mme Dandelot la proposition qu'elle m'avait déjà faite le matin, de casser quelques poupées au tir. Elle n'y pensait plus.

— Ah! c'est vous !

La révélation de ce fait, glissée à propos, changeait complétement l'affaire de face.

— Décidément, elle est innocente! pensa M. Tullier. — Je le savais bien, ajouta le juge d'instruction.

Il posa son dossier sur la table où il l'avait pris et détendit un peu ses manières.

— Connaissiez-vous ce Carboneux? dit-il.

— Je l'avais à peine entrevu deux ou trois fois, à l'antichambre, lors de mes visites à M. Dandelot.

— N'aviez-vous rien remarqué de particulier en lui?

— Rien.

— Pourriez-vous préciser si ce fut Mme Dandelot qui

l'envoya chercher pour charger les pistolets ou s'il s'offrit de lui-même.

— Non, répondit Paul après un moment d'hésitation; je ne me souviens pas... J'appris seulement, au tir, de la bouche même de Carboneux, que c'était lui qui s'acquittait ordinairement de cette fonction.

— Oui, dit M. Tullier, cela concorde avec les déclarations des domestiques de l'hôtel.

Le juge d'instruction fixa son regard sur Paul Marville.

— Nous touchons à la partie la plus grave de votre déposition... J'attends de vous le récit circonstancié de tout ce que vous avez vu et entendu jusqu'à la mort de cet infortuné... Vos paroles ont une grande portée, songez-y... Vous êtes le seul témoin de ce drame.

— Témoin? non! dit Paul se récriant; je n'en ai pas été le témoin.

— Expliquez-vous.

Paul avait trop bien présente à l'esprit la leçon de Mme Dandelot pour se laisser surprendre.

— J'étais occupé à cueillir dans le jardin un bouquet pour Mme Dandelot, lors de ce fatal événement.

— Ce bouquet vient là bien singulièrement, murmura le juge d'instruction.

— Pourquoi donc? fit Paul.

— Ce n'est pas à vous à m'interroger... Etait-ce Mme Dandelot qui vous avait dit d'aller cueillir ce bouquet?

— Non, monsieur, l'idée est de moi.

— Idée malheureuse!..... Mais parlez, parlez, monsieur, et n'oubliez rien surtout, dit M. Tullier.

Nos lecteurs sont trop familiarisés avec cet événement pour que nous reproduisions le récit de Paul Marville.

Il leur suffira de savoir qu'il y mit beaucoup de naturel et d'émotion. Il eut même des larmes, et ces larmes étaient sincères, mais lui seul en savait la véritable cause.

Pendant ce temps-là, le juge d'instruction relisait la déposition de Mme Dandelot.

Lorsque Paul eut fini, M. Tullier quitta la cheminée et fit deux ou trois pas en silence dans son cabinet.

— Ainsi Carboneux n'a pas fait de révélations? dit-il.

— Non, monsieur.

— Il est mort sans proférer une parole?

— Excepté celles qu'arrache la douleur physique, répliqua Paul.

— Il a été constaté, en effet, que la face était violemment contractée.

Nouveau silence.

— Il y a une circonstance que vous ignorez peut-être, reprit le juge d'instruction.

— Laquelle, monsieur?

— Dans le premier moment, Mme Dandelot a affirmé, en présence de son mari et de plusieurs autres personnes, que Carboneux venait de se tuer..... Comment appréciez-vous ce fait?

— Comme vous l'appréciez sans doute vous-même, monsieur..... Mme Dandelot aura craint d'impressionner trop fortement son mari en lui avouant la vérité. Mon correspondant est d'une santé.....

— Je sais, répondit le juge d'instruction.

Cependant M. Tullier pensait :

— Ce petit jeune homme répond sensément... Il ne se trouble ni ne se contredit... Je ne gagnerais rien à l'interroger davantage. Il est temps de le congédier. Ne perdons pas de vue qu'on m'attend au café d'Orsay, pour aller de là dîner chez Voisin.

Puis, à voix haute :

— Vous pouvez vous retirer, monsieur Paul Marville ; mais ne quittez point Paris et soyez toujours prêt à vous tenir à ma disposition au cas où j'aurais besoin d'autres renseignements.

Une fois seul, M. Tullier se livra au monologue suivant :

— Il faut en prendre mon parti : il ne me reviendra point de cette instruction le mérite que je m'étais promis..... L'affaire est moins compliquée que je l'avais supposé.,... C'est à peine si Mme Dandelot me devra cette reconnaissance banale qu'on donne aux magistrats qui se sont montrés hommes du monde.....

CHAPITRE XVI.

NUIT CONJUGALE.

Nous avons laissé M. Dandelot dans un état lamentable.

Lamentable, mais non désespéré, comme on a pu le croire.

Cet obstiné vieillard avait l'âme chevillée au corps. Il ne comptait cependant plus les avertissements : la paralysie l'avait marqué à presque tous les membres. Et pourtant, il résistait toujours.

Mais la dernière alerte avait failli être décisive ; et, à partir de ce jour-là, le mari d'Olympe ne fit plus qu'aller en déclinant.

Avant ce jour-là, il parlait encore, peu et mal ; désormais il ne parla plus du tout.

Avant ce jour-là, il pouvait encore faire quelques mouvements, ébaucher quelques gestes ; désormais il fut condamné à l'immobilité absolue.

Il ne restait plus de vivant en lui que l'œil.

Un œil étrange, non plus vitreux comme jadis, mais clair et mobile!

A mesure que ce corps s'affaissait et tombait en ruines, cet œil se dilatait et redoublait d'expression. Tout s'était réfugié dans cet œil. Il suppléait à la voix et au geste. Il épiait tout, il était attentif à tout, il comprenait tout. Il allait à gauche et à droite. Il interrogeait, il exigeait. Il répondait aussi, — approuvant ou blâmant, se courrouçant ou s'attendrissant.

Cet œil ne se fermait ni jour ni nuit.

Et, comme on le devine bien, c'était surtout sur Olympe qu'il s'attachait, comme à la dernière image de la vie et du bonheur!

A partir de cette crise, la porte de l'appartement de M. Dandelot demeura fermée pour tout le monde, excepté pour sa femme et pour son médecin.

Tout le monde comprit, et se retira comme devant la porte d'un tombeau.

Olympe resta seule dans un tête-à-tête suprême et définitif.

Au dire de tous les domestiques de l'hôtel, elle fut sublime de dévouement.

Elle veillait continuellement son mari, ne cédant à aucune autre la moindre partie de sa tâche, glissant silencieusement à travers les corridors, une coupe à la main.

Que se passait-il cependant dans son âme et dans son esprit?

Une nuit qu'elle s'était laissé surprendre par le sommeil et par la fatigue dans la chambre du malade, elle eut une vision épouvantable.

Soit qu'elle eût trop atténué la lueur de la lampe, soit qu'elle en eût mal calculé la durée, cette lampe s'éteignit tout à coup, et Olympe se trouva à son insu plongée dans les plus profondes ténèbres.

Elle était assise ou plutôt renversée dans un grand fauteuil en face de M. Dandelot, couché sur son lit.

Lorsqu'elle se réveilla, tout était noir autour d'elle; le foyer même s'était éteint; les épais rideaux des fenêtres, hermétiquement joints, ne laissaient filtrer aucune clarté du dehors.

D'abord, elle fut quelque temps sans se reconnaître.

Puis, quand elle fut habituée à l'obscurité, elle poussa un cri étouffé.

Elle venait d'apercevoir l'œil de Dandelot, brillant dans l'ombre comme une escarboucle et fixé sur elle.

Olympe fit un effort pour se lever, mais vainement: l'œil semblait la clouer sur son siége.

Un œil irrité, menaçant, chargé de toutes les colères humaines et divines! Un œil éclairé par delà la vie! Un œil qui savait tout!

Longtemps, — un siècle peut-être, — car qui peut délimiter la durée en de telles circonstances? — Olympe se débattit sous ce terrible jet de lumière.

A bout de forces, elle se sentit glisser de son fauteuil et tomber sur ses genoux.

— Grâce!... grâce!... grâce!... murmura-t-elle en rampant et en étendant les mains vers l'œil qui ne cessait d'être dardé sur elle.....

Au matin, on la trouva évanouie et crispée sur le tapis, au bord du lit de M. Dandelot.

On attribua cet accident aux fatigues qu'elle affrontait journellement avec un si touchant courage.

Quant à M. Dandelot, il reposait doucement, comme à son habitude, et les yeux toujours ouverts.

Seulement, au bas de ces yeux on voyait distinctement la trace encore brûlante de deux ruisseaux de larmes.

Lui aussi avait-il eu son cauchemar et sa révélation?

. . . .

Pendant cette période, Mme Dandelot ne sortit qu'une fois.

Ce fut pour tenir la promesse qu'elle avait faite à Paul Marville.

Elle avait à s'acquitter en partie de la dette monstrueuse qu'elle avait contractée envers lui.

Telle était son influence qu'il lui suffit d'une démarche personnelle pour que son jeune protégé fût immédiatement accepté en qualité de secrétaire dans une des plus importantes maisons de banque de Paris.

CHAPITRE XVII.

SCÈNES DE LA VIE DE GARÇON.

La chambre que Paul Marville occupait rue d'Argenteuil était contiguë à un assez vaste appartement.

Cet appartement était vacant lors de l'installation de Paul, ainsi que l'indiquait un écriteau au-dessus de la porte cochère : « Bel appartement au quatrième étage, à louer présentement. S'adresser au concierge. »

Huit jours après, l'écriteau était retiré et l'appartement était habité.

Paul, qui sortait de chez lui chaque matin pour se rendre dans sa maison de banque et qui ne rentrait que le soir, souvent à une heure assez avancée, Paul fut quelque temps sans s'apercevoir qu'il avait un voisin.

Ce ne fut qu'une nuit que, réveillé par un bruit inusité, l'existence de ce voisin lui fut révélée pour la première fois.

Je dis un voisin et non une voisine, car, malgré les ténèbres, le doute n'était pas possible.

Le bruit qui l'avait réveillé était celui que faisait sur le plancher le pas régulier et pesant d'un homme.

Cet homme se promenait dans la pièce à côté, lentement, solitairement.

S'il s'arrêtait, c'était pour reprendre sa marche quelques minutes après.

Paul s'étonna et regarda à sa montre : il était trois heures environ. Il prêta l'oreille quelque temps encore, puis il finit par se rendormir à ce bruit monotone, de la même façon qu'on s'endort à un tic-tac d'horloge.

Deux heures ensuite, il se réveilla de nouveau, et de nouveau il entendit le pas de son voisin.

— C'est quelqu'un qui cherche à s'accoutumer à son nouveau logement, pensa Paul.

La nuit suivante, même manége; le surlendemain également.

— Décidément, dit Paul, c'est le Juif-errant en chambre...

Il ne s'en soucia pas autrement, tout en se promettant de s'informer auprès de la concierge, dont il avait conquis les bonnes grâces par son air ouvert et par sa politesse.

— Ah ça! lui dit-il, vous ne m'avez pas dit que j'avais un voisin?

— Je croyais que vous le saviez, répondit la concierge.

Et elle ajouta avec un clignement d'yeux :

— Vous auriez peut-être préféré une voisine, monsieur Paul.

— Pourquoi cela?

— Dam! à votre âge c'est bien naturel..... Si vous étiez venu seulement un an plus tôt, il y en avait une dans ce même appartement, jolie à croquer, Mlle Julia, une blonde...

— Une blonde?

— C'est-à-dire il y avait des jours..... On est si changeante quand on est jeune..... Mais celle-là, c'était une petite femme..... je ne vous dis que ça, monsieur Paul.

— Ça me suffit. Et qu'est-ce qu'elle est devenue, Mlle Julia?

— Oh! oh! la petite rusée a su faire son chemin! On dit qu'elle a été enlevée par un banquier qui l'a mise dedans.....

— Bah!

— Dedans du bois de rose ou de palissandre, reprit la concierge.

— Et vous appelez cela : faire son chemin! dit Paul Marville.

— Assurément, répondit la concierge avec conviction.

Paul jugea inutile d'insister.

— Alors, dit-il, c'est l'appartement de Mlle Julia qu'habite mon voisin?

— Juste.

— Qu'est-ce que c'est que ce voisin-là?

— Vous ne le connaissez donc pas! s'écria la concierge étonnée.

— Je ne l'ai pas encore aperçu; comment s'appelle-t-il?

— M. Bressorant.

— Quel âge a-t-il?

— Attendez... c'est une chose si susceptible que l'âge!.. Le cher monsieur n'est plus de la première jeunesse... Il doit avoir quelque chose comme une bonne pièce de soixante ans.

— Je ne connais personne de cet âge et de ce nom, dit Paul Marville après avoir réfléchi un instant; personne.....

— C'est bien singulier! répliqua la concierge; il vous connaît cependant, lui.

— Qui, lui?

— M. Bressorant.

— Qu'en savez-vous?

— Avant de louer, il m'a demandé le nom de tous les locataires de la maison... et c'est le vôtre, monsieur Paul, qui a paru le décider.

— Voilà qui est singulier, dit Paul Marville devenu songeur.

— C'est d'ailleurs un homme d'un air distingué... mais un peu triste... et qui parle avec douceur. Il m'a payé deux termes à l'avance. Je n'ai pas eu à aller aux renseignements; il revenait d'un grand voyage et n'était descendu que depuis peu dans un hôtel de la rue de Rivoli. Le mobilier qu'il a emménagé était tout neuf.

— Cet emménagement s'est fait bien rapidement! dit Paul.

— Très-rapidement, dit la concierge; en une heure tout au plus, pendant que vous étiez à votre bureau.

Elle ajouta :

— Je crois que nous aurons là un locataire fort paisible.

— Ah! vous croyez cela, vous? dit Paul d'un ton goguenard.

— Pourquoi ne le croirais-je pas?

— Parce que vous ne l'entendez pas comme moi toute la nuit.

— Que voulez-vous dire, monsieur Paul? s'écria la concierge en se levant à moitié de dessus ce fauteuil indescriptible et rembourré de choses sans nom, particulier à toutes les concierges; — *mon* nouveau locataire fait du tapage la nuit?

— Du tapage, non; du bruit tout au plus.

— Du bruit?... mais c'est un homme seul... j'ai loué à un homme seul... Est-ce qu'il aurait réussi à tromper ma surveillance en introduisant quelqu'un chez lui?

Elle fronçait déjà ses sourcils, qui n'avaient d'olympien que l'intention.

— Rassurez-vous, dit Paul en souriant; votre M. Bressorant est seul, parfaitement seul, tout l'indique, du moins.

— Vous me voyez inquiète! murmura la concierge en flairant déjà un mystère, c'est-à-dire un aliment à sa curiosité perpétuellement en éveil.

— Il n'y a pas de quoi, ma chère madame Mesnager.

— Pourtant, ce bruit dont vous parlez...

— Ce bruit est fort innocent, je vous assure... il provient uniquement de l'insomnie continue de M. Bressorant.

— Il ne dort pas?

— Il ne dort jamais.

— Jamais! répéta la concierge ; j'ai loué à un homme qui ne dort jamais !

— Non-seulement il ne dort pas, reprit Paul en se plaisant à augmenter ses alarmes ; mais encore il se promène toute la nuit dans sa chambre.

— Toute la nuit ! Est-il possible? Toute la nuit !

— De minuit à six heures du matin ; j'ai la certitude du fait.

— Et vous trouvez cela naturel, monsieur Paul ! s'écria la concierge en se levant entièrement, ce qui décelait en elle la plus grande somme d'agitation.

— Moi? je ne trouve rien, je ne préjuge rien, répondit Paul ; je raconte simplement ce que j'ai entendu, ce que j'entends régulièrement depuis trois nuits..... M. Bressorant n'est pas un locataire, c'est un balancier de pendule.

— Un balancier! dit la concierge en redressant la tête à ce mot ; c'est cela..... il fait de la fausse monnaie! Vous l'avez deviné, monsieur Paul.

— Vous allez trop loin, ma chère madame Mesnager ; on ne fait pas de la fausse monnaie en marchant.

— Vous avez peut-être raison..... C'est égal..... il faut éclaicir cela.

— Pas du tout, dit Paul Marville ; vous n'avez rien à éclaircir ; votre locataire a parfaitement le droit de se promener de long en large dans son appartement, si cela lui plaît.

— A la condition qu'il n'incommodera aucun de ses voisins, et vous dites.....

— Je ne dis pas qu'il m'incommode, je dis que je

l'entends, voilà tout; mais je ne suis pas à cet âge où le sommeil est troublé par un rien.

— Un rien ! un rien ! murmura la concierge ; je sais, moi, qu'il me serait impossible de fermer l'œil à côté d'un homme qui ferait les cent pas.

— Vous, madame Mesnager, qui êtes une sensitive, oui, cela se comprend.

Sans bien savoir ce que c'était qu'une sensitive, la concierge fut visiblement flattée.

— Eh bien ! vous, monsieur Paul, dit-elle, qu'est-ce que vous supposez ?

— Je vous ferai observer, ma chère madame, que je me suis adressé à vous précisément pour être renseigné.

— Mon Dieu ! monsieur Paul, je vous ai donné tous les renseignements que j'avais ; que désirez-vous que je vous dise de plus ?

— Quelques mots encore.

— Mille si vous voulez !

— Je sais ce que fait M. Bressorant pendant la nuit ; apprenez-moi ce qu'il fait pendant le jour.

— Il sort chaque matin à la même heure que vous. Il est étonnant que vous ne vous soyez pas rencontré avec lui. Cela arrivera tôt ou tard, car vos deux portes donnent sur le même palier.

— Et il rentre ?...

— Presque en même temps que vous, monsieur Paul ; il ne vous a manqué jusqu'à présent que de cinq ou six minutes.

— Exerce-t-il une profession ? Occupe-t-il un emploi ?

— Je ne crois pas ; il a pris le titre de rentier sur son engagement de location.

— Rentier..... c'est bien vague, murmura Paul.

— N'est-ce pas? dit la concierge suspendue aux moindres paroles du jeune homme.

— C'est là tout ce que vous savez sur M. Bressorant?

— Absolument tout.

— Je vous remercie, dit Paul, en s'apprêtant à prendre congé de Mme Mesnager.

— Eh quoi! s'écria-t-elle, vous vous en allez, monsieur Paul?

— Certainement. Je suis déjà en retard de dix minutes. On ne plaisante pas dans la banque.

— Vous me laissez dans l'état où je suis?

— Quel état, madame Mesnager?

— Vous le voyez bien... je suis toute palpitante...

— La colombe du cordon, murmura-t-il.

La concierge n'entendit pas; sans cela, elle eût remercié.

— Je n'oserai plus entrer dans la chambre de M. Bressorant, murmura-t-elle.

— Vous entrez donc dans sa chambre?

— Quand il n'y est pas, répliqua Mme Mesnager d'un ton pudique.

— Excusez-moi, dit Paul en s'inclinant à demi.

— Je fais son ménage.

— Alors vous êtes mieux placée que personne pour savoir à quoi vous en tenir sur son compte.

— C'est ce qui vous trompe, monsieur Paul; jamais ménage ne fut plus simple à faire que le sien..... C'est désolant!..... Il n'y a rien à ranger dans son appartement.

— Parbleu! puisqu'il ne dérange rien!

— Ah mais! c'est que ces allures de fantôme ne sauraient me convenir! s'écria la concierge; ce n'est pas une maison fantastique que la nôtre! Nous ne louons pas à des vampires!

— Vous allez peut-être un peu loin, madame Mesnager, dit Paul Marville.

— Ecoutez donc! écoutez donc! Vous êtes un jeune homme! Vous n'avez pas mon expérience, vous! Vous avez à peine de la barbe au menton!

— Mais si!

— Je vous dis que tout cela est louche, affirma la concierge.

— Obscur, peut-être.

— J'en appelle à votre intelligence, monsieur Paul, car, quoique jeune, vous avez de l'intelligence... cela se voit.

— Vous êtes bien bonne.

— Eh bien! répondez-moi : si cet homme se promène toute la nuit, où et quand dort-il pendant le jour?

Paul Marville parut réfléchir, et répondit :

— Probablement sur quelque banc des Tuileries ou du Luxembourg... ou sur une chaise de la Bibliothèque.

Et comme Mme Mesnager ouvrait les yeux sans comprendre :

— Il y a des hommes comme cela, continua Paul; il y en a même beaucoup... Je n'en ai pas connu, car je ne sais de la vie que ce que j'en ai appris par les livres. Mais tout me fait supposer que votre M. Bressorant appartient à cette classe d'individus revenus volontairement à l'état sauvage et solitaire, qui traînent avec eux une idée fixe, qui ne vivent que pour elle et que par elle... Peut-être est-ce un mathématicien tourmenté par un problème, un philosophe en quête d'une solution sociale, un inventeur méconnu qui croit faire avancer l'avenir en fatiguant le plancher de son pied impatient, un Z. Marcas, en un mot...

La concierge tendait l'oreille comme si on lui eût parlé chinois.

Paul continua :

— Peut-être encore n'est-ce qu'un simple blessé de la vie, un martyr intime, qui ne doit et qui ne veut rendre aucun compte de ses souffrances à la société, un homme courbé sous le poids d'une catastrophe mystérieuse, et ne marchant plus qu'au hasard, sans affections, sans appui, sans but, sans volonté..... Ces hommes-là sont plus communs qu'on ne croit dans Paris ; les passants les appellent des flâneurs. M. Bressorant est peut-être un flâneur de cette espèce.

— Croyez-vous? dit la concierge, rassurée.

— Ce ne sont que des suppositions, répondit Paul ; car il est fort possible aussi que votre locataire ne soit tout simplement qu'un malade, qui ne peut recouvrer le sommeil et qui se fatigue à sa poursuite... Dans ce cas, je serais désolé qu'il vous vînt à l'idée de désobliger ce brave homme à cause de ce que je vous ai dit, madame Mesnager, et de mes sottes confidences.

La concierge avait écouté Paul Marville avec ébahissement.

— Ce que c'est que d'avoir étudié! dit-elle lorsqu'il eut fini ; vous parlez comme un ange... Ainsi vous ne croyez pas que ce soit un vampire?

— Non, répondit Paul en souriant ; soyez tranquille, vous pouvez faire son ménage sans trembler.

— C'est égal, j'aspergerai sa chambre d'eau bénite, dit la concierge.

— Cela ne peut pas nuire..... Mais il en a peut-être chez lui, madame Mesnager.

— Ce n'est pas probable.

— Pourquoi cela? répondit Paul; qui sait si ce pauvre homme n'accomplit pas une pénitence qu'il s'est imposée lui-même? Cela s'est vu.

— Vous avez réponse à tout, monsieur Paul; n'importe, j'observerai mon nouveau locataire.

— Et moi, je vous promets d'avoir l'œil sur lui, dit-il.

*
* *

A quelques jours de là, il arriva ce que la concierge avait prédit.

Les deux locataires se rencontrèrent sur leur palier commun.

Le même désir semblait les y avoir amenés.

Ils s'examinèrent mutuellement.

M. Bressorant, ainsi qu'il a été dit, était un homme âgé, presque un vieillard. Sa figure avait un caractère austère, dominé par une nuance profonde de tristesse.

Il arrêta sur Paul Marville un regard où se trahissait une vive émotion.

De son côté, à l'aspect de cet homme, Paul Marville avait éprouvé un sentiment indéfinissable.

Ce n'était pas la pitié à laquelle il s'était attendu, c'était quelque chose comme un effroi instinctif.

Il y avait de l'avertissement dans cette sensation bizarre.

Ils demeurèrent quelques secondes immobiles l'un devant l'autre. A cet instant, la voix joyeuse d'Edmond de Corancé-Rigal retentit dans l'escalier.

Edmond de Corancé-Rigal était, comme nous l'avons dit, un des meilleurs camarades de Paul Marville.

C'était la première fois qu'il venait chez lui.

— Tu sortais? dit-il à Paul.

— Oui, mais puisque te voilà, je rentre.

— Oh! je ne veux pas te déranger... le temps d'inspecter tes lares seulement, et puis après je t'accompagnerai où tu iras et jusqu'où tu voudras.

Pendant ce court dialogue, M. Bressorant s'était effacé pour laisser passer le nouveau venu.

Puis il avait descendu l'escalier.

— Tiens! *il* t'a donc retrouvé? dit Edmond à Paul lorsqu'ils furent dans la chambre.

— Qui?

— Ce monsieur.

— Il me cherchait donc?

— Certainement..... Il est venu te demander au parloir de la pension le lendemain de ton départ.

— En es-tu bien sûr? dit Paul.

— Je me trouvais là par hasard. Il a paru même assez contrarié.

— M. Bressorant?

— Ah! c'est Bressorant qu'il se nomme..... dit Edmond indifféremment.

— Ou qu'il se fait nommer.

— Ce n'est donc pas un de tes parents?

— Je ne le connais pas du tout, dit Paul avec humeur.

— Tu te moques!

— Ma parole d'honneur!

— Il sort de chez toi cependant, dit Edmond

— Non, il sort de chez lui.

— Comment cela?

— C'est mon voisin de chambre depuis cinq ou six jours.

— Et tu prétends que tu ne le connais pas?

— Je viens de le voir tout à l'heure pour la première fois.

— Quelle plaisanterie!

— Si c'est une plaisanterie, répondit Paul, elle ne provient pas de mon fait, car cet homme qui me cherche et qui désire tant me voir, selon toi, ne m'a pas encore adressé la parole.

— Pas possible! s'écria Edmond.

— C'est l'exacte vérité.

— Elle est forte! Qu'est-ce que cela peut vouloir dire?

— Je te le demande, à toi.

— Serais-tu devenu un personnage politique sans m'en avertir, et le gouvernement te ferait-il surveiller pour cause de conspiration? Fiesque, va!

Paul ne laissait pas que d'être très-intrigué, en rapprochant ce qu'Edmond venait de lui dire de ce que la concierge lui avait déjà dit.

— Es-tu bien sûr au moins de l'identité de cet individu? dit-il.

— Oh! parfaitement sûr! répondit Edmond; il me suffit d'avoir vu quelqu'un une seule fois pour ne jamais oublier ses traits. Ton M. Bressorant est bien mon homme du parloir. D'ailleurs, je ne le reconnaîtrais pas, lui, que je reconnaîtrais sa redingote. Tu n'as pas remarqué sa redingote?

— Ma foi, non.

— Remarque-la, c'est la redingote d'un traître de mélodrame..... longue et brune... . Il ne lui manque qu'un collet à rotonde.

— Tu ris toujours, Edmond.

— Est-ce ma faute à moi si, pour ma première visite, je te trouve en plein mystère? A peine sorti de pension, voilà que tu te payes des aventures, une existence accidentée..... Veinard!

— Cela est peut-être plus grave que nous ne le croyons, murmura Paul.

— Cela est peut-être moins grave aussi. La vie a deux côtés. On n'en veut jamais regarder qu'un seul.

— Je tirerai cette affaire au clair le plus tôt possible.

— Et tu feras bien, dit Edmond; il ne faut jamais porter longtemps une préoccupation désagréable..... Aussi, si tu m'en crois, nous cesserons de causer de cet Olibrius. Parlons de toi, parlons de nous.

— Volontiers.

— Comment vas-tu? que deviens-tu? que fais-tu? quelles sont tes distractions ?

— Arrête-toi, si tu veux que je te réponde, dit Paul.

— C'est juste. Je serre les freins. Voilà. A ton tour.

— Je me porte comme tu vois, dit Paul; je m'ennuie comme tu penses; je n'ai aucune distraction, et je n'en recherche aucune à cause de mon deuil. Quant à ce que je fais, je suis placé dans une maison de banque.

— Peste! fit Edmond.

— Oh! ne t'écrie pas!... Trois mille francs d'appointements.

— N'importe, tu es sur le chemin de la fortune; je t'en félicite.

— Le grand chemin... celui dont on ne voit ni les bords ni le terme!

— Tu finiras par t'y reconnaître, répliqua Edmond, et tu ne seras pas toujours un piéton... Il y a des omnibus et des voitures particulières qui passent sur ce chemin-là.

Paul Marville sourit d'un air de confiance.

— Le ciel t'entende, dit-il à Edmond; mais en attendant que j'aie le choix parmi ces véhicules..... permets-moi, mon bon ami, de te mettre à la porte.

— Quoi! pas même le temps de griller une cigarette!

— Tu la grilleras en m'accompagnant à mon bureau..... car tu m'as offert de m'accompagner.

— Certes! dit Edmond; laisse-moi au moins jeter un coup d'œil sur ton intérieur.

— A ton aise.

— C'est un peu froid..... comme décoration.

— Je suis de ton avis, dit Paul; je n'ai pas encore eu le temps de m'y installer..... Mais la vue!

Edmond de Corancé-Rigal jeta un coup d'œil à travers la fenêtre, rien qu'un.

— Eh bien! interrogea Paul.

— Oui..... la vue..... la vue..... On se croirait en province.

— C'est au moins une originalité à Paris.

— Je ne dis pas..... Mais veux-tu mon opinion, là, franchement? fit Edmond.

— Parbleu!

— Eh bien! je crèverais d'ennui là-dedans.

— Toi, c'est possible, dit Paul légèrement piqué; tu es exigeant et tu as le droit de l'être, puisque tu es destiné à vivre dans la peau d'un millionnaire.

— De quel air tu me dis cela! Tu sais bien que, lorsque je serai riche, ma fortune sera autant à mes amis qu'à moi.

— Oh! oh!

— Assurément, et je t'assure bien.....

— Tais-toi, dit Paul; tu vas te compromettre et devenir banal.

Edmond pâlit imperceptiblement.

— Tu ne crois donc pas à l'amitié? dit-il.

— Si! Oh si!

— Alors, tu ne crois pas aux amis?

— Je crois aux amis de l'heure présente, c'est déjà quelque chose; c'est beaucoup.

— Dis-tu ce que tu penses? demanda Edmond gravement.

Paul Marville le regarda, et, remarquant en lui un air inaccoutumé, il garda le silence.

Edmond de Corancé-Rigal était resté debout jusque-là. Il fit deux ou trois pas dans la chambre, et finit par s'asseoir sur une chaise.

— Qu'est-ce que tu fais? dit Paul.

— Tu le vois, je m'assieds.

— Mais je t'ai dit que j'étais pressé.

— J'ai bien entendu, mais ce que j'ai à te dire est

plus pressé encore. Si je n'écoutais que mon premier mouvement, après les paroles que tu viens de prononcer, je ne m'assoierais pas, je te tendrais la main pour la dernière fois... une main *banale*, selon ton expression... et je ne te reverrais plus. Mais je ne veux pas écouter mon premier mouvement, je veux me rappeler que je suis ton ami.

— Voilà des mots bien solennels; où veux-tu en venir, Edmond?

— A ceci, Paul, que tu m'as froissé autant qu'un homme de ton âge peut froisser un homme du mien. Nos blagues de pension, nos sarcasmes à propos de tout et à propos de rien, ne t'autorisaient pas à douter de mes sentiments. Pourquoi t'imagines-tu que je ne suis pas sincère, lorsque je me promets d'être serviable? Qui t'a donné le droit de me faire cette injure? Du haut de quelle expérience parles-tu? Si ta défiance est réelle, je te plains..... Tiens, Paul, quoique riche, je vaux mieux que toi.

Ce brave jeune homme était ému en parlant ainsi.

Son émotion gagna facilement Paul Marville, qui se précipita vers lui en lui tendant la main.

— Pardonne-moi, Edmond!

— C'est fait, dit celui-ci..... et maintenant en route pour ton bureau..... Est-ce loin ?

— Non.

— Tant pis! dit Edmond.

Pendant le trajet, Paul Marville dit à Edmond de Corancé-Rigal :

— Donne-moi des nouvelles des *Sept Infants de Lara*.

— J'attendais cette parole, dit Edmond.

— Comment vont-ils?

— Mélancoliquement. Ils ne peuvent pas se consoler de n'être plus que six depuis ton départ.

— Eh quoi! Antonio d'Almeida?.....

— Son âme est triste jusqu'à la mort.

— Théophile Balguerie?.....

— A cessé de cirer ses moustaches. Signe des temps!

— Corminez? Léon Douat?

— Des catafalques, mon cher! Des âmes en peine! Tu ne peux pas t'imaginer cela.

— Pauvres chers camarades! dit Paul Marville.

— Je n'ai pas besoin de te dire de combien de compliments ils m'ont chargé pour toi..... Je ploie sous le faix.

— Vrai?

— Et les poignées de main!..... Il y en aurait pour jusqu'à ce soir. Que veux-tu? Tu nous as laissé de véritables regrets. Nous parlons de toi à chaque instant; nous nous rappelons tes bons tours, tes imaginations, tes expédients..... et nous nous trouvons sans verve, sans initiative. Ah! la pension Ourry s'en va! tu l'as emportée à la semelle de tes souliers.

— Laissez-moi donc tranquille! s'écria Paul; est-ce que, faute d'une abbaye..... Et Samuel Mary? tu ne m'en as point parlé.

— Samuel Mary? répéta Edmond, celui-là est le plus à plaindre.

— Comment l'entends-tu?

— Tu veux que je te parle de Samuel Mary? tu l'exiges?

— Certes ! dit Paul Marville, je suis déjà tout inquiet.....

— Eh bien! fit Edmond en soupirant, Samuel Mary a mal tourné.

— O ciel!..... explique-toi.

— Dans son désespoir, il a perpétré un vaudeville.

— Edmond, nous nous fâcherons si tu persistes dans ton système de plaisanterie à froid.

— Mais je ne plaisante pas du tout..... c'est la vérité pure! Tu sais bien que de tout temps notre pauvre Samuel Mary a eu la toquade de chiffonner la gorgerette de Thalie..... Dans ces derniers temps, son caprice a pris des proportions considérables..... Bref, il n'y a plus tenu, et il s'est porté à un acte.....

— Quel acte?

— Mêlé de couplets et intitulé : *Le Ferblantier qui nourrit des projets de séduction*..... Le titre est un peu long.....

— Oui.

— Mais il fait très-bien sur l'affiche... il tire l'œil... On ne saurait trop agir sur le vulgaire.

— De quelle affiche me parles-tu?

— De l'affiche du théâtre, parbleu! répondit Edmond; cet intrigant de Samuel Mary est parvenu, à force d'astuce, à faire recevoir sa pièce.

— Bah!

— On le joue ce soir.

— Allons donc! s'écria Paul; tu n'es pas sérieux!

— Je le suis toujours dans les cas invraisemblables.

— On joue ce soir un vaudeville de Samuel Mary?

— A sept heures moins le quart..... en lever de rideau..... Il faut bien faire des concessions pour arriver à se produire devant le public..... Heureusement que le public de sept heures moins le quart est le vrai public, celui qui s'étouffe au bureau pour avoir des places, le public sincère, naïf..... gobeur en un mot..... le seul juge.....

— Tu es donc de la pièce? dit Paul en le regardant.

— Non; pourquoi cela?

— Ton enthousiasme!

— Nous nous sommes promis de faire un succès à notre camarade Samuel.

— Et dans quel théâtre a lieu cette représentation? demanda Paul.

— Est-ce qu'il y a d'autre théâtre pour lui et pour nous que le théâtre Bobino? s'écria Edmond de Corancé-Rigal.

— C'est juste.

— J'ai accepté la mission, de la part de l'auteur et des *Sept Infants de Lara*, de t'inviter à cette fête de l'intelligence.

— Moi?

— Toi..... et tes mains. Tes mains surtout. Il s'agit d'enfoncer Clairville et tous les autres vieux. Place à la jeune école! place! *Le Ferblantier qui nourrit des projets de séduction* est destiné à opérer une révolution dans la littérature dramatique.

— Il est donc nécessaire d'opérer une révolution dans la littérature dramatique? demanda Paul.

— Absolument.

— Alors, comptez sur moi.

— Cette représentation, vois-tu, datera dans les an-
du théâtre.

— Tu n'en crois pas un mot.

— Le premier rôle sera rempli par une débutante extrêmement jolie, Mlle Julia, une brune.....

— Une brune?

— C'est-à-dire, il y a des jours..... Il paraît qu'elle est très-connue dans certaines régions élevées.

— J'ai déjà entendu ce nom-là, dit Paul Marville.

— On compte beaucoup sur Julia..... Elle représente une petite villageoise naïve..... Elle mettra tous ses diamants.

— Ce sera pour le mieux... A ce soir donc..... A quelle heure le rendez-vous?

— A quelle heure sors-tu de ton bureau? dit Edmond.

— A cinq heures et demie.

— Eh bien! trouve-toi à six heures au restaurant Foyot. J'y serai avec les *Sept Infants de Lara*. Nous dînerons en chœur, et nous partirons de là pour Bobino.

— C'est convenu.

Paul venait de s'arrêter devant une haute maison de la rue de l'Echiquier.

— Est-ce ici? demanda Edmond.

— C'est ici.

— Allons, va aligner des chiffres et apprendre l'art de devenir millionnaire!

Les deux amis de pension se séparèrent après s'être serré la main.

*
* *

Paul traversa plusieurs pièces du rez-de-chaussée où l'on remarquait tout le mouvement particulier à une grande maison de banque.

Il se dirigeait vers le cabinet de son « patron, » lorsqu'en passant devant la Caisse il se trouva face à face avec M. Young.

L'Américain laissa échapper une exclamation en le reconnaissant.

Peut-être le lecteur voudra-t-il bien se rappeler un chapitre que nous avons intitulé : *La fatalité conduit M. Young par la main?*

Ce titre, nous pourrions le répéter encore, car plus que jamais c'était la fatalité qui se faisait la conductrice de M. Young à travers Paris.

— Vous ici! dit-il à Paul!

— Comme vous voyez, monsieur, répondit froidement celui-ci.

— Quel hasard vous y amène?

— Ce n'est point un hasard, c'est mon devoir.

— Votre devoir?

— Je suis secrétaire de M. Hambleteuse.

— Vous?

Et l'Américain demeura immobile d'étonnement.

C'était en effet dans la maison Hambleteuse l'aîné, veuve Fritot et compagnie, que Mme Dandelot avait fait entrer Paul Marville.....

Dans cette même maison où M. Young avait renoncé à le recommander!

Il était écrit qu'aucun genre de surprise ne serait épargné au blond voyageur.

Paul ne comprit rien à sa pantomime.

— Excusez-moi, monsieur, lui dit-il; M. Hambleteuse m'attend pour sa correspondance..... Le temps m'a manqué jusqu'à présent pour vous rendre votre visite.....

Mais je n'ai pas renoncé à aller à l'hôtel de Messine. A bientôt, monsieur, à bientôt.

Young ne trouva rien à répondre.

— Laissons faire la Providence! murmura t-il lorsqu'il fut revenu à lui-même.

..... Paul Marville avait tourné le bouton du cabinet de M. Hambleteuse.

Au bruit léger de ses pas sur le tapis, le banquier leva la tête.

C'était un homme dans toute la force de l'âge, d'une haute taille et d'une belle figure.

Il jeta son regard sur la pendule.

— Monsieur Marville, dit-il, vous êtes en retard d'une demi-heure.

— Je le sais, monsieur, répondit Paul un peu confus.

— Soyez plus exact à l'avenir.

Paul s'était installé à un pupitre.

— Nous avons justement aujourd'hui un courrier très-chargé, reprit M. Hambleteuse; ne perdons pas de temps.

— Je suis prêt, monsieur.

Le cabinet du banquier, adapté complétement aux idées modernes d'élégance et de confort, était revêtu de tapisserie du haut en bas.

Les tons bruns et sévères y dominaient partout: rien n'y retenait l'œil et n'y distrayait la pensée. Pas un tableau, pas un meuble orné; des chaises en ébène: voilà tout.

Sur la cheminée, un bronze de Barbedienne, — mais le plus farouche de tous les bronzes : le Milon de Crotone se tordant, les mains enserrées dans un arbre.

On pouvait désirer entrer dans ce cabinet, mais on se sentait aise dès qu'on en était sorti.

Cela venait de ce que M. Hambleteuse était de l'école de ces gens exclusivement nés et façonnés pour les affaires, et qui, dès leurs premiers pas dans la vie, ne voient autre chose que les affaires, le travail; l'ambition.

Ces gens-là sont tout d'une venue, et comme taillés dans la pierre du devoir. Ils tirent leurs plaisirs de leurs propres fatigues, et se frottent les mains après une « balance » bien établie, comme d'autres après un broc de vin ou une danse sous l'ormeau.

Il y avait deux portes dans le cabinet de M. Hambleteuse.

L'une était celle par laquelle entraient et sortaient les commis de la maison, les hauts clients, les membres des conseils d'administration, les familiers, ceux qui viennent dire un chiffre à l'oreille, montrer une lettre et attendre un ordre.

Ces allées et venues interrompaient fréquemment la correspondance et laissaient à Paul Marville des moments de loisir pendant lesquels sa pensée s'égarait sur les sujets les plus étrangers à la finance.

Le visiteur parti, M. Hambleteuse se retournait vers Paul en lui disant :

— Où en étions-nous ?

Puis il se reprenait à dicter, et Paul se reprenait à écrire.

Mais il arrivait quelquefois que M. Hambleteuse surprenait Paul dans une de ses rêveries, le regard fiché vers le plafond.

— A quoi pensez-vous? lui avait demandé un jour le banquier.

— A rien, monsieur; je vous attendais.

— Est-ce que vous faites des vers, par hasard?

— Oh! non, monsieur, avait répondu Paul en souriant à demi.

— J'aimerais mieux que vous me le disiez tout de suite, voyez-vous? parce que j'ai déjà eu un commis qui faisait des vers.

— Rassurez-vous, monsieur, je n'ai jamais eu ce défaut.

Mais le banquier était demeuré défiant.

— Ecoutez, lui dit-il une autre fois, vous avez tort de prendre des poses inspirées devant les personnes qui viennent ici.

— Moi, monsieur!

— Oui, tout à l'heure encore. Cela trouble les gens qui viennent ici pour m'entretenir.

— Vous me surprenez, monsieur, répondit Paul; dans tous les cas cela est bien involontaire..... et je promets de me surveiller.

— Je vous y engage dans votre intérêt. La banque ne comporte pas ces allures excentriques. Lorsque par suite d'une visite je serai forcé d'interrompre ma dictée, faites-moi le plaisir de rester les yeux attachés à votre papier comme si vous étiez occupé pour votre propre compte.

— Il suffit, monsieur.

Nous avons signalé deux portes dans le cabinet de M. Hambleteuse.

La seconde, dont il n'a point encore été question, se

trouvait placée derrière son bureau et était presque entièrement dissimulée dans la tapisserie.

C'était la porte de ses appartements intimes.

Depuis une semaine que Paul Marville était en fonctions, il n'avait encore vu s'ouvrir et se refermer cette porte que pour M. Hambleteuse.

Mais, ce jour-là, elle devait laisser passage à une nouvelle figure, — ou du moins à une figure nouvelle pour Paul Marville.

Au plus fort de la correspondance, cette porte s'ouvrit tout à coup et une jeune fille entra étourdiment dans le cabinet, disant :

— Bonjour, papa!

C'était une ravissante enfant de seize ans.

Elle alla se jeter au cou de M. Hambleteuse, qui la laissa faire d'un air moitié contrarié, moitié charmé.

— Laisse-nous, ma chère Anna, laisse-nous, lui dit-il; je suis fort occupé en ce moment.

— Comme tu me reçois! murmura-t-elle avec une moue charmante.

— Tu sais que je t'ai défendu d'entrer ici.

— Je te croyais seul, père; j'ai écouté à la porte, je n'ai rien entendu.

— Oh! la menteuse et la curieuse!

— Si l'on peut dire! s'écria l'aimable enfant en s'asseyant sur les genoux du banquier.

— Voyons, va-t'en, Anna, dit celui-ci; ce n'est pas la place des petites filles.

— Encore un instant!

— Non.

— Rien que cinq minutes?

— Non.

— Rien que quatre?... rien que trois?... rien que deux?

— Non, non, non!

— Personne ne le saura, petit père... je ne le dirai à personne... et monsieur non plus.

En parlant ainsi, elle s'était adressée à Paul Marville.

— N'est-ce pas, monsieur, que vous ne le direz pas?

Paul, interpellé d'une manière aussi imprévue, ne sut que répondre.

Il était resté ébloui par cette apparition comme par un flot de lumière.

Malgré les recommandations de M. Hambleteuse, il n'avait pu s'empêcher de lever la tête.

M. Hambleteuse s'impatienta.

— Finis, Anna, lui dit-il, ou je vais me fâcher.

— Vrai?

— Pour tout de bon.

— Alors, je m'en vais, dit-elle; adieu, vilain père..... adieu.....

— Adieu.

— Mais ne tarde pas à venir déjeuner, tu entends?

— Adieu.

— Et surtout ne dépasse pas midi, comme tu fais souvent.

— Anna! s'écria M. Hambleteuse en faisant mine de se lever.

— Je pars, dit la jeune fille; mais c'est égal, je suis restée cinq minutes!

Et la porte de la tapisserie se referma sur un éclat de rire argentin.

M. Hambleteuse, après avoir recomposé sa figure de banquier, un moment égayée, se tourna vers Paul Marville, et lui fit entendre la phrase sacramentelle :

— Où en étions-nous?.....

CHAPITRE XVIII.

M. BRESSORANT.

Paul Marville rentra fort tard ce soir-là.

C'était la première fois que cela lui arrivait depuis son emménagement rue d'Argenteuil.

Mais il avait fallu fêter le succès de Samuel Mary et incidemment boire au bel avenir dramatique de Mlle Julia. Cela l'avait mené, ainsi que les autres jeunes gens, jusqu'au milieu de la nuit.

Il avait rapporté de ce petit excès une certaine mauvaise humeur qui s'augmenta lorsque, une fois dans sa chambre, il entendit le pas de son voisin.

— Encore cet original! murmura-t-il.

Paul se coucha, mais par extraordinaire il ne put réussir à trouver le sommeil. Les événements de la journée se représentaient à sa mémoire, et plus particulièrement ceux de la matinée. Il revoyait cette fraîche et mutine tête de jeune fille qui lui était apparue pour la première fois dans le cabinet de M. Hambleteuse.

— Anna..... répétait-il, elle s'appelle Anna.....

Puis, quelques instants après, cette tête charmante s'effaçait pour être remplacée par la belle et sombre figure d'Olympe Dandelot. L'une et l'autre ne cessèrent d'occuper sa pensée pendant toute la nuit.

Fatigué à la fin de son insomnie, Paul Marville s'avisa de l'attribuer au bruit que faisait M. Bressorant en marchant dans la pièce voisine.

Il se ressouvint aussi de l'espèce d'espionnage dont il était l'objet de la part de ce personnage, et de ce que lui avait raconté à ce sujet Edmond de Corancé-Rigal.

Son cerveau travailla, son irritation s'accrut par degrés, et perdant toute mesure, il frappa du poing contre la muraille en s'écriant :

— C'est insupportable !..... Finirez-vous bientôt ce manége, monsieur ?

A ces mots, M. Bressorant cessa immédiatement de marcher.

Un silence profond s'établit.

Paul s'était attendu à une réplique quelconque ; aussi eut-il presque regret à ses paroles et principalement au ton dont il les avait prononcées. Ce M. Bressorant était un vieillard après tout, et sa mortification avait dû être grande.

Quoi qu'il en soit, le silence ne réussit pas plus à Paul que le bruit. Cahoté de réflexions en réflexions, transporté de visions, il ne put réussir à s'endormir qu'au point du jour.

*
* *

Comme il se disposait à sortir de chez lui, Paul entendit frapper à sa porte.

Il ouvrit.

C'était M. Bressorant, c'était son voisin.

Paul ne s'étonna pas : il avait lui-même formé le projet d'aller frapper à la porte de M. Bressorant et de provoquer une explication qu'il jugeait nécessaire.

La même intention animait sans doute celui-ci.

— Veuillez vous donner la peine d'entrer, monsieur, lui dit Paul Marville.

L'embarras de M. Bressorant était visible.

— Monsieur, dit-il au jeune homme, je viens vous prier de m'excuser..... A la suite de plusieurs évnements douloureux, j'ai à peu près perdu le sommeil, et j'ai contracté des habitudes de locomotion nocturne, faites, je le comprends, pour gêner les personnes logées près de moi. Vous me l'avez rappelé cette nuit ; je ne saurais vous en savoir mauvais gré.

Paul ne voulut pas paraître demeurer en reste de gentilhommerie.

— J'ai à me reprocher moi-même, dit-il, un accès de vivacité qui n'est pas dans mes habitudes..... J'étais rentré un peu tard.....

— A trois heures, dit M. Bressorant.

— Je ne sais pas au juste..... Mais ce que je sais, c'est que pour une cause ou pour une autre, mes nerfs étaient dans un état d'excitation qui explique, sans le justifier, le mouvement auquel je me suis laissé entraîner.

— N'en parlons plus, monsieur ; je ferai transporter mon lit dans une pièce plus distante de la vôtre, dit M. Bressorant.

— Soit, n'en parlons plus, dit Paul ; mais alors, parlons d'autre chose.

M. Bressorant leva sur lui un regard presque craintif. Paul continua :

— Je dois à une indiscrétion d'un de mes amis de savoir que je ne vous suis pas étranger... Selon cet ami, vous auriez été, il y a quelque temps, me demander à l'institution Ourry.

— C'est vrai.

— En quelle qualité et pour quel motif? dit Paul.

— Cela est fort simple ; j'ai connu monsieur votre père.

Un observateur eût remarqué un léger tremblement dans la voix de M. Bressorant.

— Que ne le disiez-vous plus tôt ! s'écria Paul ; et pourquoi vous environner d'un tel mystère?

— Ah ! pourquoi !... répéta M. Bressorant avec un accent étrange ; c'est que je n'avais pas d'autres motifs que celui-là pour me présenter à vous.

— Il est plus que suffisant, dit Paul avec vivacité ; mon père!..... mon excellent père !.....

Et, après avoir essuyé une larme :

— Comme tous ceux qui l'ont approché, vous étiez sans doute de ses amis ?

M. Bressorant hésita à répondre.

— Non, dit-il après un effort ; je n'avais pas l'honneur de le connaître intimement..... Je n'avais avec lui que des relations d'affaires.

Ce fut au tour de Paul de se sentir embarrassé.

M. Bressorant s'en aperçut, car il se hâta d'ajouter :

— Le souvenir que j'ai gardé de lui m'a inspiré le désir de vous voir. Il n'y a rien de plus naturel, je pense. Ce désir a redoublé lorsque j'ai appris la mort de votre malheureux père,

— Ah ! vous savez ?....

— Oui, dit M. Bressorant.

— Je croyais que cette mort n'était connue que de quelques personnes.

— Je suis de celles-ci..... Quant aux voies détournées que j'ai cru devoir employer pour vous rencontrer, ne m'en faites pas un reproche. Ce n'est pas du mystère, c'est de la discrétion seulement.

— De la discrétion? répéta Paul étonné.

— Vous allez me comprendre, dit M. Bressorant qui semblait peser chacune de ses paroles comme pour éviter de froisser son jeune interlocuteur ; — j'ignorais et j'ignore encore dans quelle situation vous laissaient la mort de votre père, et l'absence de votre mère.... Vous pouviez avoir besoin d'un appui..... Je songeai à m'offrir, mais je ne pouvais le faire sans de certains ménagements. Je dus attendre et chercher une occasion......

Une vive rougeur avait coloré les joues de Paul Marville.

Il se sentait reconnaissant du sentiment d'intérêt qui guidait vers lui M. Bressorant, et cependant quelque chose lui disait de ne pas accepter trop tôt ses offres de service.

En conséquence, il lui répondit :

— J'apprécie votre délicatesse, monsieur, et je suis

tout à fait sensible aux bonnes intentions que le souvenir de mon tendre père vous a suggérées. Pour le reste, laissez-moi me familiariser avec une sympathie qui s'est révélée à moi d'une manière si inattendue. Nous nous verrons, mon cher voisin ; je vous en demande la permission.

Un rayon de joie avait éclairé la physionomie de M. Bressorant.

Il ne crut pas devoir prolonger ce premier entretien, quelque envie qu'il en eût ; il se retira en enveloppant le jeune homme d'un long regard d'attendrissement.

— J'avais mal jugé de ce digne homme, se dit Paul Marville; assurément, de ces deux amis de mon père, M. Young et M. Bressorant, c'est le second que je préfère.

— Monsieur Paul! monsieur Paul!

C'était la concierge qui l'appelait par le carreau de sa loge.

Paul revint sur ses pas.

— Voici ce qui vient d'arriver pour vous, lui dit-elle en lui tendant une grande lettre encadrée de noir.

Il l'ouvrit et lut :

« Paris, le 23 décembre 186.....

« M.

« Madame Olympe-Régina DANDELOT, née de SAINT-RAMBOUR ; M. le baron de SAINT-RAMBOUR, ancien capitaine de frégate, officier de la Légion d'honneur, officier de l'ordre des saints Maurice et Lazare; M. Théophile de SAINT-RAMBOUR, président du tribunal de première instance d'Agen, chevalier de la Légion d'honneur; M. et Mme Ernest de SAINT-RAMBOUR; Mlle Apolline de SAINT-RAMBOUR, présidente de l'Œuvre des Anges gardiens; Mlles Athénaïs, Marie et Berthe de SAINT-RAMBOUR; M. Constant de SAINT-RAMBOUR, lieutenant au 2e chasseurs; M. Jean DANDELOT; M. Thomas DANDELOT; M. Symphorien DANDELOT; M. le comte de RIEUSSEC, membre du conseil général de la Gironde, ancien préfet du Doubs; M. le comte Gaston de RIEUSSEC, avocat; M. Valère de RIEUSSEC, secrétaire perpétuel de la Société géologique et littéraire de Lectoure;

« Ont l'honneur de vous faire part de la perte douloureuse qu'ils viennent de faire dans la personne de M. Fructueux-Joseph DANDELOT, leur mari, gendre, beau-frère, neveu, oncle et cousin, décédé à Paris, le 22 décembre 186., dans sa soixante-deuxième année;

« Et vous prient d'assister aux convoi, service et enterrement qui auront lieu le vendredi, 24 courant, à onze heures précises, dans l'église Saint-Philippe-du-Roule.

PRIEZ POUR LUI!

« On se réunira à la maison mortuaire, rue Siffert, 4, aux Champs-Elysées. »

FIN DE LA BELLE OLYMPE.

TABLE DES CHAPITRES

LE PUY, TYPOGRAPHIE M.-P. MARCHESSOU.

www.ingramcontent.com/pod-product-compliance
Lightning Source LLC
LaVergne TN
LVHW020537230826
846091LV00002B/310
9782019140939